Você já ouviu falar de Bitcoin e de outras criptomoedas e está pronto para incluir esses novos garotos do pedaço ao seu portfólio de investimentos — isso é ótimo! Agora, você faz parte oficialmente da economia do futuro. Para tomar as melhores decisões a respeito do seu portfólio, é necessário aprender o básico das criptomoedas e tudo o que precisa saber para começar. Além disso, informe-se sobre os fundamentos de uma criptomoeda antes de adicionar qualquer novo ativo ao seu portfólio.

COISAS DE QUE VOCÊ PRECISA ANTES DE INVESTIR EM CRIPTOMOEDAS

Investir e negociar criptomoedas pode ser diferente de investir em outros ativos, mas também existem algumas semelhanças. Aqui estão as coisas mais importantes que você deve ter antes de partir para o espaço do investimento em criptomoedas:

- Uma plataforma de negociação ou corretora de criptomoedas onde você poderá comprá-las e vendê-las.
- Uma carteira de criptomoedas segura para guardá-las.
- Conhecimento sobre os fundamentos das criptomoedas.
- Dinheiro que você pode se dar ao luxo de perder.
- Uma estratégia de investimento exclusiva para a sua tolerância ao risco.

AS COISAS MAIS IMPORTANTES PARA SABER SOBRE O INVESTIMENTO EM CRIPTOMOEDAS

O investimento em criptomoedas é uma das formas mais recentes de se obter lucros. Conforme os participantes do mercado descobrem mais sobre o setor, muitos equívocos são solucionados e mais pessoas podem fazer parte do mercado:

- **No momento em que este livro foi escrito, mais de 2 mil criptomoedas além do Bitcoin haviam sido criadas, e esse número pode mudar de maneira drástica no futuro.**
- **Uma *criptomoeda* é um cruzamento entre uma moeda e um ativo digital.** Assim como uma moeda, você pode usá-la para pagar por coisas e, assim como um ativo digital, pode investi-la para obter lucros em longo prazo.
- **Você não está comprando uma moeda; está comprando a** [illegible] **sustentada por uma tecnologia blockchain subjacente.** [illegible] -razão distribuído que registra uma crescente lista de dados [illegible]

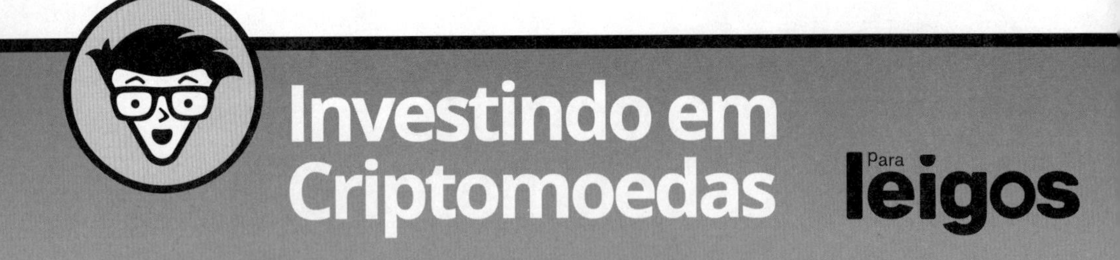

- **O investimento em criptomoedas é muito recente, portanto, seus recursos de investimento estão em constante evolução.**
- **Sempre leia sobre o histórico de uma criptomoeda, sua tecnologia subjacente, sua administração e sua comunidade antes de investir.** Pergunte a si mesmo quais problemas uma criptomoeda busca solucionar e o porquê de essa solução ser importante.
- **Se está comprando uma criptomoeda para mantê-la por um longo prazo, você está buscando uma *apreciação* de capital.** Se está ativamente entrando e saindo de negociações, você está *especulando*.
- **O mercado de criptomoedas é extremamente volátil.** Invista apenas o dinheiro que você pode se dar ao luxo de perder.
- **Diferentemente do mercado de ações, você pode participar do mercado de criptomoedas 24 horas por dia, 7 dias por semana.**
- **Compre na maldita queda.** O que isso significa? Significa que, em vez de entrar em pânico quando os preços começarem a cair, essa pode ser a melhor hora de comprar. Não compre quando os preços subirem demais em um curto período de tempo e os mercados estiverem com expectativa alta. É claro que, em todas as suas decisões de investimento, você deve analisar o mercado de diversos pontos de vista, e não só pelo preço baixo.
- **Diversifique o seu portfólio com pelo menos dez criptomoedas de diferentes categorias para gerenciar o seu risco.** Expanda os seus horizontes ao investir em ações expostas à tecnologia blockchain e ao mercado de criptomoedas.

Investindo em Criptomoedas

Para leigos

Investindo em Criptomoedas

Para leigos

Kiana Danial

ALTA BOOKS
EDITORA
Rio de Janeiro, 2021

Investindo em Criptomoedas Para Leigos®

ISBN: 978-65-552-0525-1

Impresso no Brasil — 1ª Edição, 2021 — Edição revisada conforme o Acordo Ortográfico da Língua Portuguesa de 2009.

Erratas e arquivos de apoio: No site da editora relatamos, com a devida correção, qualquer erro encontrado em nossos livros, bem como disponibilizamos arquivos de apoio se aplicáveis à obra em questão.

Acesse o site **www.altabooks.com.br** e procure pelo título do livro desejado para ter acesso às erratas, aos arquivos de apoio e/ou a outros conteúdos aplicáveis à obra.

Suporte Técnico: A obra é comercializada na forma em que está, sem direito a suporte técnico ou orientação pessoal/exclusiva ao leitor.

A editora não se responsabiliza pela manutenção, atualização e idioma dos sites referidos pelos autores nesta obra.

Dados Internacionais de Catalogação na Publicação (CIP) de acordo com ISBD

D183i Danial, Kiana

Investindo em criptomoedas para leigos / Kiana Danial ; traduzido por Matheus Araujo. - Rio de Janeiro : Alta Books, 2021.
336 p. : il. ; 17cm x 24cm.

Inclui índice e apêndice.
Tradução de: Cryptocurrency Investing For Dummies
ISBN: 978-65-5520-525-1

1. Investimentos. 2. Criptomoedas. 3. Transferências eletrônicas de fundos. 4. Bitcoin. 5. Comércio eletrônico. I. Araujo, Matheus. II. Título.

2021-4339 CDD 332.024
CDU 330.567.2

Elaborado por Odilio Hilario Moreira Junior - CRB-8/9949

Rua Viúva Cláudio, 291 — Bairro Industrial do Jacaré
CEP: 20.970-031 — Rio de Janeiro (RJ)
Tels.: (21) 3278-8069 / 3278-8419
www.altabooks.com.br — altabooks@altabooks.com.br

Produção Editorial
Editora Alta Books

Diretor Editorial
Anderson Vieira

Gerência Comercial
Daniele Fonseca

Coordenação Financeira
Solange Souza

Editor de Aquisição
José Rugeri
acquisition@altabooks.com.br

Coordenação de Eventos
Viviane Paiva

Produtores Editoriais
Illysabelle Trajano
Maria de Lourdes Borges
Thales Silva

Produtor da Obra
Thiê Alves

Marketing Editorial
Livia Carvalho
Thiago Brito
marketing@altabooks.com.br

Equipe Ass. Editorial
Beatriz de Assis
Brenda Rodrigues
Caroline David
Gabriela Paiva
Henrique Waldez
Mariana Portugal
Raquel Porto

Equipe de Design
Larissa Lima
Marcelli Ferreira
Paulo Gomes

Equipe Comercial
Adriana Baricelli
Daiana Costa
Fillipe Amorim
Kaique Luiz
Victor Hugo Morais

Atuaram na edição desta obra:

Tradução
Matheus Araujo

Revisão Gramatical
Aline Vieira
Hellen Suzuki

Copidesque
Jana Araujo

Diagramação
Joyce Matos

Revisão Técnica
Marco Antongiovanni
Especialista em criptomoedas

Ouvidoria: ouvidoria@altabooks.com.br

Editora afiliada à:

Sobre a Autora

Kiana Danial é uma especialista premiada e reconhecida internacionalmente nas áreas de investimento pessoal e gerenciamento de riquezas. Ela é uma palestrante profissional, autora e coach executiva muito procurada, que realiza workshops e seminários para empresas, universidades e grupos de investimento. Aparece com frequência em muitos programas de TV e estações de rádio como especialista, além de ter relatado sobre os mercados financeiros diretamente do pregão da Bolsa de Valores de Nova York e Nasdaq. Já apareceu no *Wall Street Journal*, na *TIME magazine*, na *Forbes*, no *TheStreet.com* e em muitas outras publicações, além de ter aparecido também na CNN. Ganhou numerosos prêmios, incluindo o prêmio de Melhor Provedor de Educação Financeira na Shanghai Forex Expo, em 2014; o prêmio de homenageada como uma das Mulheres de Influência, concedido pela New York Business, em 2016; e o prêmio de Especialista do Ano em Investimentos Pessoais, do Wealth & Finance International, em 2018.

Nascida e criada no Irã como parte de uma minoria religiosa, ela recebeu uma bolsa de estudos do governo japonês para estudar engenharia elétrica no Japão, onde conquistou dois diplomas na área e conduziu pesquisas sobre física quântica em aulas ministradas em japonês. Por ser a única mulher e estrangeira de suas turmas, ela decidiu dedicar a própria vida para empoderar minorias, em especial as mulheres que se encontram dentro de setores dominados por homens.

Dedicatória

Dedico este livro à minha querida filha, Jasmine, que nasceu justo quando comecei a escrevê-lo e me inspirou a terminá-lo.

Ao meu incrível marido, Matt, que me apoia incondicionalmente.

Agradecimentos da Autora

Gostaria de agradecer a muitas pessoas pela ajuda para fazer deste livro uma realidade. Em especial, gostaria de agradecer ao autor veterano da série *Para Leigos*, Paul Mladjenovic, que de maneira generosa me entregou este projeto, confiando-o a mim e espalhando todo o seu apoio e gentileza sobre este livro. Gostaria também de estender meu agradecimento a Michelle Hacker, por acompanhar este projeto até sua conclusão. Obrigada a Georgette Beatty e Megan Knoll, por suas edições, seus conselhos e suas sugestões extensivas. Obrigada a Kara Coppa, por manter a precisão deste livro. Por último, mas não menos importante, gostaria de agradecer a Tracy Boggier e Sheree Bykofsky, por toda sua ajuda para levar este projeto adiante e pelo apoio na criação de um grande guia.

Sumário Resumido

Introdução 1

Parte 1: Iniciando o Investimento em Criptomoedas 5

CAPÍTULO 1: O que É uma Criptomoeda? 7
CAPÍTULO 2: Por que Investir em Criptomoedas?..............................17
CAPÍTULO 3: Reconhecendo os Riscos das Criptomoedas.......................33
CAPÍTULO 4: Por Dentro do Capô: A Tecnologia Blockchain 51
CAPÍTULO 5: Como Funcionam as Criptomoedas...............................65

Parte 2: Os Fundamentos de Investir em Criptomoedas 77

CAPÍTULO 6: Exchanges e Corretoras de Criptomoedas.........................79
CAPÍTULO 7: Usando Carteiras de Criptomoedas...............................97
CAPÍTULO 8: Diferentes Tipos de Criptomoedas 111
CAPÍTULO 9: Identificando as Criptomoedas com o Melhor Desempenho 129
CAPÍTULO 10: Diversificação nas Criptomoedas 141

Parte 3: Alternativas para Criptomoedas 153

CAPÍTULO 11: Ficando à Frente da Multidão: Investindo em ICOs 155
CAPÍTULO 12: Mineração de Criptomoedas.....................................167
CAPÍTULO 13: Ações e Exchange Traded Funds com Exposição a Criptomoedas. 177
CAPÍTULO 14: Futuros e Opções de Criptomoedas 187
CAPÍTULO 15: Lidando com o Dólar e Outras Moedas Fiduciárias 195

Parte 4:Estratégias e Táticas Essenciais para Criptomoedas 207

CAPÍTULO 16: Utilizando a Análise Técnica....................................209
CAPÍTULO 17: Estratégias do Trading de Curto Prazo 221
CAPÍTULO 18: Estratégias do Investimento em Longo Prazo 235
CAPÍTULO 19: Minimizando Perdas e Maximizando Ganhos 243
CAPÍTULO 20: Usando as Técnicas Ichimoku e Fibonacci 253
CAPÍTULO 21: Impostos e Criptomoedas 261

Parte 5: A Parte dos Dez.................................... 271

CAPÍTULO 22: Dez Considerações Antes de Começar 273
CAPÍTULO 23: Dez Movimentos para Quando Seu Portfólio de Criptomoedas Estiver Negativo..............................279
CAPÍTULO 24: Dez Desafios e Oportunidades para Investidores em Criptomoedas...285

Parte 6: Apêndices 291
APÊNDICE A: Recursos para Investidores em Criptomoedas 293
APÊNDICE B: Recursos para o Gerenciamento Pessoal de Portfólio 305

Índice 311

Sumário

INTRODUÇÃO 1
Sobre Este Livro 2
Penso que... 2
Ícones Usados Neste Livro 3
Além Deste Livro 3
De Lá para Cá, Daqui para Lá 4

PARTE 1: INICIANDO O INVESTIMENTO EM CRIPTOMOEDAS 5

CAPÍTULO 1: **O que É uma Criptomoeda?** 7
Começando com o Básico das Criptomoedas 8
A definição de dinheiro 8
Parte da história das criptomoedas 9
Principais benefícios das criptomoedas 10
Mitos comuns das criptomoedas e do blockchain 11
Riscos 12
Preparando-se para Realizar Transações 13
Carteiras 13
Exchanges 13
Comunidades 14
Planeje Antes de Ir com Tudo 14
Escolha suas criptomoedas 15
Analise, invista e lucre 15

CAPÍTULO 2: **Por que Investir em Criptomoedas?** 17
Diversificando dos Investimentos Tradicionais 18
Ações 18
Títulos de renda fixa 20
Forex 21
Metais preciosos 23
Ganhando Apreciação de Capital 25
Retornos históricos 26
Grande potencial de crescimento 27
Melhorando o Potencial de Renda 28
Uma palavra sobre dividendos tradicionais 29
O básico sobre os dividendos de criptomoedas 29
Alimentando o Fortalecimento Ideológico 30
A economia do futuro 30
Liberdade do controle governamental sobre a moeda 31
Ajuda para quem não tem acesso adequado a serviços bancários 32

CAPÍTULO 3: **Reconhecendo os Riscos das Criptomoedas** 33
Revisando os Retornos das Criptomoedas 34
Ganhos (ou perdas) de capital 34
Renda 34
Risco: O Outro Lado da Moeda 35
Um Vislumbre das Recompensas versus Riscos das Criptomoedas 36
Aprofundando-se em Diferentes Tipos de Risco 37
Risco de expectativa das criptomoedas 37
Risco de segurança 38
Risco de volatilidade 40
Risco de liquidez 41
Risco de desaparecimento 42
Risco regulatório 42
Risco fiscal 43
Explorando Métodos de Gestão de Riscos 44
Crie seu fundo de emergência primeiro 45
Seja paciente 46
Diversifique dentro e fora do seu portfólio de criptomoedas . . 48

CAPÍTULO 4: **Por Dentro do Capô: A Tecnologia Blockchain** . . 51
Esmiuçando o Básico da Tecnologia Blockchain 52
O que é blockchain e como ele funciona? 52
Como um blockchain se protege? 54
Por que o blockchain é revolucionário? 55
Examinando os Problemas com o Blockchain 58
Problemas de escalabilidade 58
Problemas ambientais 59
Problemas de fraude 59
Problemas políticos 60
Como o Blockchain Pode Ser Usado? 60
Pagamentos 61
Votação 61
Monitoração de cadeias de suprimentos 61
Verificação de identidade 62
Posse legal de coisas 62
Assistência médica 62
Entretenimento 63
Energia 64
Internet of Things (IoT) 64

CAPÍTULO 5: **Como Funcionam as Criptomoedas** 65
Explicando Termos Básicos no Processo de Criptomoedas 65
Criptografia 67
Nós 68
Mineração 68
Proof-of-work 69
Proof-of-stake 69

Proof-of-importance . . . 70
Transações: Juntando tudo . . . 70
Passando por Outros Conceitos Importantes das Criptomoedas . . 71
Escala adaptável . . . 71
Descentralização . . . 71
Colheita . . . 72
Código aberto . . . 72
Registro público . . . 72
Contratos inteligentes . . . 73
Espete um Garfo Nela: Analisando os Forks das Criptomoedas . . . 73
O que é um fork e por que eles ocorrem? . . . 73
Hard forks e soft forks . . . 74
Dinheiro grátis com os forks . . . 76

PARTE 2: OS FUNDAMENTOS DE INVESTIR EM CRIPTOMOEDAS . . . 77

CAPÍTULO 6: **Exchanges e Corretoras de Criptomoedas** . . . 79
Diferenciando as Exchanges de Criptomoedas . . . 80
Exchanges centralizadas . . . 81
Exchanges descentralizadas . . . 83
Exchanges híbridas . . . 85
Como escolher uma exchange . . . 86
Levando Corretoras em Consideração . . . 90
Como funcionam as corretoras . . . 90
Vantagens e desvantagens das corretoras . . . 91
Como escolher uma corretora . . . 93
Analisando Outros Métodos de Compra de Criptomoedas . . . 93
Fundos . . . 94
Cartão de crédito . . . 94
PayPal . . . 94
Dinheiro em espécie . . . 95
Caixas eletrônicos de criptomoedas . . . 96

CAPÍTULO 7: **Usando Carteiras de Criptomoedas** . . . 97
Definindo Carteiras de Criptomoedas . . . 97
Alguns termos importantes . . . 98
Como uma carteira funciona . . . 98
Vendo Diferentes Tipos de Carteiras . . . 100
Carteira online . . . 101
Carteira móvel . . . 101
Carteiras para desktop . . . 102
Carteira de hardware . . . 103
Carteira de papel . . . 103
Escolhendo uma Carteira de Criptomoedas . . . 104
Com base na segurança . . . 104
Com base na sua posse de criptomoedas . . . 105

Com base nas taxas de transações 106
Com base no anonimato 106
Garantindo a Segurança da sua Carteira 107
Faça o backup da sua carteira 107
Tenha múltiplas carteiras 108
Adicione mais níveis de segurança 108
Atualize o software 109
Lembre-se de onde você a escondeu! 109

CAPÍTULO 8: **Diferentes Tipos de Criptomoedas** 111
Celebrando as Criptomoedas Celebridades pelo Market Cap 112
Bitcoin 113
Ethereum 114
Ripple 116
Litecoin 118
Outras criptomoedas entre as dez maiores 120
As cem maiores criptomoedas 121
Classificação de Criptomoedas por Categoria 122
Criptomoedas de pagamento 123
Criptomoedas de privacidade 124
Criptomoedas de plataforma 124
Criptomoedas específicas de exchanges 125
Criptomoedas de fintech 126
Criptomoedas legais e de propriedade 127

CAPÍTULO 9: **Identificando as Criptomoedas com o Melhor Desempenho** 129
Apresentando a Invest Diva Diamond Analysis 130
Usando a Análise Fundamental para Escolher Criptomoedas 131
Comece com o que você sabe 131
Escolha as categorias certas 132
Confira os sites das criptomoedas 133
Escolhendo Criptomoedas com a Análise Sentimental 135
Principais elementos sentimentais 135
Coisas para verificar nas notícias 138
Testando a Análise Técnica para Escolher Criptomoedas 140

CAPÍTULO 10: **Diversificação nas Criptomoedas** 141
Detalhando o Básico da Diversificação 141
O que é a diversificação tradicional? 142
Como a diversificação reduz o risco? 142
Usando Criptomoedas na Diversificação em Longo Prazo 144
Diversificando entre ativos que não são criptomoedas 145
Diversificando entre criptomoedas 147
Enfrentando a Diversificação em Negociações em Curto Prazo . . . 151

PARTE 3: ALTERNATIVAS PARA CRIPTOMOEDAS 153

CAPÍTULO 11: **Ficando à Frente da Multidão: Investindo em ICOs** 155

Entendendo o Básico das Initial Coin Offerings. 155
Como uma ICO funciona e como começar uma 156
ICOs versus IPOs 158
Investindo em uma ICO 159
Encontrando listagens de ICOs 159
Analisando uma listagem de ICOs 160
Resumindo o processo de investimento em uma ICO 162
Mantendo os seus tokens após a compra 163
Então Você Quer Iniciar uma ICO: Lançando uma ICO Você Mesmo 164
Entendendo os desafios 164
Seguindo alguns passos antes do lançamento 165

CAPÍTULO 12: **Mineração de Criptomoedas** 167

Compreendendo o Funcionamento da Mineração em Poucas Palavras 168
Descobrindo do que Você Precisa para Minerar 170
Antes de começar: A lucratividade de mineração de diferentes criptomoedas 170
Hardware de mineração 171
Software de mineração 172
Pools de mineração 173
Um exemplo de configuração de mineração 174
Mergulhando e garantindo que a mineração vale o seu tempo 175

CAPÍTULO 13: **Ações e Exchange Traded Funds com Exposição a Criptomoedas** 177

Buscando Ações com Exposição a Criptomoedas 178
Fundamentos 178
Fatores sentimentais do mercado 182
Outras considerações 182
Levando em Conta os ETFs de Criptomoedas e Blockchains 183
Uma visão geral dos ETFs de blockchains 184
Ficando de olho em outros índices 185

CAPÍTULO 14: **Futuros e Opções de Criptomoedas** 187

Focando os Fundamentos dos Futuros 188
Características dos futuros 188
Futuros financeiros 189
Apresentando o Básico das Opções 190
Futuros versus opções 190
Puts e calls 191

Riscos 191
Compreendendo o Trading de Derivativos de Criptomoedas 192
As vantagens do trading de derivativos de criptomoedas 192
As vantagens dos derivativos de criptomoedas para a indústria 193
Recursos de trading 193

CAPÍTULO 15: **Lidando com o Dólar e Outras Moedas Fiduciárias** 195
Considerando a Moeda de Reserva do Mundo: O Dólar Americano 197
Focando os fatores que afetam o dólar americano 197
Analisando o Bitcoin versus o dólar americano 199
Examinando o Euro e Outras Moedas Principais 201
O euro e a libra esterlina 201
Portos seguros: O franco suíço e o iene japonês 202
Os dólares australianos, neozelandeses e canadenses 203
Comparando o Mercado Forex e o Mercado de Criptomoedas 204
As semelhanças 204
As diferenças 204
Recursos para o trading forex 205

PARTE 4: ESTRATÉGIAS E TÁTICAS ESSENCIAIS PARA CRIPTOMOEDAS 207

CAPÍTULO 16: **Utilizando a Análise Técnica** 209
Começando com o Básico sobre a Análise Técnica 210
A arte dos gráficos 211
O fator tempo 213
O fator psicológico: Tendências 214
Identificando os Níveis-chave 214
Níveis de suporte 214
Níveis de resistência 215
Tendências e canais 216
Quando a tendência deixa de ser sua amiga 217
Selecionando Padrões em um Gráfico 217
Padrões de reversão de alta 218
Padrões de reversão de baixa 218
Suavizando os Gráficos com Médias Móveis 219
Médias móveis básicas 220
Médias móveis sofisticadas 220

CAPÍTULO 17: **Estratégias do Trading de Curto Prazo** 221
Distinguindo Três Tempos Gráficos de Curto Prazo 222
Lucrando em algumas horas 222
Lucrando em alguns dias 225
Lucrando em algumas semanas 226

Testando Métodos de Análise de Curto Prazo. 228
Decifrando padrões de gráficos. 228
Usando indicadores 232
Evitando pump-and-dump ilegais 233
Gerenciando o Risco do Trading de Curto Prazo 233

CAPÍTULO 18: **Estratégias do Investimento em Longo Prazo** 235
O Tempo Está do Seu Lado: Iniciando o Investimento em Longo Prazo 236
Seus objetivos pessoais e sua situação atual. 236
Os objetivos do seu portfólio 237
Criando Estratégias em Longo Prazo. 239
Observando níveis psicológicos 239
Vendendo ao alcançar o seu objetivo 240
Levando as consequências tributárias em consideração 240
Levando em Conta as Ordens Limitadas e de Stop Loss. 241
Ordens limitadas. 241
Ordens de stop loss 242

CAPÍTULO 19: **Minimizando Perdas e Maximizando Ganhos** 243
Reduzindo as Perdas 244
Medindo os retornos 244
Monitorando taxas de câmbio 245
Compreendendo a arte de desistir 246
Aumentando os Lucros 248
Comprando na baixa 248
Sabendo que a paciência é uma virtude lucrativa 249
Identificando os picos 249
Encontrando picos e vales com algumas ferramentas de trading 251

CAPÍTULO 20: **Usando as Técnicas Ichimoku e Fibonacci** 253
Controlando o Ichimoku Kinko Hyo 253
Os componentes do Ichimoku Kinko Hyo 254
Interpretações do Ichimoku 255
Introduzindo os Níveis da Retração de Fibonacci 257
Um pouco do histórico de Fibonacci. 257
Como inserir os níveis da retração de Fibonacci no seu gráfico 258
Combinando as Técnicas Ichimoku e Fibonacci. 259

CAPÍTULO 21: **Impostos e Criptomoedas** 261
Diferenciando Três Tipos de Tributos sobre Criptomoedas 261
Impostos de renda 262
Impostos sobre ganhos de capital em longo prazo 263
Impostos sobre ganhos de capital em curto prazo 264

Minimizando Seus Impostos sobre Criptomoedas 265
Reduzindo seu imposto de renda sobre mineração 265
Reduzindo seu imposto sobre o trading 265
Reduzindo seus impostos sobre ganhos de capital 266
Conferindo a taxa tributária do estado 267
Avaliando Rendimentos Tributáveis de Transações com Criptomoedas 267
Monitorando suas atividades com criptomoedas 268
Lidando com forks de criptomoedas 268
Declarando investimentos internacionais em criptomoedas . . .269

PARTE 5: A PARTE DOS DEZ 271

CAPÍTULO 22: **Dez Considerações Antes de Começar** 273
Não Fique Animado Demais 273
Medindo Sua Tolerância ao Risco 274
Proteja Sua Carteira de Criptomoedas 274
Encontre a Melhor Exchange/Corretora de Criptomoedas para Você 274
Determine se Deve Investir em Curto ou Longo Prazo 275
Comece Pequeno 275
Siga a Causa 276
Pondere sobre a Mineração 276
Considere o Investimento em Outros Ativos Primeiro 276
Entre em um Grupo de Apoio 277

CAPÍTULO 23: **Dez Movimentos para Quando Seu Portfólio de Criptomoedas Estiver Negativo** 279
Não Faça Nada 280
Reavalie Sua Tolerância ao Risco 280
Veja o Panorama Geral 281
Pesquise as Razões Fundamentais pelas quais a Criptomoeda Está Negativa 281
Leve o Hedging em Consideração 282
Diversifique com Criptoativos 282
Diversifique com Outros Ativos Financeiros 282
Troque por uma Criptomoeda Melhor 283
Considere Adicionar à Sua Posição Atual 283
Contemple o Corte de Perdas 284

CAPÍTULO 24: **Dez Desafios e Oportunidades para Investidores em Criptomoedas** 285
Novas Criptomoedas no Pedaço 285
Encontrando Dados Econômicos 286
Regulações 287
Hackers 287
Bolhas 288

Um Mercado em Queda . . . 288
Novas Moedas e Projetos . . . 288
Diversificação . . . 289
Apaixonado por uma Criptomoeda . . . 290
Usando a Invest Diva Diamond Analysis . . . 290

PARTE 6: APÊNDICES . . . 291

APÊNDICE A: **Recursos para Investidores em Criptomoedas** . . . 293
Explorando as Principais Criptomoedas . . . 294
As 100 principais criptomoedas de acordo com o market cap . . . 294
Criptomoedas de 101 a 200 . . . 296
Sites de Informação sobre Criptomoedas . . . 298
Notícias sobre criptomoedas . . . 298
Análise do investimento em criptomoedas . . . 300
Notícias de ações relacionadas às criptomoedas . . . 300
Dados ao vivo do mercado de criptomoedas . . . 301
Ferramentas de comparação . . . 301
Mercados e Carteiras de Criptomoedas . . . 302
Exchanges de criptomoedas . . . 302
Corretoras . . . 303
Outros serviços . . . 303
Carteiras de criptomoedas . . . 304
Recursos para Criação de Gráficos e Tributos . . . 304

APÊNDICE B: **Recursos para o Gerenciamento Pessoal de Portfólio** . . . 305
Master Class Fazendo o Seu Dinheiro Trabalhar para Você . . . 306
Colocando o seu dinheiro para trabalhar . . . 306
Ganhando dinheiro sem ficar grudado no computador . . . 307
Criando uma estratégia unicamente sua . . . 307
Conferindo Recursos Textuais de Investimento . . . 308
Invest Diva's Guide to Making Money in Forex . . . 308
Stock Investing For Dummies . . . 309
Investment Psychology Explained . . . 309
Ichimoku Secrets . . . 309

ÍNDICE . . . 311

Introdução

No momento em que este livro foi escrito, mais de 2 mil tipos de criptomoedas estavam em circulação. As criptomoedas receberam uma grande expectativa popular em 2017, quando o valor do Bitcoin aumentou em 1.318%. Essa onda não foi nada comparada aos ganhos de outros ativos digitais, como o Ripple, que aumentou (respire fundo) incríveis 36.018%. Esses retornos são mais do que os investidores de ações normalmente conseguem durante toda uma vida e geraram interesse suficiente para criar um verdadeiro frenesi.

Entretanto, a bolha estourou no começo de 2018, trazendo perdas para muitos investidores tardios que compraram criptomoedas a preços altíssimos. Isso foi suficiente para alguns investidores novatos rotularem toda a indústria como um golpe e desistirem de investir de modo geral ou retornarem para ativos financeiros tradicionais, como as ações. Independentemente disso, o mercado de criptomoedas continuou a evoluir, tornando-se mais estável, e conquistou a atenção e o apoio de muitas grandes instituições financeiras ao redor do mundo e nos Estados Unidos. Conforme mais pessoas colocam suas mãos nas criptomoedas, mais vendedores sentem-se confortáveis em aceitá-las como um método de pagamento, e é assim que toda a indústria consegue florescer.

A fundação das criptomoedas, como o Bitcoin, consiste em uma nova tecnologia chamada de *blockchain*; essa é a infraestrutura sobre a qual as criptomoedas são construídas. O blockchain é uma tecnologia disruptiva que muitos argumentam ser maior que o advento da internet. As aplicações do blockchain não se limitam às criptomoedas, assim como as aplicações da internet não se limitam ao e-mail.

O que existe de único no investimento e na negociação de criptomoedas é que uma criptomoeda é um cruzamento de um ativo (como uma ação) e uma moeda (como o dólar americano). Analisar os fundamentos por trás de uma criptomoeda é bem diferente de analisar qualquer outro ativo financeiro. As formas tradicionais de mensurar valor não funcionam na indústria das criptomoedas, principalmente porque, em muitos casos, os dados das criptomoedas não estão registrados em nenhum tipo de central. Na verdade, a maior parte das criptomoedas e de seus blockchains subjacentes é *descentralizada,* o que significa que não há uma autoridade central responsável por eles. Em vez disso, o poder é distribuído entre os membros de determinado blockchain ou comunidade de criptomoedas.

Sobre Este Livro

Você deve ter ouvido falar de algumas criptomoedas famosas, como o Bitcoin, mas a indústria não para por aí — longe disso. E embora o mercado de criptomoedas esteja sujeito a muita volatilidade, ele também tem potencial para que você ganhe muito dinheiro ao investir de maneira inteligente e desenvolver estratégias adequadas para a sua tolerância pessoal ao risco. Neste livro, menciono os riscos envolvidos no investimento de criptomoedas e mostro diferentes métodos que você pode aplicar para fazer parte do mercado.

O assunto das criptomoedas e de suas tecnologias blockchain subjacentes pode ser um pouco confuso. Por isso, tento manter o *Investindo em Criptomoedas Para Leigos* comodamente acessível e livre de terminologias intimidadoras. No entanto, o livro contém informações sérias sobre desenvolvimento de estratégias, gerenciamento de risco e toda a indústria de um modo geral.

Conforme mergulha neste livro, sinta-se livre para pular os boxes (quadros sombreados) e os parágrafos marcados com o ícone Papo de Especialista. Eles contêm informações interessantes, mas não são essenciais para se tornar um investidor de criptomoedas.

Este livro contém muitos endereços de internet para lhe oferecer informações adicionais sobre determinados assuntos. Alguns desses endereços são links de afiliados, o que significa que, quando você acessá-lo, eu recebo um pagamento de afiliado por apresentar o endereço. Você também pode perceber que alguns desses endereços são quebrados em mais de uma linha de texto. Caso esteja lendo este livro impresso e deseje visitar uma dessas páginas, simplesmente digite o endereço exatamente como descrito no texto, fingindo que essa quebra de linha não existe.

Penso que...

Fiz algumas suposições sobre você e seu conhecimento básico sobre investimentos e o mercado de criptomoedas:

- Você já ouviu falar ou até já possuiu criptomoedas, mas não sabe exatamente como funcionam.
- Embora possa ter investido em outros mercados anteriormente, como o de ações, você não está necessariamente habituado com os aspectos técnicos do investimento e da negociação de criptomoedas.

» Você sabe como operar um computador e usar a internet. Caso não tenha internet de alta velocidade agora, certifique-se de ter uma antes de lidar com o mercado de criptomoedas. Você precisa de uma conexão de alta velocidade para trabalhar com todas as valiosas ferramentas online que recomendarei neste livro.

Ícones Usados Neste Livro

Os livros *Para Leigos* usam pequenas imagens, chamadas de ícones, para marcar certas partes do texto. Aqui está o significado desses ícones:

LEMBRE-SE

Se uma informação for especialmente importante e precise ser guardada, eu a marco com este ícone.

DICA

Procure por este ícone para ter ideias sobre como melhorar suas habilidades de investimento em criptomoedas ou onde encontrar outros recursos úteis.

CUIDADO

O mercado de criptomoedas e investimentos em geral tem muitos riscos. Alguns erros podem lhe custar muito dinheiro, então uso este ícone para indicar áreas especialmente perigosas.

PAPO DE ESPECIALISTA

Este ícone indica alguns fatos interessantes e, por vezes, anedotas engraçadas que acho que você vai gostar de ler, mas que não são exatamente essenciais para a sua jornada como investidor de criptomoedas.

Além Deste Livro

Você pode acessar a Folha de Cola Online no site da editora Alta Books. Procure pelo título do livro. Faça o download da Folha de Cola completa, bem como de erratas e possíveis arquivos de apoio.

De Lá para Cá, Daqui para Lá

Investindo em Criptomoedas Para Leigos não é um livro como qualquer outro, que você lê do início ao final. Dependendo do seu interesse, conhecimento sobre o assunto e objetivos de investimento, você pode começar por qualquer parte do livro. Por exemplo:

- Se já conhece o básico das criptomoedas e como elas funcionam, onde comprá-las e onde guardá-las em segurança, você pode começar na Parte 4 para explorar diferentes táticas de negociação e investimento.
- O Capítulo 22 oferece uma visão geral de coisas a se considerar antes de iniciar sua jornada com as criptomoedas, bem como referências cruzadas de outros capítulos caso precise de mais informações.
- Capítulo 3 é um lugar ótimo (e essencial) para explorar métodos de gerenciamento de risco antes de puxar a alavanca e pegar o bonde das criptomoedas.
- Se estiver em busca de formas alternativas de se envolver com o mercado de criptomoedas, leia o Capítulo 12 para aprender sobre mineração, o Capítulo 11 para aprender sobre initial coin offerings (ICOs) e o Capítulo 14 para aprender sobre os futuros e as opções de criptomoedas.

1 Iniciando o Investimento em Criptomoedas

NESTA PARTE...

Saiba no que você está se metendo antes de comprar, investir ou negociar criptomoedas.

Entenda os riscos do mercado de criptomoedas e como administrá-los.

Descubra como a tecnologia por trás das criptomoedas (o blockchain) faz delas algo único e revolucionário.

Familiarize-se com as diferentes formas de operação das criptomoedas.

NESTE CAPÍTULO

» Olhando para o que, o porquê e o como do advento das criptomoedas

» Revisando os seus primeiros passos antes de iniciar sua jornada nas criptomoedas

Capítulo 1

O que É uma Criptomoeda?

Você pega este livro e sua primeira pergunta provavelmente é: "O que diabos é uma criptomoeda, mesmo?" Explicando de maneira simples, uma *criptomoeda* é uma nova forma de dinheiro digital. É possível transferir o seu dinheiro tradicional, como o dólar americano, de maneira digital, mas não é exatamente assim que funcionam as criptomoedas. Quando as criptomoedas se tornarem populares, você poderá usá-las para pagar por coisas de maneira eletrônica, assim como faz com moedas tradicionais.

No entanto, o que diferencia as criptomoedas é a tecnologia que existe por trás delas. Você pode dizer: "Quem liga para a tecnologia por trás do meu dinheiro? Eu só ligo para o quanto tenho na minha carteira!" A questão é que os sistemas monetários atuais de todo o mundo apresentam alguns problemas. Aqui estão alguns exemplos:

» Os sistemas de pagamentos, como cartões de crédito e transferências bancárias, estão desatualizados.

- Na maior parte dos casos, intermediários, como bancos ou corretoras, recebem uma quantia no processo, tornando as transações um processo caro e lento.
- A desigualdade financeira está crescendo ao redor do mundo.
- Cerca de 3 bilhões de pessoas sem acesso a serviços bancários ou com acesso precário não podem utilizar serviços financeiros. Isso representa, aproximadamente, metade da população mundial!

As criptomoedas têm como objetivo resolver alguns desses problemas e talvez até outros não listados. Este capítulo apresentará a você os fundamentos das criptomoedas.

Começando com o Básico das Criptomoedas

Você sabe como sua moeda do dia a dia, controlada por governos, é guardada nos bancos? E que você precisa de um caixa eletrônico para conseguir mais ou para transferi-la para outras pessoas? Bem, com as criptomoedas será possível se livrar de bancos e de qualquer outra forma de intermediário centralizado. Isso ocorre porque as criptomoedas dependem de uma tecnologia chamada *blockchain*, que é *descentralizada* (o que significa que não há uma única entidade responsável por ela). Em vez disso, todos os computadores dentro da rede confirmam as transações. Vá até o Capítulo 4 para saber mais sobre a tecnologia blockchain que permite coisas incríveis, como as criptomoedas.

Nas seções a seguir, falarei sobre o básico das criptomoedas: o histórico delas, seus benefícios, entre outros assuntos.

A definição de dinheiro

Antes de entrar nos detalhes sobre as criptomoedas, você precisa compreender a definição de dinheiro. A filosofia por trás do dinheiro é um pouco como a coisa do "quem veio primeiro: o ovo ou a galinha?". Para que o dinheiro tenha valor, ele precisa de uma série de características, como:

- Pessoas o suficiente devem possuí-lo.
- Comerciantes devem aceitá-lo como forma de pagamento.
- A sociedade deve confiar no seu valor e confiar que ele continuará valioso no futuro.

É claro que, antigamente, quando trocávamos galinhas por sapatos, os valores dos materiais trocados eram inerentes à sua natureza. No entanto, quando moedas, dinheiro e cartões de crédito entraram em jogo, a definição de dinheiro e, ainda mais importante, o modelo de confiança do dinheiro mudaram.

Outra mudança importante no dinheiro tem sido a facilitação da transação. O incômodo de carregar uma tonelada de barras de ouro de um país a outro foi uma das principais razões pelas quais o dinheiro foi inventado. Depois, quando as pessoas ficaram ainda mais preguiçosas, os cartões de crédito foram inventados. Mas os cartões de crédito carregam o dinheiro controlado pelo seu governo. Conforme o mundo se torna mais interconectado e preocupado com autoridades que podem ou não pensar nos melhores interesses do povo, as criptomoedas podem ser uma alternativa valiosa.

Aqui vai um fato divertido: a sua moeda normal e controlada pelo governo, como o dólar americano, deve usar o seu nome chique, *moeda fiduciária*, agora que as criptomoedas estão por aí. Esse tipo de dinheiro é descrito como uma moeda corrente, como nossas moedas e notas comuns, que possuem valor apenas graças à validação governamental. Saiba tudo sobre moedas fiduciárias no Capítulo 15.

Parte da história das criptomoedas

A primeira criptomoeda foi (rufem os tambores)... o Bitcoin! Você provavelmente já ouviu falar no Bitcoin mais do que de qualquer outra coisa na indústria de criptomoedas. O Bitcoin foi o primeiro produto do primeiro blockchain desenvolvido por uma entidade anônima que usava o nome Satoshi Nakamoto. Satoshi lançou a ideia do Bitcoin em 2008 e a descreveu como uma "versão puramente peer-to-peer" de dinheiro eletrônico.

PAPO DE ESPECIALISTA

O Bitcoin foi a primeira criptomoeda estabelecida, mas anos antes de sua apresentação formal, ocorreram muitas tentativas de criar moedas digitais.

Criptomoedas como o Bitcoin são criadas por meio de um processo chamado de *mineração*. Muito diferente do processo realizado com minérios, a mineração de criptomoedas envolve o uso de computadores poderosos para resolver problemas complexos. Vá até o Capítulo 12 para ler um pouco mais sobre mineração.

O Bitcoin permaneceu como a única criptomoeda até 2011. Depois, entusiastas da moeda começaram a perceber nela algumas falhas e decidiram criar moedas alternativas, também conhecidas como *altcoins*, para melhorar o projeto do Bitcoin em questões como velocidade, segurança, anonimato e outras. Entre as primeiras altcoins está a Litecoin, cujo objetivo era se tornar a prata, enquanto Bitcoin era o ouro. No momento de escrita deste livro, porém, mais de 1.600 criptomoedas estão disponíveis e espera-se que esse número cresça no futuro.

Vá até o Capítulo 8 para conferir apenas uma amostra das criptomoedas disponíveis atualmente.

Principais benefícios das criptomoedas

Ainda não se convenceu de que criptomoedas (ou qualquer tipo de dinheiro descentralizado) são uma solução melhor que o dinheiro tradicional e regido por um governo? Aqui estão algumas soluções que as criptomoedas podem oferecer graças à sua natureza descentralizada:

- **Reduz a corrupção:** Com grandes poderes vêm grandes responsabilidades. No entanto, quando você dá muito poder para uma única pessoa ou entidade, as chances de que ela abuse desse poder aumentam. O político britânico do século XIX, Lord Acton, colocou de forma melhor: "O poder tende a corromper, e o poder absoluto corrompe absolutamente." As criptomoedas têm como objetivo solucionar a questão do poder absoluto ao distribuir o poder entre muitas pessoas ou, melhor ainda, entre todos os membros da rede. Aliás, essa é a principal ideia por trás da tecnologia blockchain (veja o Capítulo 4).
- **Elimina a extrema impressão de dinheiro:** Governos possuem bancos centrais, e bancos centrais têm a habilidade de simplesmente imprimir dinheiro quando encontram um problema econômico sério. Esse processo também é chamado de *flexibilização quantitativa* (*quantitative easing*). Ao imprimir mais dinheiro, um governo pode pagar sua dívida ou desvalorizar sua moeda. Entretanto, essa abordagem é como colocar um curativo em uma perna quebrada. O problema raramente é solucionado e os efeitos colaterais negativos às vezes podem ser maiores que o problema original. Por exemplo, quando um país como o Irã ou a Venezuela imprimem muito dinheiro, o valor da moeda deles cai tanto que a inflação tem um salto e as pessoas não podem pagar pelos bens e serviços cotidianos. O dinheiro deles se torna quase menos valioso do que rolos de papéis higiênicos. A maioria das criptomoedas apresenta uma quantidade limitada e estabelecida de moedas disponíveis. Quando todas essas moedas estão em circulação, nenhuma entidade ou empresa central por trás do blockchain dispõe de uma forma simples de criar mais moedas ou aumentar sua oferta.
- **Responsabiliza as pessoas pelo seu próprio dinheiro:** Com o dinheiro tradicional, você está basicamente entregando todo o seu controle para os bancos centrais e o governo. Se confia no governo, isso é ótimo, mas tenha em mente que, a qualquer momento, ele é capaz de simplesmente congelar sua conta bancária e negar acesso aos seus fundos. Por exemplo, nos Estados Unidos, se você não tem um testamento legal e possui algum negócio, o governo tem o direito sobre todos os seus ativos quando você morrer. Alguns governos podem até abolir as cédulas, como a Índia fez em 2016. Com as criptomoedas, você é o único com acesso aos seus fundos (a

menos, é claro, que alguém os roube de você. Para descobrir como proteger seus ativos em criptomoedas, vá até o Capítulo 7).

» **Retira o intermediário:** Com o dinheiro tradicional, sempre que você faz uma transferência, um intermediário, como o seu banco ou um serviço de pagamento digital, recebe uma quantia. No caso das criptomoedas, todos os membros do blockchain atuam como intermediários; a compensação delas é formulada de maneira diferente dos intermediários da moeda fiduciária e, por isso, é mínima em comparação. Vá até o Capítulo 5 para saber mais sobre como as criptomoedas funcionam.

» **Serve aos que não têm acesso a bancos:** Uma ampla porção dos cidadãos mundiais não têm acesso (ou têm acesso limitado) a sistemas de pagamentos como bancos. As criptomoedas têm como objetivo resolver essa situação ao espalhar o comércio digital pelo mundo para que todos com acesso a um celular possam realizar pagamentos. E sim, mais pessoas têm acesso a celulares do que a bancos. Na verdade, mais pessoas têm celulares do que vasos sanitários, mas a tecnologia blockchain talvez não consiga resolver essa última questão (vá até o Capítulo 2 para saber mais sobre o bem social que as criptomoedas e a tecnologia blockchain podem alcançar).

Mitos comuns das criptomoedas e do blockchain

Durante o frisson do Bitcoin em 2017, muitos equívocos sobre toda a indústria começaram a circular. Esses mitos podem ter tido um papel na queda das criptomoedas que veio após a subida. O que é importante lembrar é que tanto a tecnologia blockchain quanto o seu produto, o mercado de criptomoedas, ainda estão na infância, e as coisas estão mudando rapidamente. Deixe-me tirar do caminho alguns dos equívocos mais recorrentes:

» **As criptomoedas só são boas para criminosos.** Algumas criptomoedas vangloriam-se da anonimidade como uma de suas principais qualidades. Isso significa que sua identidade não é revelada ao realizar transações. Outras criptomoedas são baseadas em um blockchain descentralizado, o que significa que não existe um governo central como poder único por trás dele. Essas características de fato tornam as criptomoedas atraentes para criminosos. No entanto, cidadãos obedientes à lei que residem em países corruptos também podem se beneficiar disso. Por exemplo, caso não confie no seu banco local ou no seu país graças à corrupção e à instabilidade política, a melhor forma de guardar o dinheiro pode ser o blockchain e os ativos em criptomoedas.

» **Você pode fazer transações anônimas com todas as criptomoedas.** Por alguma razão, muitas pessoas equiparam o Bitcoin ao anonimato. Entretanto, o Bitcoin, assim como muitas outras criptomoedas, não possui nenhum anonimato incorporado. Todas as transações realizadas por essas criptomoedas são realizadas em um blockchain público. Algumas outras, como a Monero, de fato priorizam a privacidade, o que significa que ninguém de fora é capaz de identificar a fonte, a quantia e o destino das transações. A maioria das outras criptomoedas, porém, e isso inclui o Bitcoin, não operam dessa forma.

- **A única aplicação do blockchain é o Bitcoin.** Essa ideia não poderia estar mais longe da verdade. O Bitcoin e as criptomoedas são apenas um pequeno produto da revolução do blockchain. Muitos acreditam que Satoshi criou o Bitcoin apenas para oferecer um exemplo de como a tecnologia blockchain pode funcionar. Conforme comento sobre o assunto no Capítulo 4, quase todas as indústrias e negócios do mundo podem usar a tecnologia blockchain na sua área de atuação.
- **Toda atividade do blockchain é privada.** Muitas pessoas erroneamente acreditam que a tecnologia blockchain não é aberta ao público e só é acessível para a sua rede de usuários em comum. Ainda que algumas empresas de fato criem seus blockchains privados que só podem ser utilizados entre funcionários e parceiros empresariais, a maioria dos blockchains por trás de criptomoedas famosas, como o Bitcoin, são acessíveis ao público. Literalmente qualquer pessoa com um computador pode acessar as transações em tempo real. Por exemplo, você pode visualizar as transações de Bitcoin em tempo real acessando `www.blockchain.com`.

Riscos

Assim como tudo na vida, as criptomoedas apresentam sua própria quantidade de riscos. Esteja você negociando, investindo ou apenas comprando criptomoedas para o futuro, é preciso avaliar e compreender os riscos de antemão. Alguns dos riscos mais comentados sobre as criptomoedas incluem a sua volatilidade e a falta de regulamentação. A volatilidade saiu do controle de maneira muito particular em 2017, quando o preço das maiores criptomoedas, incluindo o Bitcoin, subiu mais de 1.000% e depois começou a cair. Mas, conforme a expectativa sobre as criptomoedas se acalmou, as flutuações de preço tornaram-se mais previsíveis e seguiram padrões semelhantes aos das ações e de outros ativos financeiros.

A regulamentação é outro assunto importante na indústria. O que é engraçado é que tanto uma ausência de regulamentação quanto uma exposição a regulamentações podem se tornar eventos arriscados para os investidores de criptomoedas. Comento mais sobre esses e outros tipos de riscos, bem como sobre métodos para administrá-los, no Capítulo 3.

Preparando-se para Realizar Transações

As criptomoedas estão aqui para tornar as transações mais rápidas e fáceis. Porém, antes de começar a aproveitar esses benefícios, você deve se informar sobre as ferramentas, descobrir onde pode pôr as mãos em diferentes criptomoedas e conhecer a comunidade das criptomoedas. Algumas das questões mais importantes neste assunto incluem as carteiras e as exchanges de criptomoedas.

Carteiras

Algumas das *carteiras de criptomoedas,* que guardam suas criptomoedas compradas, são semelhantes a serviços de pagamentos como Apple Pay e PayPal. Geralmente, porém, são diferentes das carteiras tradicionais e apresentam diferentes formatos e níveis de segurança.

LEMBRE-SE

Você não pode entrar no mercado de criptomoedas sem uma carteira de criptomoedas. Recomendo que use o tipo mais seguro, como uma carteira física ou de papel, em vez de usar as convenientes carteiras online. Vá até o Capítulo 7 para descobrir como essas carteiras funcionam e como obtê-las.

Exchanges

Após conseguir uma carteira de criptomoedas (veja a seção anterior), você está pronto para comprá-las, e um dos melhores destinos para isso é uma exchange de criptomoedas. É com a ajuda desse serviço online que é possível transferir o seu dinheiro tradicional para comprar criptomoedas, trocar diferentes tipos de criptomoedas e até guardar as suas.

CUIDADO

Guardar suas criptomoedas em uma exchange é considerado algo de alto risco, pois muitas exchanges como essas já sofreram ataques hackers e outros tipos de golpes no passado. Quando terminar suas transações, o melhor a fazer é mover seus novos ativos digitais para sua carteira pessoal e segura.

As exchanges têm diferentes formatos e formas. Algumas são como as tradicionais bolsas de valores e atuam como intermediários — coisa que alguns entusiastas da tecnologia acreditam ser um tapa na cara do mercado de criptomoedas, que busca remover o intermediário centralizado. Outras são descentralizadas e oferecem um serviço em que compradores e vendedores podem se reunir e realizar transações de forma peer-to-peer, mas elas também têm seus problemas, como o risco de ser bloqueado. Existe ainda um terceiro tipo de exchange chamada de *híbrida*, que reúne os benefícios dos outros dois tipos para criar uma experiência melhor e mais segura para todos os usuários. Vá até o Capítulo 6 para ler sobre os prós e os contras de todos esses tipos de exchanges e conhecer outros lugares onde é possível comprar criptomoedas.

Comunidades

DICA

Conhecer a comunidade da indústria pode ser o próximo passo conforme você passa a se familiarizar com o mercado. A internet apresenta muitos bate-papos e grupos de apoio que oferecem uma noção do mercado e do que as pessoas estão falando. Aqui estão algumas formas de se relacionar (todos os links são em inglês):

- **Grupos específicos do Telegram.** Muitas criptomoedas possuem seus próprios canais no aplicativo Telegram. Para fazer parte deles, você precisa baixar o aplicativo Telegram no seu smartphone ou computador; ele está disponível para iOS e Android.
- **Bate-papos no Reddit ou no BitcoinTalk:** O Reddit (www.reddit.com/) e o BitcoinTalk (https://bitcointalk.org/) dispõem de alguns dos bate-papos voltados para criptomoedas mais antigos em atividade. É possível ver alguns tópicos sem se cadastrar, mas caso queira participar, você precisará criar uma conta (o Reddit não é exclusivo para criptomoedas, mas você pode buscar uma grande variedade de assuntos voltados a elas).
- **Bate-papo do TradingView:** Uma das melhores plataformas de trading disponíveis, o TradingView (www.tradingview.com/) também traz uma seção em que traders e investidores de todos os tipos podem se reunir e compartilhar pensamentos, questões e ideias.
- **O grupo de investimento premium da Invest Diva:** Se está buscando apoio de um lugar menos cheio e mais focado em investimentos e trading, você pode fazer parte do nosso grupo de investimento (e, de quebra, conversar diretamente comigo) em https://learn.investdiva.com/join-group.

LEMBRE-SE

Por outro lado, muitos golpistas também miram esse tipo de plataforma para anunciar e enganar membros com seus golpes. Não se deixe levar.

Planeje Antes de Ir com Tudo

Você pode estar apenas atrás de comprar algumas criptomoedas e guardá-las pelo seu potencial de crescimento no futuro. Ou talvez queira se tornar um investidor ativo e comprar ou vender criptomoedas regularmente para maximizar o seu lucro e sua receita. Independentemente do seu perfil, você precisa de um plano e de uma estratégia. Mesmo se quiser realizar apenas uma única transação e não quiser saber de nada sobre seus ativos em criptomoedas pelos próximos dez anos, você ainda precisará do conhecimento necessário para determinar coisas como:

- » O que comprar
- » Quando comprar
- » Quanto comprar
- » Quando vender

As seções seguintes vão lhe oferecer uma breve visão geral dos passos que você deve seguir antes de comprar sua primeira criptomoeda.

DICA

Se não estiver completamente pronto para comprar criptomoedas, não se preocupe: você pode tentar algumas alternativas às criptomoedas que descrevo na Parte 3, como initial coin offerings (ICOs), mineração, ações e mais.

Escolha suas criptomoedas

No momento de escrita deste livro, existem mais de 1.600 criptomoedas disponíveis, e esse número está crescendo. Algumas dessas criptomoedas podem desaparecer em cinco anos, enquanto outras podem explodir em mais de 1.000% e talvez até substituir o dinheiro tradicional. No Capítulo 8, falo sobre todos os diferentes tipos de criptomoedas, incluindo os mais famosos atualmente, como Ethereum, Ripple, Litecoin, Bitcoin Cash e Stellar Lumens.

Como discuto no Capítulo 9, você pode escolher as criptomoedas com base em coisas como popularidade, ideologia, gerenciamento por trás do blockchain e seu modelo econômico.

DICA

Uma vez que a indústria de criptomoedas é bem recente, ainda é difícil determinar quais são as melhores criptomoedas para investimentos em longo prazo. É por isso que pode ser bom diversificar entre vários tipos e categorias para gerenciar o seu risco. Ao diversificar entre quinze ou mais criptomoedas, você pode aumentar as chances de ter moedas vencedoras no seu portfólio. Por outro lado, um excesso de diversificação também pode ser problemático, então é necessário agir de forma calculada. Vá até o Capítulo 10 para ler mais sobre diversificação.

Analise, invista e lucre

Depois de definir as criptomoedas que são do seu interesse, você precisará identificar o melhor momento para comprá-las. Por exemplo, em 2017 muitas pessoas começaram a comprar a ideia do Bitcoin e quiseram fazer parte. Infelizmente, grande parte dessas pessoas não calculou o momento certo e comprou a moeda quando o preço atingia o seu ápice. Portanto, elas não só conseguiram comprar apenas frações menores de Bitcoins, como também precisaram assumir os prejuízos e aguardar pela próxima alta da moeda.

Não estou dizendo que ler a Parte 4 deste livro fará de você algum tipo de Criptodamus dos tempos modernos, mas ao analisar a ação do preço e conduzir um gerenciamento de risco adequado, você pode ser capaz de melhorar as chances a seu favor e conseguir grandes lucros no futuro.

NESTE CAPÍTULO

» **Comparando criptomoedas aos investimentos tradicionais**

» **Construindo a apreciação de capital**

» **Melhorando o potencial de renda**

» **Fortalecendo pessoas com criptomoedas**

Capítulo **2**

Por que Investir em Criptomoedas?

Seja você um investidor experiente que só trabalhou com investimento em ativos diferentes de criptomoedas ou alguém que está começando a investir (em qualquer coisa!) pela primeira vez, você provavelmente está se perguntando por que deveria pensar em incluir criptomoedas no seu portfólio. É provável que já tenha ouvido falar de Bitcoin aqui e ali. Caramba, talvez tenha até ouvido sobre outras criptomoedas, como Ethereum e Litecoin. Mas qual é o grande negócio dessas moedas de nome engraçado, afinal? Seria a Litecoin apenas uma moeda leve que não ocuparia muito espaço na sua carteira? Seria o Bitcoin feito de pedaços de outras moedas valiosas? Por que diabos alguém investiria em pedaços de moedas?

Você pode ler tudo sobre os diferentes tipos de criptomoedas, do que elas são feitas e quais são os seus propósitos no Capítulo 8. Aqui, ofereço uma visão geral do mercado. Dessa forma, você pode decidir se a indústria de criptomoedas é o caminho certo para produzir sua riqueza.

O investimento em criptomoedas pode fazer sentido para muitos investidores e por um crescente número de razões — que vão desde coisas simples, como diversificação, até coisas mais empolgantes, como fazer parte do movimento revolucionário rumo ao futuro de como percebemos o dinheiro. Neste capítulo, mostro algumas das características mais empolgantes deste novo tipo de investimento que chegou por aqui.

DICA

Embora seja possível ler este livro em qualquer ordem, recomendo que você leia o Capítulo 3 logo após este capítulo. É nele que eu explico o outro lado da moeda, que envolve os riscos das criptomoedas.

Diversificando dos Investimentos Tradicionais

Diversificação é a representação do bom e velho ditado: "Não coloque todos os seus ovos na mesma cesta." Esse conselho pode ser aplicado em literalmente qualquer coisa na vida. Quando estiver viajando, não coloque toda sua roupa de baixo na bagagem despachada. Coloque também algumas peças de emergência na mala de mão, caso sua bagagem se perca. Se estiver fazendo mercado, não compre apenas maçãs. Mesmo que as pessoas digam "uma maçã por dia mantém o médico longe", ainda precisamos dos nutrientes de outros tipos de frutas e vegetais.

Você pode diversificar os investimentos de muitas maneiras diferentes. Pode ser com diferentes ativos financeiros, como ações, títulos, forex e por aí vai. Pode ser com base na indústria, como tecnologia, assistência médica e entretenimento. Você pode distribuir o seu investimento entre diversos tempos gráficos de investimentos, tanto em curto quanto em longo prazo (veja os Capítulos 17 e 18 para mais detalhes). Adicionar as criptomoedas ao seu portfólio é, essencialmente, uma forma de equilibrá-lo. Em especial pelo fato da indústria de criptomoedas ser tão diferente das indústrias tradicionais, essa diversificação pode aumentar o potencial de maximização de crescimento do seu portfólio. Uma das principais razões para esse maior potencial é que o mercado de criptomoedas pode reagir de maneira diferente aos vários eventos mundiais e financeiros.

Nas seções seguintes, explicarei melhor ao comentar sobre alguns dos mercados tradicionais e explorar suas diferenças em relação ao mercado de criptomoedas (aprenda mais sobre diversificação no Capítulo 10).

Ações

O mercado de ações oferece a oportunidade de receber uma fatia dos lucros produzidos por uma empresa. Ao comprar ações de uma empresa, nós nos tornamos coproprietários dela. Quanto mais ações dessa mesma empresa comprarmos, maior o risco enfrentado caso tudo vá por água abaixo.

O mercado de ações é, provavelmente, um dos ativos de investimento disponíveis mais atrativos. Investidores novatos podem comprar uma ou outra ação apenas porque gostam da empresa. Para a maioria dos investidores, o charme de investir em ações é a possibilidade dos preços aumentarem com o tempo, gerando significativos ganhos de capital. Algumas ações até mesmo oferecem um fluxo de renda periódico por meio de algo chamado *dividendo* (explicarei melhor os ganhos de capital e a renda de dividendos no Capítulo 3). Independentemente disso, na maioria das ações, os dividendos pagos dentro de um ano nem se comparam com o aumento no valor da ação, especialmente quando o ambiente econômico está otimista.

LEMBRE-SE

Isso é exatamente o que existe em comum entre ações e criptomoedas. Quando seus respectivos mercados estão fortalecidos, você pode esperar ser beneficiado pelo aumento de preços.

Mas não se engane. Ambos os mercados têm seus dias ruins e, às vezes, seus anos ruins. O mercado de ações tem um maior histórico que pode servir de guia sobre o futuro. Por exemplo, mesmo que nem sempre isso seja aparente, dias ruins acontecem com menos frequência que os dias bons. A Figura 2-1 mostra que, durante os 70 anos entre 1947 e 2017, o Dow Jones, um dos principais índices do mercado de ações, encerrou os anos com um preço menor que no começo apenas 28,6% das vezes (20 anos). Nos outros 71,4% (50 anos!), o valor subiu.

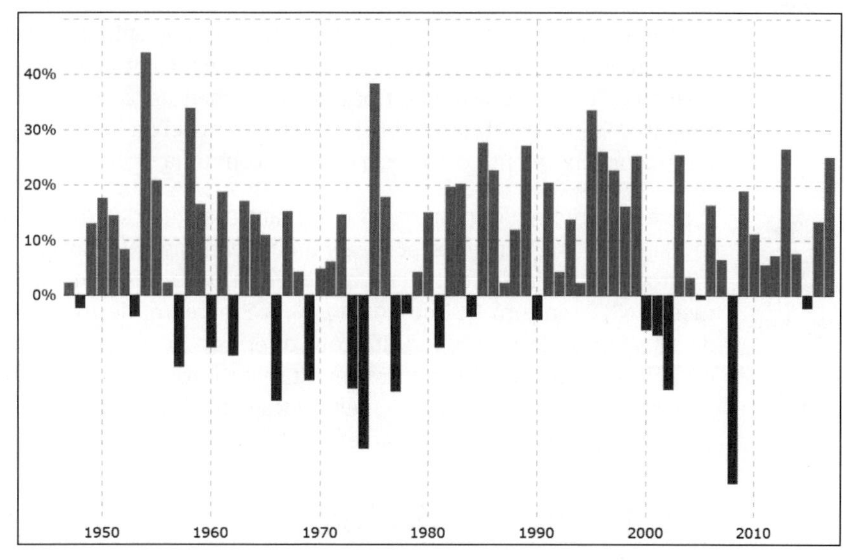

FIGURA 2-1: Gráfico histórico de 70 anos do Dow Jones separado por anos.

Fonte: Macrotrends.net

Entretanto, o investimento em ações naturalmente apresenta algumas desvantagens. Por exemplo:

» **As ações enfrentam diferentes tipos de riscos.** Mesmo as ações mais incríveis têm riscos que não podemos eliminar, como os seguintes (veja o Capítulo 3 para mais detalhes):
  - Risco empresarial e financeiro.
  - Risco de poder de compra.
  - Risco de mercado.
  - Risco de evento.
  - Risco de controle e regulamentação governamental.
  - Competição estrangeira.
  - O estado geral da economia.

» **O processo de escolha de ações pode ser uma dor de cabeça.** Existem literalmente milhares de ações dentre as quais escolher. Prever o desempenho de determinada empresa no dia seguinte também pode ser muito difícil. Afinal, o preço de hoje só reflete o estado atual da empresa ou aquilo que os participantes do mercado percebem como a situação da empresa.

DICA

Ao investir no mercado de criptomoedas, podemos conseguir equilibrar alguns dos riscos anteriores. O processo de escolha de criptomoedas também é diferente da escolha de ações, como explicarei no Capítulo 9.

A última desvantagem do investimento em ações, no entanto, é semelhante ao investimento em criptomoedas. Ambos geralmente produzem menos rendimento corrente do que outros tipos de investimentos. Diversos tipos de investimentos, como os títulos (sobre os quais discutirei na seção a seguir), pagam um maior rendimento corrente e o fazem com uma certeza maior.

PAPO DE ESPECIALISTA

O investimento em criptomoedas é um tanto assimétrico. No momento certo, investir em criptomoedas pode gerar um enorme retorno sobre o investimento (ROI, sigla do termo em inglês *return over investment*). Por exemplo, a moeda NXT tem um ROI de 697.295%, a Ethereum, de 160.100%, e a IOTA, de 282.300%, desde seus initial coin offerings (ICOs; para saber mais, veja o Capítulo 11). Não existe outro investimento no mundo que traga retornos maiores que esses. A ação com melhor desempenho atualmente é da Netflix, e ela tem um ROI de aproximadamente 64.000% em dez anos!

Títulos de renda fixa

Títulos de renda fixa também são conhecidos como *bonds*. São diferentes das criptomoedas e das ações no sentido que você empresta dinheiro a uma entidade por um determinado período e recebe uma quantia fixa de juros periodicamente. Essa é a razão de sua categorização como "renda fixa".

Assim como as criptomoedas e as ações (veja a seção anterior), você também pode esperar um ganho de capital dos títulos. Esses ganhos de capital, no entanto, funcionam de forma um pouco diferente. Uma vez que as empresas que emitem os títulos prometem pagar uma quantia fixa ao final do prazo estabelecido, não é comum que os preços dos títulos subam de maneira correlata com os lucros da empresa. Esses preços sobem e descem conforme ocorrem mudanças nas taxas de juros do mercado.

Outra semelhança entre títulos, criptomoedas e ações é que todos eles são emitidos por uma ampla gama de empresas. Além disso, muitos órgãos governamentais também os emitem. Então, caso esteja buscando diversificar apenas dentro do mercado de títulos, você pode escolher desde títulos relativamente seguros até os altamente especulativos.

Se comparados com criptomoedas e ações, os títulos são geralmente menos arriscados e oferecem um maior rendimento corrente, mas ainda estão sujeitos a uma série de riscos. Alguns dos riscos envolvidos com o investimento em títulos são semelhantes aos das criptomoedas e ações — por exemplo, risco de poder de compra, riscos empresariais e financeiros e risco de liquidez. Títulos apresentam um tipo adicional de risco chamado de *risco de resgate antecipado*, ou *risco de pré-pagamento,* que é o risco de que um título seja *resgatado*, ou retirado, antes de sua data de vencimento. Se o emissor resgatar seus títulos, você precisará procurar outro lugar para alocar seus fundos.

LEMBRE-SE

O potencial para retornos muito altos com os títulos é bem menor se comparado com as criptomoedas e as ações, respectivamente. No entanto, o risco envolvido com os títulos também é comparativamente menor. Você pode encontrar mais informações mais sobre os riscos das criptomoedas no Capítulo 3.

Forex

Aqui está um investimento alternativo que pode ser até mais arriscado que criptomoedas. *Forex* é um termo nerd para mercado de câmbio estrangeiro. Foi nesse mercado que comecei a investir. Escrevi livros sobre o assunto (*Invest Diva's Guide to Making Money in Forex* e *Ichimoku Secrets*, ambos sem publicação no Brasil). Na verdade, o nome original da minha empresa era Forex Diva! Depois mudamos para Invest Diva justamente buscando enfatizar a importância da diversificação.

Ao participar do mercado forex, você pode comprar e vender moedas. Não as criptomoedas, mas moedas fiduciárias, como o dólar americano, o euro, a libra esterlina, o dólar australiano ou qualquer outra moeda emitida por um governo. Uma *moeda fiduciária* é a moeda corrente de determinado país e que é emitida pelo governo.

Antes de o Bitcoin se tornar a celebridade dos ativos financeiros em 2017, a maioria das pessoas associavam criptomoedas como o Bitcoin ao tradicional mercado forex, porque "criptomoeda" contém a palavra "moeda" e os possuidores de criptomoedas esperavam usá-las como forma de pagamento. No entanto, como mencionei anteriormente neste capítulo, as criptomoedas também têm muito em comum com ações.

Quando participa do mercado forex, você não investe necessariamente para ganhos de capital em longo prazo. Mesmo as moedas mais populares, como o dólar americano, estão sujeitas a muita volatilidade ao longo do ano. Uma boa economia nos Estados Unidos nem sempre significa um dólar americano fortalecido.

PAPO DE ESPECIALISTA

Caramba, às vezes até alguns países, como o Japão, preferem ter uma moeda mais fraca, pois dependem bastante de exportações. Se a moeda deles fosse mais forte do que a moeda do país para o qual desejam vender, eles receberiam um valor menor vendendo o produto no exterior do que receberiam ao vendê--lo no território nacional.

Participar do mercado forex como um investidor consiste em, principalmente, negociações em curto e médio prazo entre diferentes pares de moedas. Você pode trocar o euro pelo dólar americano (par EU/USD), por exemplo. Se o valor do euro aumentar em relação ao dólar americano, ganha dinheiro. Entretanto, se o valor do dólar subir mais que o valor do euro, perde dinheiro.

Para analisar o mercado forex, é necessária uma abordagem muito diferente daquela usada ao analisar as ações e as criptomoedas. Ao olhar para o mercado forex, você precisa focar o estado econômico do país emissor, seus valores econômicos futuros, como o *produto interno bruto* (*PIB*, ou o valor dos bens produzidos dentro do país), a taxa de desemprego, a inflação, a taxa de juros e por aí vai. Além disso, também é necessário analisar o ambiente político.

Entretanto, assim como no mercado de criptomoedas, você precisa negociar o forex em pares. No meu curso online de educação sobre o forex, o *Forex Coffee Break*, comparo esses pares a um casal dançando — um casal internacional que puxa e empurra um ao outro. Os traders conseguem dinheiro ao especular sobre a direção para que o casal se movimentará em seguida. Você pode observar essa metáfora na Figura 2-2, na qual o dólar australiano (AUD, ou Sr. Austrália) está dançando com o dólar americano (USD, ou Srta. EUA).

FIGURA 2-2: Metáfora do forex: dólar australiano dançando com o dólar americano.

Fonte: InvestDiva.com

É possível aplicar um conceito semelhante ao mercado de criptomoedas. Por exemplo, você pode parear o Bitcoin (BTC) e a Ethereum (ETH), uma moeda com a outra. Pode até mesmo parear uma criptomoeda, como o Bitcoin, com uma moeda fiduciária, como o dólar americano, e especular o valor que um terá comparado ao outro. No entanto, nesses casos, é necessário analisar cada moeda, seja criptomoeda ou moeda fiduciária, separadamente. Depois, é preciso medir o valor relativo delas, uma em comparação à outra, e prever qual moeda vencerá a batalha no futuro.

DICA

Você também pode pensar nas criptomoedas como uma mistura entre as ações e o forex. Embora muitos investidores invistam em criptomoedas buscando ganhos de capital, você também pode negociar diferentes criptomoedas em pares, assim como ocorre no mercado forex. Discutirei o trading entre diferentes criptomoedas no Capítulo 10.

Metais preciosos

É hora de comparar uma das mais recentes construções humanas para comprar coisas (criptomoedas) com uma das mais antigas! Não, não vou voltar tanto a ponto de falar sobre *escambo*, quando as pessoas trocavam bens e serviços de modo a suprir suas necessidades. Nas seções seguintes, falarei sobre coisas reluzentes. Antes do advento do papel-moeda, metais preciosos, como ouro e prata, eram utilizados para criar moedas e comprar coisas.

LEMBRE-SE

A comparação com metais preciosos, na verdade, é o melhor argumento para quando alguém diz que as criptomoedas não valem nada porque não possuem nenhum valor intrínseco.

Um pouco de história

Na época do escambo, pessoas trocavam coisas que ofereciam um valor real para suas necessidades humanas: galinhas, roupas ou serviços agrícolas. Supostamente, a antiga civilização da Lídia estava entre as primeiras a fazer uso de ouro e prata na troca por bens e serviços. Imagine o primeiro comprador que tentou convencer um vendedor a aceitar uma moeda de ouro no lugar de três galinhas que poderiam alimentar uma família por uma semana. Esse escambo foi seguido por papel de couro, papel-moeda, cartões de crédito e agora criptomoedas.

Alguns podem argumentar que metais preciosos, como o ouro, também possuem um valor intrínseco. Eles são resistentes. Eles conduzem calor e eletricidade e, portanto, têm alguma aplicação industrial. Sei que eu usava um pouco de ouro e prata durante experimentos quando estudava engenharia elétrica no Japão. Mas, sendo sincera, a maioria das pessoas não investe em metais preciosos porque estão tentando conduzir eletricidade. Elas compram para usá-los como joias ou moeda. Atualmente, o sentimento do mercado é o principal fator na determinação do preço do ouro e da prata.

PAPO DE ESPECIALISTA

A prata tem mais usos como material industrial do que o ouro. Ela é usada em baterias, eletrodomésticos, produtos médicos e outros itens industriais. Entretanto, apesar da maior demanda, a prata tem um valor menor que o ouro. Por exemplo, no momento de escrita deste livro, o preço da prata era de US$16 por onça enquanto o ouro era negociado por mais de US$1.250 por onça.

Lembre-se de que a Inglaterra não estabeleceu o ouro como seu padrão de valor até 1816. (*Padrão de valor* significa atrelar o valor de uma moeda ao seu valor em ouro). Em 1913, os Estados Unidos finalmente embarcaram nessa por meio do seu sistema da Reserva Federal. O país endossava suas notas ao ouro e buscava garantir que as notas e os cheques seriam honrados e poderiam ser trocados por ouro.

Ainda que os metais preciosos não tenham, necessariamente, um valor intrínseco, há muito tempo são a ferramenta de investimento preferida entre os participantes do mercado. Uma das principais razões é sua associação histórica com a riqueza. Com frequência, quando investimentos em coisas como títulos ou imóveis e o mercado de ações sofrem uma queda, ou quando o ambiente político traz incertezas, as pessoas recorrem aos metais preciosos. As pessoas preferem metais preciosos nesses períodos porque podem tocar nesses metais e mantê-los em casa, ao lado da cama.

Comparando metais preciosos e criptomoedas

Além do fato de que você precisa minerar para pôr as mãos em metais preciosos e em algumas criptomoedas, uma das principais semelhanças entre os dois é que ambas categorias possuem características não regulamentadas. O ouro foi uma moeda sem regulamentação ao longo de diversos períodos e nos mais variados lugares. Moedas não regulamentadas se tornam mais valiosas quando os investidores não confiam na moeda oficial, e as criptomoedas parecem ser mais um exemplo dessa tendência. (Falarei mais sobre a mineração de criptomoedas no Capítulo 12).

LEMBRE-SE

Investir em metais preciosos também apresenta fatores de risco que você precisa ter em mente. Por exemplo, se estiver comprando metais preciosos físicos como um investimento, o risco de portabilidade deve se considerado. Transferir metais preciosos pode ser caro devido ao peso, às altas taxas de importação e à necessidade de um alto nível de segurança. Em comparação, você não precisa realizar uma transferência física com as criptomoedas, a não ser pelas carteiras físicas sobre as quais falarei no Capítulo 7. Movimentar criptomoedas é muito mais fácil e barato do que movimentar metais preciosos, mesmo fazendo uso de uma carteira física.

Por outro lado, os preços das criptomoedas têm sido mais voláteis no curto período em que estiveram disponíveis no mercado do que todos os metais preciosos juntos. A volatilidade de 2017, em especial, foi devido à expectativa do mercado, como explicarei no Capítulo 3. Conforme o investimento em criptomoedas se torna mais popular e mais pessoas passam a usá-las para transações cotidianas, seus preços podem se tornar mais previsíveis.

Ganhando Apreciação de Capital

Apreciação de capital refere-se a um aumento no preço ou valor das criptomoedas e é uma das razões pelas quais muitos investidores (e não investidores também) buscam pegar o bonde das criptomoedas. Os primeiros donos de Bitcoin certamente aguardaram anos até verem algum tipo de apreciação de capital. Pessoalmente, fui uma das pessoas céticas sobre tudo isso. Em 2012, um dos meus amigos investidores na Suíça disse que eu deveria comprar Bitcoin e eu, de modo arrogante, o ignorei — e como me arrependi dessa arrogância mais tarde! Comecei a investir em criptomoedas quando o preço do Bitcoin subiu de maneira significativa. Entretanto, com alguma pesquisa, encontrei criptomoedas mais baratas e para as quais a expectativa era a de uma apreciação de capital semelhante.

Nas seções seguintes, analisarei o histórico de apreciação de capital das criptomoedas e discutirei o potencial de crescimento delas — uma grande razão para pensar em investir nesse ativo.

LEMBRE-SE

Com grandes expectativas de apreciação de capital e um grande potencial de crescimento vêm grandes expectativas de perda de capital. É por isso que recomendo fortemente a leitura do Capítulo 3 antes de iniciar sua atividade como trader no mercado de criptomoedas.

FIGURA 2-3: Preço do Bitcoin entre 2013 e janeiro de 2017.

Fonte: tradingview.com

Retornos históricos

A maior parte dos ganhos no mercado de criptomoedas até 2017 foi resultado da expectativa do mercado. Em 2013, por exemplo, muitas pessoas compraram Bitcoin conforme seu preço se aproximava de US$1 mil pela primeira vez. Como é possível observar na Figura 2-3, pouco depois disso o preço da moeda caiu para aproximadamente US$300, patamar no qual permaneceu pelos dois anos seguintes. A próxima grande onda de crescimento veio em janeiro de 2017, quando o preço do Bitcoin subiu acima do patamar de US$1 mil.

FIGURA 2-4: Preço do Bitcoin entre 2016 e julho de 2018.

Fonte: tradingview.com

Se tivesse comprado um Bitcoin por US$300 no final de 2015, em janeiro de 2017 você teria uma apreciação de capital no valor de US$700 (quando o preço alcançou US$1 mil). Mas é claro que os ganhos não pararam por aí. Como é possível ver na Figura 2-4, após ficar acima do nível de US$1 mil, o preço do

Bitcoin subiu até ficar próximo de US$20 mil no final de 2017, quando em seguida caiu com tudo até aproximadamente US$6 mil.

Para as pessoas que compraram (ou mineraram) Bitcoin quando seu valor estava em aproximadamente US$300 e permaneceram com a moeda durante o período de volatilidade, a queda para a faixa dos US$6 mil não foi um grande problema. Para cada moeda que compraram por US$300, eles tiveram uma apreciação de capital de cerca de US$5.700 mesmo se não tivessem trocado as moedas por dinheiro quando elas estavam acima de US$19 mil.

As pessoas que compraram o Bitcoin por US$1 mil e o venderam por US$19 mil em seu ápice no ano de 2017 conseguiram US$18 mil por Bitcoin. É claro, aqueles que compraram a moeda por US$19 mil tiveram que engolir as perdas após a queda.

Muitos participantes do mercado comparam a apreciação do Bitcoin e de outras moedas ao estouro da bolha da internet entre meados dos anos 1990 e começo dos anos 2000. De acordo com a revista *Fortune*, desde sua criação em 2009 até março de 2018, o Bitcoin teve quatro ondas descendentes, nas quais os preços caíram entre 45% e 50%, tipicamente voltando a subir uma média de 47% logo em seguida. Durante a bolha da internet, o índice Nasdaq Composite teve cinco dessas ondas, com uma média de quedas de 44% e subidas subsequentes de 40%. Os padrões de volumes de negociações também são assustadoramente semelhantes.

O índice Nasdaq claramente se recuperou bem da sua baixa em 2002. Ainda que a história e os desempenhos passados não sejam um indicativo do comportamento futuro, os entusiastas das criptomoedas têm razões para acreditar que o potencial de crescimento para as criptomoedas é semelhante aos rebotes do Nasdaq, talvez até melhor.

Grande potencial de crescimento

O Bitcoin e as criptomoedas foram a maior notícia sobre investimento do ano de 2017. Reportagens de pessoas se tornando milionárias praticamente da noite para o dia apareciam diariamente no CNBC, no *Wall Street Journal* e no *New York Times*.

Entretanto, depois de janeiro de 2018, o preço do Bitcoin caiu em 63%. A mídia seguiu o exemplo, afirmando que a oportunidade havia passado — que a alta do mercado de criptomoedas havia acabado e que a bolha havia estourado.

Esse tom foi interessante, em especial porque muitos bilionários se tornaram investidores de criptomoedas nesta altura. Por exemplo, o CEO do J. P. Morgan, Jamie Dimon (que chamou o Bitcoin de fraude e disse que qualquer trader da empresa que fosse pego negociando Bitcoins seria demitido), se tornou um dos compradores mais ativos de um fundo que rastreava o preço do

Bitcoin. O preço do Bitcoin caiu até 24% nos dias que se seguiram ao depoimento de Dimon e, sem dúvida alguma, foi exatamente neste período que o J. P. Morgan e o Morgan Stanley começaram a comprar as criptomoedas para seus clientes a preços baixos.

Essa história não é a única no mercado de criptomoedas. Por exemplo, no mês de janeiro de 2018, depois de criticar o Bitcoin no Fórum Econômico Mundial, em Davos, Suíça, chamando a moeda de "bolha", o gigante dos fundos de hedge, George Soros, deu luz verde para sua empresa de US$26 bilhões começar a comprar criptomoedas apenas oito semanas mais tarde.

PAPO DE ESPECIALISTA

Curiosamente, Soros atribui parte do sucesso a sua compreensão do que ele chama de "reflexividade". Em termos simples, essa teoria afirma que os investidores não baseiam as próprias decisões na realidade, mas nas próprias percepções de realidade. Certa vez, Soros disse: "O grau de distorção pode variar de tempos em tempos. Às vezes é insignificante; outras vezes é considerável... Toda bolha tem dois componentes: uma tendência subjacente que prevalece na realidade e um equívoco relacionado a essa tendência."

O problema é que a maioria das pessoas não tem ideia do que realmente está acontecendo no mercado de criptomoedas. E a maioria não tem ideia de para onde o preço irá em seguida. A maior parte dos interessados no mercado está recebendo os sinais do barulho do mercado, facilitando uma queda nos preços quando os grandes jogadores minimizam a situação para benefício próprio.

"Ir contra a multidão" é um dos principais pilares do *Invest Diva Diamond Analysis (IDDA)*, sobre o qual falarei no Capítulo 9, bem como no webinar *Make Your Money Work for You PowerCourse* em `https://learn.investdiva.com/free--webinar-3-secrets-to-making-your-money-work-for-you` [conteúdo em inglês]. Quando a maior parte do mercado entra em pânico em relação à queda do valor de um ativo, geralmente é o melhor momento para acumulá-lo. É possível dizer o mesmo sobre o mercado de criptomoedas. Para as criptomoedas com uma forte tecnologia blockchain por trás, quando o preço alcança seu ponto mínimo, não há opção para o seu valor senão subir.

Melhorando o Potencial de Renda

Embora obter apreciação de capital seja uma das características mais atrativas de se investir em criptomoedas (como expliquei anteriormente neste capítulo), você também pode tirar proveito de algumas criptomoedas que pagam algo semelhante aos dividendos do mercado de ações.

Uma palavra sobre dividendos tradicionais

Por definição, um *dividendo* é uma soma de dinheiro que empresas de capital aberto pagam aos seus acionistas anualmente. Ainda assim, apesar desses números, muitos investidores (em especial, os mais jovens) não dão muita atenção aos dividendos. Preferem ganhos de capital, pois a recompensa pode ser mais rápida e até exceder qualquer quantia de pagamento de dividendos.

PAPO DE ESPECIALISTA

Nos mercados de ações tradicionais, as empresas em geral pagam dividendos trimestralmente. Um conselho de diretores da empresa decide quanto pagar em dividendos aos acionistas e até se irão sequer pagá-los ou não. Às vezes, os diretores decidem pagar dividendos porque o valor da ação não está indo muito bem. Assim, eles escolhem uma maior taxa de dividendos para manter o interesse dos investidores em comprar as ações.

LEMBRE-SE

Investidores com uma melhor tolerância de risco podem preferir os dividendos aos ganhos de capital, pois não flutuam tanto quanto o valor das ações. Além disso, se o mercado cair, assim como fez em 2008, dividendos podem atuar como uma boa proteção. A melhor maneira de acumular dividendos é segurar os seus ativos de longo prazo.

O básico sobre os dividendos de criptomoedas

Durante a mania das criptomoedas de 2017, muitas plataformas de criptomoedas perceberam rapidamente a importância de pagamentos regulares para manter os investidores felizes. Esses pagamentos, entretanto, podem ser um pouco diferentes dos tradicionais dividendos de ações. É possível gerar uma renda regular e passiva no mercado de criptomoedas de algumas maneiras diferentes. Aqui estão as duas mais populares:

- **HODLing:** Não, esse termo não é um erro de ortografia da palavra inglesa "holding", embora tenha um significado parecido. É um acrônimo para "Hold On for Dear Life", que significa "Segure pela Sua Vida". Algumas criptomoedas pagam os HODLers, pessoas que compram as moedas e simplesmente as guardam em suas carteiras.
- **Proof-of-stake (PoS):** Também conhecido como prova de participação, esta é uma versão mais leve do proof-of-work (ou prova de trabalho) na mineração de criptomoedas, o que explicarei no Capítulo 7. Quando você oferece uma moeda como "stake", isso significa que a deixa de lado e ela não pode ser usada na rede do blockchain. Se tiver muitos stakes, você terá uma chance maior de ser pago em uma escolha aleatória realizada pela rede. Retornos anuais por meio do stake variam de 1% a 5%, dependendo da moeda.

Algumas das criptomoedas que pagaram dividendos mais populares do ano 2018 são NEO, ARK e criptomoedas de exchanges, como Binance e KuCoin.

LEMBRE-SE

Enquanto receber dinheiro (ou moedas digitais) por ficar com seus ativos pode ser bem legal, às vezes faz mais sentido vender seus ativos e reinvestir para conseguir um retorno melhor.

Alimentando o Fortalecimento Ideológico

Assim como o óleo é o lubrificante que permite a operação de uma máquina, a tecnologia blockchain é o lubrificante que possibilita o mercado de criptomoedas. O *blockchain* é a tecnologia subjacente para as criptomoedas, além de ser uma dessas descobertas com potencial para revolucionar completamente quase todas as indústrias do mundo (explicarei melhor o blockchain no Capítulo 4).

O blockchain pode oferecer muito mais, uma vez que tem como objetivo resolver muitos problemas econômicos e financeiros do mundo atual, desde lidar com falhas na economia de compartilhamento até atender pessoas que não têm acesso, ou têm um acesso precário, a serviços bancários. Aqui estão alguns dos bens sociais que podem surgir por intermédio das criptomoedas e da tecnologia blockchain.

A economia do futuro

Vivemos em uma era em que a *economia compartilhada* está com tudo. A economia compartilhada permite que pessoas aluguem suas propriedades para os outros. Gigantes da internet, como Google, Facebook e Twitter, dependem das contribuições dos usuários como meio de gerar valor dentro de suas próprias plataformas. Caso você já tenha usado Uber ou Lyft em vez de um táxi, ou alugado um quarto no Airbnb em vez de um hotel, você faz parte do público da economia compartilhada.

No entanto, a economia compartilhada tradicional tem seus problemas, como:

- **Cobrar altas taxas pelo uso da plataforma.**
- **Prejudicar usuários individuais e favorecer a corporação subjacente:** Na maior parte dos casos, o valor produzido pelo público não é redistribuído igualmente entre todos os que contribuíram para a produção de valor. Todos os lucros são capturados pelos grandes intermediários que operam as plataformas.

» **Usar as informações dos consumidores de maneira irresponsável:** Algumas empresas já abusaram de seu poder ao acessar dados privados sem o consentimento dos clientes.

Conforme a economia compartilhada se expande rumo ao futuro, os seus problemas provavelmente se tornarão mais complicados.

Para combatê-los, diversas empresas estão desenvolvendo plataformas de economia compartilhada com base em blockchain. Essas plataformas são muito mais baratas de usar e possibilitam uma transparência muito importante. Elas limitam, por vezes eliminando completamente, o uso de um intermediário centralizado. Essa mudança permite interações peer-to-peer de verdade, eliminando as taxas de transações de 20% a 30% que surgem com as plataformas centralizadas. Uma vez que todas as transações são registradas nos blockchains, todos os usuários podem auditar as operações da rede.

Essa abordagem só é possível graças à natureza descentralizada da tecnologia blockchain, que é, em última análise, um meio para que indivíduos coordenem atividades comuns, interagindo diretamente uns com os outros e governando a si mesmos de modo muito mais descentralizado e confiável.

CUIDADO

Algumas transações de criptomoedas não são completamente gratuitas. Em muitos casos, sempre que existe uma transação em um blockchain, é preciso pagar as "taxas de rede", que são fundos pagos aos membros da rede blockchain que estão minerando suas moedas/transações. Se levarmos em conta o tempo "desperdiçado" em que aguardamos a conclusão de uma transação (por exemplo, leva 78 minutos para uma transação em Bitcoin alcançar um consenso), na realidade acabamos não economizando nada em taxas com aplicações blockchain.

O blockchain permanece como o combustível por trás da economia do futuro, e as criptomoedas são o produto que pavimenta o caminho ao distribuir a economia global.

Liberdade do controle governamental sobre a moeda

A ascensão do Bitcoin e de outras criptomoedas como ativos da classe dos trilhões de dólares em 2017 foi estimulada sem a supervisão de um banco central ou autoridade monetária garantindo confiança ou conduta de mercado. Diferente de moedas fiduciárias, como o dólar americano e o euro, a maioria das criptomoedas nunca estará sujeita à impressão de dinheiro (oficialmente chamada de *flexibilização quantitativa*) realizada por bancos centrais. A maioria das criptomoedas opera sob uma oferta controlada, o que significa nenhuma impressão de dinheiro. Na verdade, as redes limitam a oferta de tokens mesmo quando a demanda está alta. Por exemplo, a oferta do Bitcoin diminuirá com o tempo e alcançará seu número final em algum momento próximo ao ano de 2140. Todas as criptomoedas controlam a oferta dos tokens por meio de um cronograma inscrito no código. Tradução: a oferta monetária de uma criptomoeda em determinado momento pode ser calculada hoje de maneira aproximada.

A ausência de um controle governamental sobre as criptomoedas também pode ajudar com o menor risco de inflação. A história mostrou diversas vezes que, quando um governo em especial aplica más políticas, se corrompe ou enfrenta uma crise, a moeda individual do país sente as consequências. Essa flutuação no valor da moeda pode levar até a impressão de mais dinheiro. A inflação é a razão pela qual pais norte-americanos pagavam menos de um dólar por um galão de leite, enquanto seus filhos precisam pagar pelo menos três dólares. Quão incrível seria se as criptomoedas pudessem se livrar da inflação controlada pelo governo para que seus netos não precisem pagar mais pelas coisas do que você paga atualmente?

Ajuda para quem não tem acesso adequado a serviços bancários

Um dos problemas mais nobres que as criptomoedas podem resolver é ajudar aqueles que não têm acesso a bancos. De acordo com o *Cointelegraph*: "Dois bilhões de pessoas no mundo ainda não têm uma conta bancária. A maioria delas vive em mercados emergentes de baixa e média renda, mas mesmo em países de alta renda, existem muitas pessoas que não podem usar bancos para atender às suas necessidades financeiras diárias. Isso significa que essas pessoas não têm acesso à conveniência, à segurança e aos juros que os bancos oferecem."

Além disso, muitas pessoas têm um acesso precário a esses serviços; elas têm uma conta bancária, mas não têm acesso adequado aos serviços financeiros oferecidos pelos bancos. Mesmo nos Estados Unidos, por exemplo, 33,5 milhões de famílias não tinham acesso (ou tinham um acesso inadequado) aos serviços bancários no ano de 2015. Sem acesso a coisas como poupanças e crédito, essas pessoas não podem participar do ciclo de crescimento econômico.

DICA

Criptomoedas, com a ajuda da tecnologia blockchain, têm o potencial de ajudar essas pessoas ao permitir que elas criem suas próprias alternativas financeiras de maneira eficiente e transparente. Tudo que as pessoas precisam para começar a usar criptomoedas, como o Bitcoin, e realizar transações é de um smartphone ou um computador e uma conexão com a internet. (Vá até o Capítulo 6 para aprender mais sobre como comprar criptomoedas.)

NESTE CAPÍTULO

» Entendendo o conceito de retorno no investimento de criptomoedas

» Conhecendo os riscos do mercado

» Vendo um exemplo recente de retorno versus risco no mercado

» Explorando diferentes tipos de riscos de criptomoedas

» Aplicando sua tolerância ao risco à sua estratégia de investimento

Capítulo 3

Reconhecendo os Riscos das Criptomoedas

Então você está animado para pegar o bonde das criptomoedas, talvez porque espera um enorme *retorno* (lucro) sobre o seu investimento. Essa é basicamente a principal recompensa de investir. No entanto, você não pode pensar no retorno sem pensar também no risco. O *risco* é a incerteza que cerca o retorno real gerado por você.

Nos meus cursos sobre investimento, passo muito tempo falando sobre riscos e como todos devem considerá-los de maneira individual. O que pode representar um alto risco para mim pode não ser tão arriscado para você, graças a nossos estilos de vida e circunstâncias financeiras únicas.

As criptomoedas mostraram sua dose de volatilidade, o que fez alguns dos investidores ganharem milhões de dólares, enquanto acabou com o investimento inicial de outros. Neste capítulo, analisarei a volatilidade de preço das criptomoedas de 2017 a 2018. Também definirei as recompensas e os riscos das criptomoedas, oferecendo a você sugestões sobre gerenciamento de risco.

Revisando os Retornos das Criptomoedas

Diferentes ativos geram diferentes tipos de retorno. Por exemplo, uma fonte de retorno é a mudança no valor do investimento. Além disso, quando investe no mercado de ações ou no mercado forex (foreign exchange), você pode gerar uma renda na forma de dividendos ou juros. Investidores chamam essas duas fontes de retorno de *ganhos de capital* (ou *perdas de capital*) e *renda corrente*, respectivamente.

LEMBRE-SE

Embora a maioria das pessoas invista no mercado de criptomoedas em busca dos ganhos de capital, algumas criptomoedas oferecem oportunidades de rendas correntes. Fiz uma introdução aos retornos das criptomoedas no Capítulo 2.

Ganhos (ou perdas) de capital

A razão mais popular para o investimento em criptomoedas é ver o aumento no valor da moeda. Algumas pessoas associam as moedas com metais preciosos, como o ouro. Isso faz sentido, porque, assim como o ouro, a maioria das criptomoedas está disponível em uma quantidade limitada, e uma forma de extrair grande parte dessa quantidade é por meio da mineração. (Obviamente você não precisa de uma picareta e uma lanterna na cabeça para minerar criptomoedas; vá até o Capítulo 12 para ler com mais detalhes sobre a mineração de criptomoedas.)

Com isso, muitos investidores consideram as criptomoedas como ativos, mesmo que elas tecnicamente sejam moedas que podem ser utilizadas em transações. As pessoas compram essas moedas na esperança de vendê-las na ocasião de um aumento de preço. Se o valor do token da sua criptomoeda subir além do valor pelo qual o comprou, então você terá ganhos de capital ao vendê-lo. Parabéns! No entanto, se os preços caírem, você terá uma perda de capital.

Renda

A renda é um tipo de retorno menos conhecido no mercado de criptomoedas. Ela é gerada a partir de algo chamado *criptodividendos*.

Tradicionalmente, dividendos ocorrem quando empresas públicas distribuem uma porção de seus ganhos entre seus acionistas. Tipos tradicionais de dividendos incluem pagamentos em dinheiro, ações ou outras propriedades.

Conseguir dividendos no mercado de criptomoedas pode ser um pouco mais complicado. Diferentes moedas têm diferentes sistemas de operação, bem como suas próprias regras e regulações. Entretanto, o conceito ainda permanece o mesmo. O pagamento de criptodividendos está se tornando cada vez mais popular entre altcoins, que são as moedas alternativas ao Bitcoin. Ao escolher uma criptomoeda para seu portfólio, você pode dar uma olhada nos criptodividendos e no potencial de ganhos de capital (discutido na seção anterior).

Algumas das formas mais populares de conseguir criptodividendos são:

- **Staking:** Guardando uma moeda de proof-of-stake em uma carteira especial.
- **Holding:** Comprando e guardando uma criptomoeda em qualquer carteira.

Falarei mais sobre staking e holding no Capítulo 7.

DICA

No momento de escrita deste livro, algumas criptomoedas que pagam dividendos são NEO, KuCoin, BridgeCoin, Neblio e Komodo. Descubra mais sobre essas moedas no Capítulo 8. Além disso, você pode receber pagamentos de juros regulares sem o staking ou o holding ao participar de empréstimos de criptomoedas. Por exemplo, você pode obter até 5% de juros nas suas criptomoedas ao permitir que empresas, como a Celsius Network, realizem empréstimos ao público geral.

Risco: O Outro Lado da Moeda

Retornos de investimento são empolgantes, mas você não pode pensar no retorno sem também considerar o risco. A triste verdade sobre qualquer tipo de investimento é que, quanto maior o retorno esperado, maior o risco. Uma vez que as criptomoedas são consideradas mais arriscadas que outros ativos, elas também trazem maiores retornos. O relacionamento entre risco e retorno é chamado de *trade-off risco/retorno*.

LEMBRE-SE

Investir em criptomoedas não é um esquema de enriquecimento rápido. Você não deve investir em criptomoedas usando suas economias ou realizando empréstimos. É preciso levar em consideração sua tolerância ao risco, compreender as diferentes fontes dos riscos de criptomoedas e, depois, desenvolver uma estratégia de investimento adequada para você — só para você, porque você é único, assim como sua situação financeira.

Tenha em mente, também, que os primeiros investidores em Bitcoin levaram anos até ver qualquer tipo de retorno. Caso não tenha a paciência necessária para ver retornos significativos sobre seu investimento, talvez seja melhor esquecer completamente a ideia de investir.

Dito isso, uma quantidade saudável de apetite pelos riscos é essencial, não apenas ao investir, mas também na vida. Não fique tão paranoico quanto aos riscos de modo a nunca sair de casa por medo de sofrer um acidente!

Um Vislumbre das Recompensas versus Riscos das Criptomoedas

Uma das maiores razões para o investimento em criptomoedas se tornar um assunto tão relevante em 2017 foi a louca subida no valor das principais criptomoedas, como o Bitcoin.

Embora você possa ter ouvido falar mais no Bitcoin do que nas outras moedas, ele não estava nem nos dez ativos do mercado com o melhor desempenho no ano de 2017. O valor do Bitcoin cresceu em mais de 1.000%, mas outras criptomoedas menos conhecidas, como a Ripple e a NEM, estavam entre as grandes vencedoras, conseguindo um aumento de 36.018% e 29.842%, respectivamente.

Qual posição o Bitcoin ocupa na lista de desempenho? A décima quarta!

Esses retornos deixaram os investidores e os não investidores superempolgados com o mercado de criptomoedas. No começo de 2018, é provável que quase todo mundo que você conhece — o seu médico, o motorista de aplicativo, e talvez até mesmo a sua avó — estivesse falando sobre Bitcoin, tivesse ou não essa pessoa alguma experiência acerca de investimentos. Meu sobrinho de oito anos me fez perguntas sobre o assunto.

Entretanto, como faz parte de qualquer tipo de investimento, tudo o que sobe invariavelmente também precisa descer, incluindo o mercado de criptomoedas. Uma vez que os preços das criptomoedas já haviam subido bastante, e bem rápido, a queda foi dura e igualmente rápida. Por exemplo, em fevereiro de 2018, o Bitcoin caiu ao nível mais baixo em três meses, alcançando um valor de US$6 mil após ter alcançado o ápice de quase US$20 mil.

A criptomoeda, então, começou a se consolidar acima do nível de suporte de US$6 mil, alcançando *lower highs* [*picos descendentes*, em tradução livre], como você pode ver na Figura 3-1. Com *nível de suporte*, refiro-me a um preço que o mercado teve dificuldade em reduzir no passado. Nesse caso, houve dificuldade em reduzir o preço do patamar dos US$6 mil em novembro de 2017. *Lower highs* são esses picos no gráfico que se assemelham ao topo de montanhas. Cada pico (*high*) é menor (*lower*) que o anterior, o que indica uma queda na popularidade entre os participantes do mercado. Falarei mais sobre o suporte (e seu primo, a resistência) no Capítulo 16.

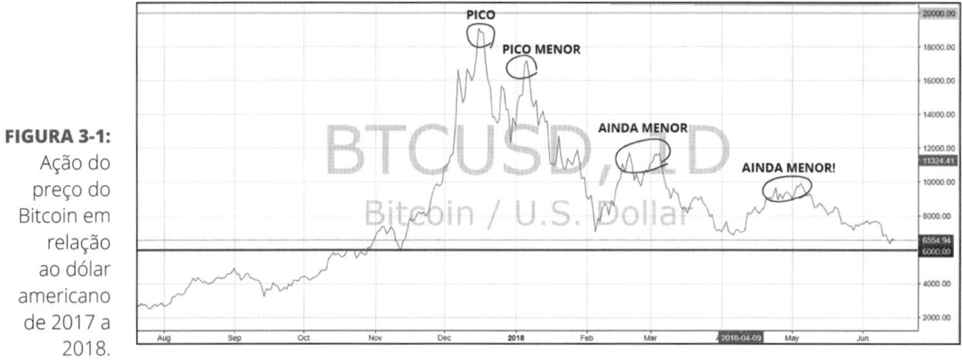

FIGURA 3-1: Ação do preço do Bitcoin em relação ao dólar americano de 2017 a 2018.

Fonte: tradingview.com

Muitos analistas consideraram a grande apreciação no valor das principais criptomoedas uma bolha. Essa flutuação é uma tremenda montanha-russa em um curtíssimo período! Os retornos foram ótimos para quem investiu no começo e lucrou durante os picos. No entanto, imagine investir no mercado quando os preços estavam altos e assistir ao valor do seu investimento ficar cada vez menor. Esse é um dos maiores fatores de risco em qualquer tipo de investimento.

Aprofundando-se em Diferentes Tipos de Risco

Aprender sobre o risco traz uma grande vantagem no jogo. Conhecendo sua tolerância ao risco, é possível criar uma estratégia capaz de proteger você e sua riqueza. Os riscos associados às criptomoedas surgem de muitas fontes diferentes. Aqui estão os vários tipos de riscos do mercado de criptomoedas.

Risco de expectativa das criptomoedas

Embora criar uma expectativa sobre o pensamento de comprar o carro dos seus sonhos seja uma coisa boa, a expectativa que cerca as criptomoedas nem sempre é tão empolgante. A principal razão por toda a expectativa sobre as criptomoedas é que a grande maioria das pessoas não conhece aquilo em que está investindo; acaba simplesmente seguindo a multidão. A expectativa sobre as criptomoedas em 2017 foi um dos muitos motivadores para o aumento veloz e furioso do mercado. Depois que as pessoas perceberam no que haviam investido, os preços caíram vertiginosamente. Esse tipo de comportamento se tornou tão popular que os geeks do mercado criaram sua própria linguagem em torno do assunto. Aqui estão alguns termos:

» **FOMO:** Este termo significa "fear of missing out", ou "medo de ficar de fora", em tradução livre. Isso acontece quando vê um aumento enorme em uma criptomoeda que você não possui e corre para colocar as mãos nela enquanto o preço aumenta. Dica: não faça isso! O que sobe também desce, então é melhor esperar a queda da expectativa e comprar por preços menores.

» **FUD:** Este termo é uma abreviação de "fear, uncertainty, and doubt", ou "medo, incerteza e dúvida", em tradução livre. Você pode usar esse termo em uma publicação do Reddit quando vir um daqueles arautos do apocalipse subestimando o mercado. O CEO da JPMorgan Chase, Jamie Dimon, espalhou um dos maiores FUDs em setembro de 2017, quando chamou o Bitcoin de fraude. Em janeiro de 2018, ele disse ter se arrependido de ter feito essa declaração.

» **ATH:** Abreviação para "all-time high", ou "maior recorde registrado", em tradução livre. Sempre que o preço de um ativo alcança o maior ponto de sua história, você pode dizer: "Ele alcançou um ATH."

» **Bag holder:** Você não quer receber esse apelido! Bag holders, ou "portador de bolsa", em tradução livre, são os investidores que compraram motivados pelo FOMO durante um ATH e perderam a oportunidade de vender a moeda. Portanto, acabaram ficando com uma bolsa (carteira) cheia de moedas sem valor.

» **BTFD:** Este termo significa "buy the f@#&ing dip!", ou "compre na maldita queda!", em tradução livre. Para que não se torne um bag holder, é preciso que você BTFD.

LEMBRE-SE

Antes de se deixar levar pelo alvoroço do mercado, arme-se com conhecimento sobre as criptomoedas específicas que está pensando em adquirir. Existem muitas oportunidades para conseguir muito dinheiro no mercado de criptomoedas. Seja paciente e adquira o conhecimento correto em vez de apostar na expectativa da vez. Um investidor que negocia com base em expectativa provavelmente nem tem uma estratégia de investimento — a menos que chame aposta de estratégia! Você encontrará diferentes métodos de desenvolvimento de estratégia nas Partes 2 e 4.

Risco de segurança

Golpes. Hackers. Roubo. Essas questões têm sido temas recorrentes no mercado de criptomoedas desde a criação do Bitcoin, em 2009. E, após cada escândalo, os valores das criptomoedas também eram comprometidos, ainda que temporariamente. Sua criptomoeda pode ser prejudicada de três formas principais, as quais destacarei nas seções seguintes. Você definitivamente deveria seguir medidas de precaução em cada um dos passos da sua estratégia de investimento em criptomoedas.

Verificação de segurança nº 1: A criptomoeda

Centenas de criptomoedas já estão disponíveis para investimentos, com milhares de novas ICOs (*initial coin offerings*) a caminho (veja o Capítulo 11 para saber mais sobre ICOs). Ao escolher a criptomoeda na qual deseja investir, você deve aprender sobre o protocolo do blockchain e se certificar de que nenhum bug (ou rumor de bugs) pode comprometer o seu investimento. O protocolo é o conjunto comum de regras sobre as quais a rede de blockchain entrou em acordo. Você pode descobrir mais sobre a natureza do protocolo da criptomoeda no whitepaper existente no site da moeda. O whitepaper é um documento oficial que os fundadores da criptomoedas criam antes da ICO, estabelecendo e descrevendo tudo que é necessário saber sobre a criptomoeda. No entanto, as empresas dificilmente comentarão sobre suas desvantagens nesse documento. É por isso que ler avaliações de sites bem informados, como o Reddit e o meu site, InvestDiva.com, com frequência pode ser a sua melhor aposta.

Esses tipos de bugs aparecem mesmo nas maiores criptomoedas. Por exemplo, havia muita mídia negativa em torno do lançamento da primeira versão do software de código livre do EOS antes do dia 2 de junho de 2018. Uma empresa chinesa de segurança havia descoberto um bug no código do EOS que teoricamente poderia ser utilizado para criar tokens do nada. No entanto, EOS foi capaz de resolver os problemas. Para transformar ainda mais a mídia negativa em mídia positiva, a Block.one, a desenvolvedora do EOS, convidou as pessoas a buscarem erros não descobertos em troca de recompensas monetárias (um processo chamado de *bug bounty*, ou recompensa por bugs).

CUIDADO

Emissores confiáveis de criptomoedas devem agir imediatamente quando um bug é descoberto. Mas, até que o problema seja resolvido, a melhor opção é ficar longe das moedas deles!

Verificação de segurança nº 2: Exchanges

As *exchanges* são as plataformas de compra e venda de criptoativos (veja o Capítulo 6 para saber mais). Você precisa se certificar de que a exchange é confiável. Inúmeros casos de incidentes de segurança e violações de dados ocorreram na comunidade de criptomoedas graças às exchanges.

Uma das primeiras situações ocorreu em 2013 na Mt. Gox, a maior exchange de Bitcoin, localizada no Japão. Na época, a Mt. Gox lidava com 70% do volume de negociação mundial de Bitcoin. No entanto, a exchange tinha muitos problemas, como a ausência de uma política de testes, ausência de um software de controle de versão e a ausência de uma administração competente. Todos esses problemas se acumularam e, em fevereiro de 2014, a exchange se tornou vítima de uma grande invasão, na qual cerca de 850 mil Bitcoins foram perdidos. Com o tempo, 200 mil Bitcoins foram recuperados, mas os outros 650 mil nunca foram encontrados.

Muitas exchanges aprenderam a lição com esse incidente e buscam manter as medidas de segurança mais atualizadas. No entanto, invasões a essas instituições ainda acontecem quase que mensalmente.

LEMBRE-SE

Exchanges centralizadas são as mais vulneráveis a ataques. Vá até o Capítulo 6 para ler sobre métodos de identificar sinais de perigo nas exchanges de criptomoedas.

DICA

Não estou tentando assustá-lo com esse tipo de história. Com o passar do tempo, o mercado aprende com os erros do passado e trabalha rumo a um futuro melhor e mais seguro. Entretanto, você ainda precisa se prevenir tanto quanto for possível. Antes de escolher uma exchange, dê uma olhada na seção de segurança do site. Confira se ela participa de algum programa de recompensa por bugs para encorajar a segurança. E, é claro, pergunte para as pessoas certas sobre as exchanges. No Grupo de Investimento Premium da Invest Diva, nós ficamos de olho nos desenvolvimentos mais recentes do mercado e mantemos nossos membros informados sobre quaisquer atividades suspeitas. Então, sinta-se livre para nos visitar em `https://learn.investdiva.com/join-group` [conteúdo em inglês]!

Verificação de segurança nº 3: Sua carteira

A última etapa da sua verificação de segurança está nas suas mãos, porque a escolha do tipo de carteira de criptomoedas utilizada só depende de você. Ainda que não carregue suas criptomoedas fisicamente, você pode guardá-las em uma carteira física segura. Pode também guardar as chaves públicas e privadas, as quais pode utilizar para realizar transações com suas altcoins, nessas carteiras. É possível aumentar ainda mais a segurança da sua carteira ao usar um backup. Falarei um pouco mais sobre os métodos de segurança da sua carteira no Capítulo 7.

Risco de volatilidade

Risco de volatilidade é, em essência, o risco de movimentos inesperados do mercado. Embora a volatilidade possa ser positiva, ela também pode nos pegar de surpresa. Assim como qualquer outro mercado, o mercado de criptomoedas pode se mover repentinamente na direção oposta àquela que esperamos. Caso não esteja preparado para a volatilidade do mercado, você pode perder o dinheiro investido nele.

A volatilidade no mercado de criptomoedas é resultado de diversos fatores. Um deles fatores é o fato de a tecnologia ser extremamente nova. A criação de tecnologias revolucionárias — como a internet — pode criar períodos iniciais de volatilidade. A tecnologia blockchain (veja o Capítulo 4) e suas criptomoedas têm muito com o que se habituar antes de se tornarem populares.

LEMBRE-SE

A melhor forma de combater o risco de volatilidade das criptomoedas é examinar o panorama geral. A volatilidade é muito importante se você tiver um horizonte de investimento de curto prazo (veja o Capítulo 17), porque é um indicativo de quanto dinheiro é possível ganhar ou perder em um curto período. No entanto, se tiver um horizonte de longo prazo (veja o Capítulo 18), a volatilidade pode se tornar uma oportunidade.

DICA

Você também pode compensar o risco de volatilidade usando algoritmos automatizados de trading em diversas exchanges. Por exemplo, você pode criar um critério como "vender 65% da moeda 1" ou "100% da moeda 2" caso o preço caia em 3%. Essa estratégia pode minimizar o risco de volatilidade e permitir que você durma tranquilo à noite.

Risco de liquidez

Por definição, o *risco de liquidez* é o risco de não ser capaz de vender (ou *liquidar*) um investimento rapidamente e por um preço razoável. A liquidez é importante para qualquer ativo negociável. O mercado forex (meu primeiro amor) é considerado o mercado mais líquido do mundo. Porém, mesmo no mercado forex, a falta de liquidez pode ser um problema. Se você negociar moedas com um volume muito baixo, pode até não conseguir fechar sua negociação, porque os preços não se moverão!

As criptomoedas também podem ter episódios de falta de liquidez. Ora, o problema da liquidez foi um dos fatores que levou à alta volatilidade do Bitcoin e outras altcoins descritas anteriormente neste capítulo. Quando a liquidez está baixa, o risco de manipulação de preço também entra no jogo. Um grande player pode facilmente mover o mercado a seu favor ao realizar um pedido expressivo.

DICA

A comunidade de criptomoedas se refere a esses grandes players como *whales* [baleias, em tradução livre]. No mercado de criptomoedas, whales geralmente movem pequenas altcoins com o uso de sua grande quantidade de capital.

Vendo o lado positivo, o mercado pode se tornar mais líquido conforme o investimento em criptomoedas se torna mais acessível e aceitável. O aumento no número de exchanges confiáveis fornecerá uma oportunidade para que mais pessoas façam parte do jogo. Caixas eletrônicos e cartões de pagamento de criptomoedas estão surgindo e ajudando a atrair a atenção e a aceitação das criptomoedas para as nossas transações do dia a dia.

Outro fator importante na liquidez das criptomoedas é a posição de países sobre as regulações. Se as autoridades forem capazes de definir questões como proteção ao consumidor e impostos sobre criptomoedas, as pessoas se sentirão mais confortáveis para usá-las e negociá-las, afetando sua liquidez geral.

Ao escolher uma criptomoeda para negociar, você deve considerar sua liquidez ao analisar sua aceitação, sua popularidade e o número de exchanges em que ela está sendo negociada. Criptomoedas menos conhecidas podem ter muito potencial positivo, mas podem trazer problemas graças à falta de liquidez. Abordarei com mais detalhes os diferentes tipos de criptomoedas e suas características na Parte 2.

Risco de desaparecimento

Não, não estou falando sobre desaparecer na indústria eternamente mágica do blockchain. Na verdade, refiro-me ao contrário. Centenas de diferentes criptomoedas estão disponíveis atualmente. Cada vez mais criptomoedas são criadas todos os dias. Em dez anos, muitas dessas altcoins desaparecerão, enquanto outras florescerão.

Um exemplo familiar do risco de desaparecimento é a bolha da internet. No final dos anos 1990, muitas pessoas ao redor do mundo sonharam com empresas que capitalizavam sobre a popularidade da internet. Algumas, como Amazon e eBay, tiveram sucesso em conquistar o mundo. Muitas outras empresas sucumbiram. Seguindo o curso da história, muitas das criptomoedas que estão nascendo por todos os lados estão também fadadas ao esquecimento.

Para minimizar o risco de desaparecimento, você precisa analisar os fundamentos das criptomoedas nas quais decidiu investir. O objetivo faz sentido para você? Elas estão resolvendo um problema que permanecerá nos anos seguintes? Quais são os parceiros? Não é possível desaparecer com esse risco por completo (ótimo trocadilho), mas você pode eliminar sua exposição a uma explosão repentina. Dê uma olhada na Parte 2 para ler mais sobre análise fundamentalista.

Risco regulatório

Uma das principais atrações iniciais da criptomoeda era sua falta de regulamentação. Nos bons e velhos dias da criptolândia, os entusiastas do mercado não se preocupavam com a perseguição governamental. Tudo o que eles tinham era um whitepaper e uma promessa. No entanto, conforme a demanda por criptomoedas aumentou, reguladores do mundo todo estão coçando a cabeça e pensando em como acompanhar — e, assim, não perder tudo — uma nova realidade econômica.

Até agora, a maioria das moedas digitais não são apoiadas por nenhum governo central, o que significa que cada país tem seus próprios padrões.

É possível dividir o risco regulatório das criptomoedas em dois componentes: o risco de evento de regulamentação e a própria natureza da regulamentação.

» O *risco de evento de regulamentação* não significa necessariamente que o mercado de criptomoedas está com um mau desempenho. Significa apenas que os participantes do mercado reagiram a um anúncio inesperado. Em 2018, todos os anúncios de regulamentações aparentemente pequenas impulsionaram os preços das maiores criptomoedas e geraram uma grande quantidade de volatilidade.

» No momento de escrita deste livro, não existe nenhum órgão regulatório mundial de criptomoedas, então as regulamentações existentes estão espalhadas por toda a parte. Em alguns países (como o Japão e os Estados Unidos), por exemplo, as exchanges de criptomoedas são legais desde que tenham registro nas autoridades financeiras[1]. Outros países, como a China, foram mais rigorosos com as criptomoedas, porém mais lenientes com a indústria do blockchain em si.

O futuro das regulações das criptomoedas, no momento de escrita deste livro, parece promissor, mas pode acabar impactando os mercados no futuro. Entretanto, conforme os mercados se fortalecem, esses impactos podem se tornar eventos isolados.

Risco fiscal

Quando o investimento em criptomoedas tornou-se popular pela primeira vez, quase ninguém pagava impostos sobre os seus ganhos. Havia muita subdeclaração dos ganhos. Entretanto, com as mais novas regulações do mercado, as autoridades podem se tornar mais rígidas com a fiscalização. Até 2018, o Internal Revenue Service, agência governamental dos Estados Unidos, via o Bitcoin e outras criptomoedas como propriedades, apesar do nome *moedas*. Por isso, transações com o uso de altcoins estão sujeitas a um imposto sobre o ganho de capital.

Se você mora nos Estados Unidos ou é um cidadão norte-americano, o risco fiscal envolve a chance das autoridades realizarem mudanças desfavoráveis nas leis fiscais, como a limitação da dedução, o aumento nas taxas de impostos e a eliminação de isenções fiscais. Em outros países, o risco fiscal pode ser ainda mais complicado. Por exemplo, no momento de escrita deste livro, as Filipinas ainda não haviam estabelecido de maneira evidente se o Bureau of Internal Revenue tratará as criptomoedas com um imposto sobre patrimônio líquido, propriedade ou ganhos de capital.

LEMBRE-SE

Embora praticamente todos os investimentos sejam vulneráveis a um aumento nas taxas de impostos, a taxação das criptomoedas ainda é uma área confusa. Grande parte dos órgãos reguladores não consegue sequer chegar a um consenso sobre o conceito básico do que um token representa!

1 N. da T.: No Brasil, como os criptoativos não são regulamentados, não é preciso ter uma licença especial para operar exchanges.

Além disso, é claro, diferentes países significam diferentes regras. Pessoalmente, já sofri muito com impostos quando me mudei de um país para outro ou quando o Congresso norte-americano realizou mudanças nas leis tributárias. Felizmente, fui capaz de cobrir esses tributos de outras formas. Se eu não tivesse economias o suficiente no meu fundo de emergência, teria que pedir uma extensão do prazo de declaração e pagar uma multa por isso. É por isso que é importante realizar a devida diligência a respeito dos impostos antes de desenvolver sua estratégia de investimento. Vá até o Capítulo 21 para mais detalhes sobre os impostos com relação às criptomoedas.

Explorando Métodos de Gestão de Riscos

A única forma pela qual você pode atingir os seus objetivos de investimento é investindo em um nível de risco consistente com sua avaliação de tolerância ao risco. É por isso que falo bastante sobre métodos para calcular a tolerância ao risco nos meus cursos na Invest Diva. É possível mensurar sua tolerância ao risco ao considerar medidas objetivas, como os seus objetivos de investimento, seu horizonte de tempo para cada objetivo, sua necessidade de liquidez, entre outras. Você pode aumentar sua tolerância ao risco ao estabelecer objetivos de longo prazo, aumentando suas economias com o uso de outros métodos além do investimento online, e reduzindo sua necessidade de liquidez atual.

Com certeza é mais fácil falar do que fazer tudo isso, especialmente levando em consideração que nunca sabemos quando seremos atingidos financeiramente. As seções seguintes oferecem orientações sobre como gerenciar riscos ao construir um fundo emergencial, ser paciente com seus investimentos e diversificar.

DICA

Confira esta master class no meu site, na qual explico como calcular a sua tolerância ao risco pessoal e ofereço todas as ferramentas e questionários de análise para fazer o seu dinheiro trabalhar para você: `https://learn.investdiva.com/free-webinar-3-secrets-to-making-your-money-work-for-you` [conteúdo em inglês]. Veja o box a seguir para mais informações.

MEDINDO SUA TOLERÂNCIA AO RISCO

A tolerância ao risco tem dois componentes principais:

- **Sua vontade de arriscar.**
- **Sua habilidade de arriscar.**

Um planejador financeiro provavelmente fará com que você preencha um questionário sobre tolerância ao risco capaz de mensurar sua disposição de arriscar. Esse questionário avalia essa disposição ao perguntar sobre questões de risco. Ele pode ajudá-lo a determinar se você é uma pessoa avessa ou tolerante ao risco. Um investidor *avesso ao risco* requer um retorno muito mais significativo para estar disposto a realizar um investimento de alto risco. Um investidor *tolerante ao risco* está mais disposto a aceitar o risco por um pequeno aumento no seu retorno.

Entretanto, para compreender de fato a quantia que pode investir nos mercados, você também deve descobrir sua habilidade em arriscar com base na sua situação financeira e circunstâncias de vida, duas características únicas. Para calcular sua tolerância ao risco, você deve preparar suas declarações financeiras e analisar algumas proporções, como:

- **Sua proporção de fundo de emergência:** Você pode calcular este valor ao dividir seu dinheiro acessível pelo seu gasto mensal necessário. O resultado deve ser maior que seis.
- **Sua proporção de habitação:** Divida os seus custos de habitação pelo seu salário bruto. Caso more nos Estados Unidos, o resultado deve ficar abaixo de 28%.
- **Sua proporção de dívidas:** Esta razão calcula a sua dívida total dividida pelos seus ativos totais. O resultado varia dependendo da sua idade e de seus objetivos financeiros.
- **Sua proporção de patrimônio líquido:** Você pode realizar esse cálculo dividindo o seu patrimônio líquido (que são todos os seus ativos menos a sua dívida) por seus ativos totais.

Conhecendo essas proporções e comparando-as com números de referência, é possível preencher um questionário simples para descobrir sua tolerância ao risco.

Crie seu fundo de emergência primeiro

Eu e meu marido fomos recentemente pegos de surpresa por um encargo financeiro imprevisível. Após um ano de sucesso financeiro para nós dois, seguimos em frente e melhoramos nosso orçamento, compramos uma nova casa em uma vizinhança incrível e adicionamos alguns gastos de luxo que normalmente não faríamos. Esses foram bons tempos!

Então a inesperada alteração na lei fiscal dos Estados Unidos nos colocou em um nível tributário diferente do de costume e retirou um pouco de nossas deduções e isenções de impostos. Logo após isso, Jasmine, nossa filha, nasceu e nossos planos de pedir para que nossos pais cuidassem dela pelos primeiros seis meses não deram certo por conta de problemas de saúde em ambos os lados da família. Como se diz por aí, quando a chuva vem, ela chega de uma vez — tanto figurativa quanto literalmente. Nossa região foi atingida por algumas tempestades que inundaram nosso porão, danificaram nossas árvores e derrubaram alguns galhos na nossa casa. Então precisávamos de um orçamento adicional para pagar pelo prejuízo.

Conto essa história simplesmente para mostrar a importância de ter um fundo de emergência, não importa no que você está investindo ou qual é sua estratégia. Graças ao nosso fundo de emergência, fomos capazes de superar esse período financeiramente desafiador e voltar nossas atenções para a criação de nosso pacotinho de alegria. É claro, depois disso tivemos que reconstruir o fundo do zero.

DICA

Você pode calcular o seu fundo de emergência ao dividir o valor do seu dinheiro imediatamente acessível pelos seus gastos mensais necessários. Isso lhe dará o número de meses em que você sobreviverá sem nenhum fluxo de caixa adicional. O resultado *precisa* ser maior que seis meses, mas quanto maior, melhor. Para saber mais sobre o cálculo de tolerância ao risco, visite `https://learn.investdiva.com/free-webinar-3-secrets-to-making-your-money-work-for-you` [conteúdo em inglês].

LEMBRE-SE

Você precisa ter um fundo de emergência antes de criar um portfólio de investimentos, e essa necessidade é ainda maior se desejar adicionar criptomoedas a esse portfólio.

Seja paciente

Os riscos envolvidos no investimento em criptomoedas são levemente diferentes dos riscos de outros mercados mais estabelecidos, como o mercado de ações ou metais preciosos. No entanto, você pode usar métodos semelhantes para gerenciar o risco do seu portfólio independentemente dos seus investimentos.

A razão mais comum pela qual muitos traders perdem dinheiro online é a fantasia de enriquecimento rápido. Posso falar de maneira confiante (e verificável) que a vasta maioria dos meus alunos de longo prazo ganharam dinheiro e, em muitos casos, muito dinheiro. A chave para isso foi a paciência.

"A paciência é uma virtude lucrativa" é o mantra do nosso grupo de investimentos. A maioria dos ativos em nosso portfólio vem do mercado de ações e forex, mas esse mantra tem sido verdadeiro também para os holders de Bitcoin. Levou anos (nove, para ser exata) até que os entusiastas do Bitcoin conseguissem algum retorno sobre seus ativos. E, embora uma espécie de bolha tenha surgido em 2017, nada está impedindo os mercados de alcançar e passar os picos históricos nos próximos anos.

O mantra da paciência não auxilia apenas os investidores de longo prazo, mas também os traders e os especuladores. Frequentemente, o investimento ou a posição especulativa assumida por você pode cair ou estabilizar por um período que parece não ter fim. Mais cedo ou mais tarde, o mercado perceberá o sentimento e apagará as perdas ou criará novas oportunidades de compra.

Na Figura 3-2, é possível ver o papel desempenhado pela paciência nos retornos de um investidor. É claro, você adoraria que os mercados marchassem rumo ao seu alvo de nível de lucro (isto é, a saída) de modo mais direto. No entanto, muitas vezes as coisas não funcionam desse jeito.

FIGURA 3-2: Demonstrando por que a paciência é uma virtude lucrativa.

Fonte: InvestDiva.com

- O gráfico do lado esquerdo mostra uma fantasia da maioria dos traders quando compram um ativo. Eles desejam que o preço marche rumo ao alvo de lucro dentro do tempo gráfico definido por eles, seja ele curto ou longo, e que ganhem dinheiro.

» O gráfico do lado direito mostra a realidade. Traders e investidores com frequência veem muitas quedas no preço antes de o mercado alcançar o alvo de lucro desejado. Alguns investidores entram em pânico durante a queda e desistem. No final, porém, vencem aqueles que são pacientes e mantêm sua posição durante os tempos difíceis. Isso pode ser verdadeiro tanto para os investidores de curto quanto de longo prazo, então o tempo gráfico representado nos gráficos não importa.

LEMBRE-SE

O sucesso está após uma estrada esburacada. O seu portfólio pode até mesmo se tornar um território negativo às vezes. Entretanto, caso tenha realizado a devida diligência e analisado o seu investimento, você pode transformar o tempo em seu amigo para ver o lucro em longo prazo. Vá até o Capítulo 18 para saber mais sobre estratégias de investimento de longo prazo.

Um grande exemplo dessa ideia é o crash de 2008. Quase todos os mercados do mundo, incluindo a bolsa de valores dos Estados Unidos, caíram como uma pedra em razão das questões econômicas, como a crise hipotecária. A maioria das pessoas entrou em pânico e começou a retirar seus investimentos, acumulando grandes perdas. Caso tivessem um pouco de paciência (ou, melhor dizendo, muita), os seus portfólios poderiam ter alcançado um território positivo em cerca de cinco anos. Em 2018, elas teriam mais do que duplicado os retornos nesses mesmos investimentos.

Diversifique dentro e fora do seu portfólio de criptomoedas

Como observei no Capítulo 2, a diversificação é a regra do "não ponha todos os ovos em um único cesto", e esse velho conselho do investimento continua sendo verdadeiro no revolucionário mercado das criptomoedas. Além de diversificar o seu portfólio ao escolher diferentes ativos como ações, bonds ou exchange traded funds (ETFs), a diversificação dentro do seu portfólio de criptomoedas também é importante (veja o Capítulo 10 para ler algumas ideias a respeito da diversificação).

Por exemplo, o Bitcoin talvez seja a celebridade de todas as criptomoedas, então todo mundo quer pôr as mãos nele. No entanto, o Bitcoin também é a criptomoeda mais antiga entre elas e, como tal, carrega alguns problemas impossíveis de resolver. Todos os dias, criptomoedas mais jovens e com melhor desempenho entram no mercado e oferecem oportunidades animadoras. (Não estou dizendo que coisas mais novas são melhores em todos os aspectos da vida. E estou falando sobre criptomoedas, não sobre pessoas!)

Além da idade, você pode agrupar criptomoedas em diversas formas diferentes para fins de diversificação. Aqui estão alguns exemplos (confira o Capítulo 8 para mais detalhes):

- **Principais criptomoedas de acordo a capitalização de mercado:** Nesta categoria estão as dez principais criptomoedas. No momento de escrita deste livro, essas opções incluem Bitcoin, Ripple e Litecoin.
- **Criptomoedas transacionais:** Este grupo é a categoria original das criptomoedas. Criptomoedas transacionais são criadas para serem usadas como dinheiro e trocadas por bens e serviços. Bitcoin e Litecoin são exemplos de criptomoedas bem conhecidas nessa lista.
- **Criptomoedas de plataforma:** Estas criptomoedas são criadas para eliminar intermediários, criar mercados e até mesmo lançar outras criptomoedas. Ethereum é uma das maiores criptomoedas nesta categoria. Ela oferece uma estrutura para aplicações futuras. NEO é outro ótimo exemplo. Tais criptomoedas são geralmente consideradas um investimento de longo prazo, uma vez que o valor delas aumentam conforme mais aplicações são criadas fazendo uso de seu blockchain.
- **Criptomoedas de privacidade:** Estas opções são semelhantes às criptomoedas transacionais, mas elas têm um grande foco na segurança e no anonimato das transações. Exemplos como esse incluem Monero, Zcash e Dash.
- **Criptomoedas de aplicação específica:** Um dos tipos de criptomoedas de maior tendência. As criptomoedas de aplicação específica servem para funções específicas e resolvem alguns dos maiores problemas do mundo. Alguns exemplos dessas moedas são a Vechain (criada para aplicações de cadeias de suprimento), IOTA (aplicações de IoT) e Cardano (escalabilidade, otimizações de privacidade, entre outras características das criptomoedas). Algumas são superespecíficas, como a Mobius, também conhecida como Stripe na indústria blockchain, que buscava resolver os problemas de pagamento na indústria da agricultura em 2018. Dependendo dos detalhes de cada projeto, uma quantidade dessas criptomoedas podem se mostrar muito bem-sucedida. Você pode escolher as moedas que estejam resolvendo problemas mais próximos de sua realidade, apenas certifique-se de analisar a usabilidade, o desempenho do aplicativo e a equipe do projeto de maneira adequada.

LEMBRE-SE

Um dos principais problemas enfrentados pelo mercado de criptomoedas quando se trata de diversificação é que todo o mercado parece ser extremamente correlacionado. A maioria das criptomoedas sobe quando o sentimento do mercado está otimista e vice-versa. Apesar dessa tendência, você pode eliminar os riscos por meio da diversificação em um portfólio exclusivo de criptomoedas ao adicionar mais criptomoedas ao portfólio. Ao investir em múltiplos ativos de criptomoedas, você pode diluir a quantidade de risco ao qual se expõe em vez de deixar toda a volatilidade do portfólio surgir de um ou dois ativos. Vá até o Capítulo 11 para ler detalhes sobre diversificação de criptomoedas.

NESTE CAPÍTULO

» Entendendo o que é a tecnologia blockchain

» Considerando os problemas atuais com a tecnologia blockchain

» Descobrindo diferentes formas de usar o blockchain

Capítulo 4

Por Dentro do Capô: A Tecnologia Blockchain

A maioria das pessoas provavelmente ouviu falar mais de Bitcoin do que sobre blockchain. Muitas pessoas *que já* ouviram falar de blockchain pensam se tratar de uma tecnologia que alimenta o Bitcoin. Embora o Bitcoin tenha se tornado um dos resultados mais famosos da tecnologia blockchain, o blockchain é capaz de fazer muito mais do que isso. Essa talvez seja uma das tecnologias mais revolucionária em décadas e pode mudar nossas vidas para sempre.

De forma simplificada, o relacionamento entre o Bitcoin e o blockchain é semelhante ao relacionamento entre o e-mail e a internet. Para ser capaz de enviar e receber e-mails, você precisa de internet. Da mesma forma, para ser capaz de usar qualquer criptomoeda, você precisa da tecnologia blockchain. Neste capítulo, abordarei como a tecnologia blockchain funciona, por que ela é importante e como ela pode impactar sua vida no futuro. Ter uma melhor compreensão do blockchain pode ajudá-lo a remodelar sua visão sobre o mercado de criptomoedas. Dessa forma, você pode tomar melhores decisões de investimento na indústria.

Esmiuçando o Básico da Tecnologia Blockchain

Tecnologias modernas permitem que pessoas se comuniquem diretamente. Podemos usá-las para enviar e-mails, mensagens de texto, imagens e vídeos para outras pessoas sem a necessidade de um intermediário. Dessa forma, é possível sustentar a confiança dos outros independentemente de onde estejam no mundo. Relacionamentos a distância atualmente não são tão difíceis e arrasadores quanto antigamente. Por exemplo, minha família manteve anos e anos de relacionamentos a distância graças ao advento da internet. Participei do casamento da minha irmã em Los Angeles pelo Skype quando eu estava em Tóquio. Meus sogros, que moram na Austrália e estavam com medo de viajar devido a uma doença terminal, participaram do nosso casamento no Havaí pelo FaceTime.

Apesar de todos esses avanços, as pessoas ainda precisam confiar em um terceiro para completar uma transação financeira. A tecnologia blockchain, porém, desafia esse sistema de uma forma radical. Nas seções seguintes, explicarei o básico dessa tecnologia.

O que é blockchain e como ele funciona?

Resumidamente, um *blockchain* é um tipo especial de banco de dados. De acordo com o site `cigionline.org` [conteúdo em inglês] o termo *blockchain* refere-se a toda uma rede de tecnologias de registro distribuído. De acordo com o Oxford Dictionaries, um *registro*, ou livro-razão, é "um livro ou outra coleção de relatórios financeiros de um tipo específico". Essa coleção pode ser um arquivo de computador que registra as transações. O livro-razão, na verdade, é a base da contabilidade e é tão antigo quanto a escrita e o dinheiro.

Agora, imagine um conjunto de registros digitais incorruptíveis de transações econômicas que pode ser programado para registrar e rastrear não só transações financeiras, mas também praticamente qualquer coisa de valor. O blockchain pode rastrear coisas como registros médicos, títulos de terras e até votações (como veremos mais tarde neste capítulo). Trata-se de um registro distribuído, compartilhado e imutável que registra o histórico de transações iniciando pela transação número um. A tecnologia estabelece confiança, transparência e possibilita uma prestação de contas.

LEMBRE-SE

O blockchain guarda informações em lotes chamados de *blocks,* ou *blocos*. Esses blocos são unidos de maneira sequencial para formar uma linha contínua. Uma cadeia de blocos (ou uma blockchain, em inglês). Cada bloco é como a página de um registro ou livro-razão. Como você pode ver na Figura 4-1, cada bloco tem três elementos principais:

- **Dados:** O tipo de dado depende da finalidade para a qual o blockchain está sendo utilizado. No Bitcoin, por exemplo, os dados de um bloco contêm os detalhes sobre a transação, incluindo o remetente, destinatário, o número de moedas, entre outros.
- **Hash:** Um *hash* no blockchain é como uma assinatura ou impressão digital. Ele identifica um bloco e todo seu conteúdo. Todo hash é único.
- **Hash do bloco anterior:** Esta parte é exatamente o que forma o blockchain! Já que cada bloco carrega a informação do bloco anterior, essa cadeia se torna muito segura.

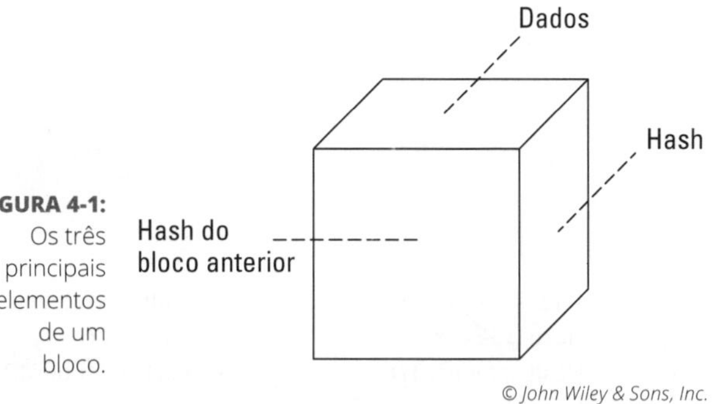

FIGURA 4-1: Os três principais elementos de um bloco.

Aqui está um exemplo de como alguns blocos se unem em um blockchain. Digamos que você tenha três blocos.

O bloco 1 contém as seguintes informações:

- Dados: 10 Bitcoins de Fred para Jack
- Hash (simplificado): 12A
- Hash anterior (simplificado): 000

O bloco 2 contém as seguintes informações:

- Dados: 5 Bitcoins de Jack para Mary
- Hash (simplificado): 3B4
- Hash anterior: 12A

O bloco 3 contém as seguintes informações:

- Dados: 4 Bitcoins de Mary para Sally
- Hash (simplificado): C74
- Hash anterior: 3B4

Como você pode ver na Figura 4-2, cada bloco carrega seu próprio hash e um hash do bloco anterior. Então, o bloco 3 indica o bloco 2, que indica o bloco 1. (***Observação:*** o primeiro bloco é meio especial, porque ele não é capaz de indicar um bloco anterior. Ele é chamado de *genesis block*, ou *bloco gênese*.)

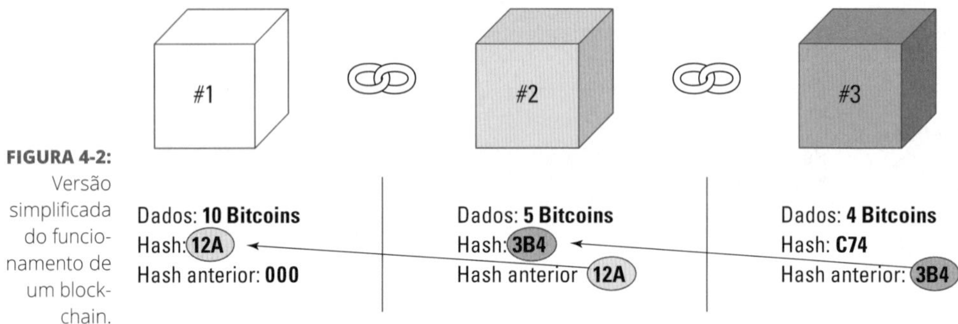

FIGURA 4-2: Versão simplificada do funcionamento de um blockchain.

Os hashes e os dados são únicos em cada bloco, mas ainda podem ser adulterados. A seção seguinte descreverá algumas formas pelas quais os blockchains podem garantir a segurança do sistema.

Como um blockchain se protege?

Interferir em um bloco do blockchain é algo quase impossível de ser feito. A primeira forma de um blockchain se proteger é por meio do hashing. Adulterar um bloco dentro de um blockchain causará uma mudança no hash do bloco. Essa mudança torna o bloco seguinte, que originalmente indicava o hash do primeiro bloco, inválido. Na verdade, mudar um único bloco torna todos os seguintes inválidos. Essa configuração dá ao blockchain um nível de segurança.

CUIDADO

Entretanto, usar o hashing não é suficiente para impedir a adulteração. Isso acontece porque os computadores atuais são super-rápidos e podem calcular centenas de milhares de hashes por segundo. Tecnicamente, um hacker pode mudar o hash de um bloco específico e depois calcular e mudar todos os hashes dos blocos seguintes para omitir a adulteração.

É por isso que, além dos hashes, os blockchains têm medidas de seguranças adicionais, como a proof-of-work (também conhecida como prova de trabalho) e distribuição peer-to-peer. Um *proof-of-work* (PoW) é um mecanismo que desacelera a criação de blocos. No caso do Bitcoin, por exemplo, leva cerca de dez minutos para calcular o PoW exigido e adicionar um novo bloco à cadeia. Esse tempo torna a adulteração de um bloco superdifícil, porque se você interferir em um bloco, precisará interferir em todos os seguintes. Um blockchain como o Bitcoin contém centenas de milhares de blocos, então manipulá-lo com sucesso pode levar até dez anos! Falarei um pouco mais sobre proof-of-work no Capítulo 5.

Uma terceira forma de que os blockchains dispõem para se proteger é a sua distribuição. Blockchains não usam uma entidade central para administrar toda a cadeia. Em vez disso, usam uma rede *peer-to-peer* (P2P). Em blockchains públicos, como o Bitcoin, todos podem participar. Cada membro da rede é chamado de *validador* ou *nó*. Quando alguém entra na rede, recebe uma cópia completa do blockchain. Dessa forma, o nó pode verificar se tudo ainda está funcionando normalmente.

Aqui está o que acontece quando alguém cria um novo bloco na rede:

1. **O novo bloco é enviado para todos na rede.**
2. **Cada nó então verifica o bloco e certifica-se de que ele não foi adulterado.**
3. **Se tudo estiver certo, cada nó adiciona esse novo bloco ao seu próprio blockchain.**

Todos os nós nesse processo criam um consenso. Eles concordam sobre quais blocos são válidos e quais não são. Os outros nós na rede rejeitam blocos adulterados.

Logo, para adulterar com sucesso um bloco no blockchain, é necessário adulterar todos os blocos da cadeia, refazer o proof-of-work para cada um e assumir o controle da rede peer-to-peer!

LEMBRE-SE

Os blockchains também estão evoluindo constantemente. Um dos desenvolvimentos mais recentes no ecossistema das criptomoedas é a adição de algo chamado de *contrato inteligente*. Um contrato inteligente é um programa de computador armazenado dentro de um blockchain. Ele pode controlar diretamente a transferência de criptomoedas ou de outros ativos digitais com base em certas condições. Leia mais sobre contratos inteligentes no Capítulo 5.

Por que o blockchain é revolucionário?

Aqui estão as três principais razões pelas quais o blockchain é diferente de outros tipos de bancos de dados e sistemas de rastreamento já em uso.

O blockchain pode eliminar a adulteração de dados graças à forma como rastreia e armazena esses dados

Quando você faz uma alteração na informação armazenada em um bloco específico de um blockchain, não o reescreve. Em vez disso, a mudança é armazenada em um novo bloco. Por esse motivo, você não consegue reescrever o histórico — ninguém consegue —, já que esse novo bloco exibe a mudança e a data em que ela ocorreu. Essa abordagem baseia-se em um método centenário do registro financeiro geral.

Posso explicar a diferença com um exemplo. Imagine que Joe e o primo, Matt, estão discutindo sobre quem é o dono da loja de móveis que os dois administraram juntos durante anos. Uma vez que a tecnologia blockchain faz uso do método de registro, esse registro deve ter uma entrada exibindo que George foi o primeiro dono da loja, em 1947. Quando George vendeu a loja para Mary em 1976, ele adicionou uma nova entrada no registro e por aí vai. Cada alteração na posse dessa loja é representada por uma nova entrada no registro, até o momento em que Matt a comprou do tio, em 2009. Ao verificar o histórico no registro, Matt pode provar que ele é, de fato, o verdadeiro dono atualmente.

O blockchain abordaria essa disputa de maneira diferente desse método antigo. O registro tradicional usa um livro ou um arquivo de banco de dados registrado em um único sistema (centralizado). Entretanto, o blockchain foi criado para ser *descentralizado* e distribuído em uma grande rede de computadores. Essa descentralização de informações reduz a possibilidade de adulteração de dados.

Ataques recentes aos blockchains, como o que ocorreu ao ZenCash, mostram que a adulteração de dados não pode ser completamente eliminada no banco de dados do blockchain hoje em dia. Se 51% dos mineradores decidirem reescrever o registro, isso seria possível e, como resultado, eles poderiam fazer o que quisessem com a transação: poderiam atrasá-la, gastar as moedas mais de uma vez, adiá-la ou simplesmente removê-la do bloco. Diversas redes blockchains estão trabalhando em uma solução personalizada para esse problema (para mais informações, visite `https://medium.com/coinmonks/is-blockchain-really-tamper-proof-88d1bc5ee338` [conteúdo em inglês]).

Blockchain gera confiança nos dados

A forma única pela qual o blockchain funciona gera confiança nos dados. Falei mais sobre os detalhes anteriormente neste capítulo, mas aqui está uma versão simplificada para mostrar o motivo. Antes de um bloco ser adicionado à cadeia, algumas coisas precisam acontecer:

1. **Um enigma criptográfico deve ser resolvido para a criação do novo bloco.**

2. **O computador responsável por encontrar a solução a compartilha com todos os outros computadores na rede. Essa solução é o proof-of-work que mencionei brevemente na seção anterior, "Como um blockchain se protege?", e sobre o qual discutirei com mais detalhes no Capítulo 5.**

3. **Por fim, todos os computadores na rede verificam o proof-of-work. Se 51% da rede concorda que o PoW estava correto, então o novo bloco é adicionado à cadeia.**

A combinação desses enigmas matemáticos complexos e a verificação realizada por muitos computadores garantem que os usuários possam confiar em cada bloco na cadeia. Caramba, uma das principais razões pelas quais sou uma grande apoiadora das criptomoedas é que confio muito na tecnologia blockchain! Já que a rede constrói essa confiança para você, agora você tem a oportunidade de interagir com seus dados em tempo real.

Terceiros centralizadores não são necessários

No meu exemplo anterior sobre a disputa entre Joe e Matt, cada um dos primos pode ter contratado um advogado ou um terceiro *centralizador* e de confiança para conferir o registro e a documentação de posse da loja. Eles confiam nos advogados para manter o sigilo sobre as informações financeiras e a documentação. Os advogados terceirizados tentam construir a confiança entre seus clientes e verificar que Matt é, de fato, o verdadeiro dono da loja (para mais detalhes sobre o exemplo, dê uma olhada em "O blockchain pode eliminar a adulteração de dados graças à forma como rastreia e armazena esses dados").

O problema com terceiros centralizadores e intermediários, como advogados e bancos, é que eles adicionam um passo extra para resolver o problema, o que resulta em maior gasto de tempo e dinheiro.

Se a informação da posse de Matt fosse armazenada em um blockchain, ele teria sido capaz de eliminar o intermediário centralizado, seu advogado. Isso aconteceria porque todos os blocos adicionados à cadeia seriam verificados como verdadeiros e não poderiam ser adulterados. Em outras palavras, a rede blockchain e os mineradores agora atuam também como intermediários, o que torna o processo mais ágil e mais barato. Dessa forma, Matt poderia simplesmente mostrar a Joe a informação de sua posse guardada no blockchain. Ele teria economizado muito tempo e dinheiro ao eliminar o intermediário centralizado.

Esse tipo de interação confiável e peer-to-peer pode revolucionar a forma como as pessoas acessam, verificam e fazem transações umas com as outras. E, uma vez que o blockchain é um tipo de tecnologia e não uma rede única, ele pode ser implementado de muitas formas diferentes, como explicarei mais à frente neste mesmo capítulo.

Examinando os Problemas com o Blockchain

A tecnologia blockchain, descrita por mim mais cedo neste capítulo, pode ser sedutora e revolucionária, mas ela com certeza tem alguns problemas para resolver até se adaptar de verdade ao nosso cotidiano. Aqui estão alguns dos problemas e barreiras que o blockchain precisa superar antes de você ficar empolgado ou envolvido demais.

Problemas de escalabilidade

A escalabilidade talvez seja um dos problemas mais imediatos que o blockchain enfrenta. Anteriormente, neste mesmo capítulo, falei sobre como o blockchain é capaz de se proteger e como os hackers precisariam de muito tempo para adulterar o sistema de maneira bem-sucedida. Bem, toda essa segurança também tem um custo para os usuários. As transações com o blockchain são lentas e caras. Por exemplo, a rede Bitcoin é capaz de processar um máximo de sete transações por segundo — para todos os milhões de usuários ao redor do mundo. Além disso, para aumentar a segurança de pagamento, transações Bitcoin-blockchain só são registradas uma vez a cada dez minutos. Agora imagine todo mundo no planeta usando Bitcoins para suas transações e precisando aguardar todo esse tempo para cada transferência. Assustador, não é?

Felizmente, algumas soluções para essa questão já estão sendo desenvolvidas. A primeira e mais direta é aumentar o tamanho dos blocos. Quanto maior o tamanho do bloco, maior o número de transações realizadas por segundo. Por exemplo, o tamanho do bloco atual para o Bitcoin é de 1 MB por bloco. Aumentando esse valor para 2 MB, é possível duplicar o número de transações processadas por segundo. Atualmente, essa solução também pode ser problemática devido à mesma questão de escalabilidade. Quando o bloco é criado, é necessário enviá-lo para as outras pessoas na rede. Enviar um bloco muito grande para os outros pode gerar atrasos dentro da rede.

PAPO DE ESPECIALISTA

Outras soluções incluem usar coisas como um *hard fork* (explicado no Capítulo 5), *lightning network* e *sharding*.

» De acordo com a CoinDesk, "a lightning network, em essência, cria uma malha por cima do Bitcoin, permitindo transações rápidas e baratas que podem ser compensadas pelo blockchain do Bitcoin". O conceito "é baseado em uma rede que fica por cima do `blockchain do Bitcoin` e, com o tempo, liquida-se sobre ele. A rede consiste em canais gerados por usuários que enviam e recebem pagamentos de forma segura e sem necessidade *de confiança* (sem necessidade de confiança no sentido de que você não precisa confiar, nem sequer conhecer, a outra parte)". Em essência, a lightning network retira as transações do blockchain principal, dessa forma reduzindo o tempo e as taxas operacionais.

» Sharding é outra solução proposta para o problema de escalabilidade do blockchain e é um conceito usado de maneira ampla em bancos de dados para torná-los mais eficientes. De maneira resumida, para as criptomoedas, o sharding designa nós aleatórios, em vez de toda a rede, para validar uma transação na rede blockchain. A ideia é que pequenos conjuntos de nós podem executar os dados mais rápido e que uma distribuição aleatória significa que ninguém ficará empacado fazendo todo o trabalho. O sharding, como tecnologia, levanta algumas preocupações, a mais simples entre elas é se um participante antiético seria capaz de manipular um shard e se os membros de um shard deveriam ser compensados.

Com possíveis soluções sendo propostas de todos os lados, os investidores podem manter a esperança de que o problema de escalabilidade do blockchain será solucionado o quanto antes.

Problemas ambientais

Toda a segurança do blockchain que comentei anteriormente neste capítulo apresenta ainda outro custo: o custo energético e ambiental. A forma como a segurança funciona atualmente exige a execução de algoritmos complexos que, por sua vez, exigem grandes quantidades de capacidades computacionais (em especial ao lidar com criptomoedas mais antigas, como o Bitcoin). Por exemplo, de acordo com o Bitcoin Energy Consumption Index do Digiconomist, até novembro de 2017, atividades relacionadas às criptomoedas ultrapassaram o consumo de energia de 159 países ao redor do mundo (para mais informações, veja `https://powercompare.co.uk/bitcoin/` [conteúdo em inglês]).

Conforme as criptomoedas e os blockchains evoluem, hardwares mais eficientes e com um menor consumo serão desenvolvidos. Porém, por enquanto, existe a necessidade urgente de uma mudança em direção à energia renovável no lugar de combustíveis fósseis e carvão. (Pelo lado positivo, a mesma tecnologia blockchain pode ser usada para ajudar a limpar o planeta, conforme discutirei na seção posterior, "Energia".)

Problemas de fraude

A expectativa ao redor da indústria do blockchain é imensa, em especial quando falamos do mercado de criptomoedas (conforme comentei no Capítulo 3). Algumas empresas do mundo financeiro estão tentando tirar vantagem da empolgação acerca o blockchain. Em 2018, a Nasdaq retirou da lista uma empresa devido a preocupações de que ela tivesse realizado "declarações públicas com o objetivo de enganar os investidores e obter vantagens sobre o interesse do investidor geral a respeito do Bitcoin e da tecnologia blockchain". Além disso, a Securities and Exchange Comission moveu ações contra empresas que fizeram declarações erradas ou que induziam ao erro sobre a tecnologia blockchain com o intuito de aumentar o preço da ação. Esse não é um novo tipo de fraude; é a velha história de uma empresa mudar o cenário, tirar vantagem de uma nova tendência e fazer afirmações infundadas para atrair novos investidores para inchar e, em seguida, abandonar as ações.

CUIDADO

Ademais, alguns fraudadores tentaram capitalizar em cima do mistério e da empolgação acerca do nome *blockchain* para mirar em investidores. Golpistas se passaram por sites legítimos que fornecem serviços para usuários de criptomoedas com o objetivo de roubar os desatentos.

E a lista continua. Essas histórias apenas provam a importância de se informar sobre o assunto antes de ficar muito animado e envolvido demais. Você tem o livro certo nas mãos para iniciar esse caminho!

Problemas políticos

A indústria de serviços financeiros de longa data (ou o establishment, se assim preferir) tem um interesse pessoal no fracasso do blockchain. Anteriormente, neste mesmo capítulo, falei sobre como a tecnologia blockchain elimina o intermediário. Agora, pense o quanto toda essa indústria de intermediários é grande. Todos os bancos, corretoras, advogados e muitos outros — todos eles conseguem grandes lucros no papel de intermediário. Atualmente, uma vez que o custo é distribuído entre milhões de clientes, o usuário final muitas vezes paga muito pouco individualmente. Entretanto, caso o blockchain continue a substituir essas funções, ele pode se tornar uma séria ameaça aos negócios dos intermediários.

Na maioria dos países, incluindo os Estados Unidos, os bancos detêm um grande poder lobista junto a governos e legisladores. A indústria estabelecida dos serviços financeiros poderia reduzir drasticamente a utilidade do blockchain, bem como restringir sua disponibilidade (ou até mesmo eliminá-lo por completo) caso decida fazer isso para o bem da própria indústria. Mas o povo também tem poder. E quanto mais pessoas conhecerem as vantagens da tecnologia blockchain, mais difícil será para os políticos e o establishment financeiro atrapalharem o crescimento dessa tecnologia.

Como o Blockchain Pode Ser Usado?

A criação da tecnologia blockchain despertou o interesse de muitas pessoas. Supostamente, alguém chamado Satoshi Nakamoto inventou o blockchain em 2008. O intuito original do blockchain era o Bitcoin. Ou, talvez, Satoshi tenha usado o Bitcoin como uma ferramenta para apresentar o blockchain para as massas. De qualquer forma, logo as pessoas perceberam que a tecnologia blockchain poderia ser usada para uma série de propósitos, desde verificação de identidade até o armazenamento de registros médicos. As seções a seguir explicam como algumas categorias diferentes podem usar o blockchain e, mais importante, como o mercado de criptomoedas o usa.

PAPO DE ESPECIALISTA

Ninguém sabe quem Satoshi Nakamoto realmente é. Pode ser um homem, uma mulher ou um grupo de geeks anônimos. Na verdade, um movimento de mulheres na indústria está tentando provar que Satoshi é uma mulher!

Pagamentos

Como explico ao longo deste livro, a transferência de dinheiro foi o primeiro e mais popular uso do blockchain. Durante mais de quarenta anos, economistas buscaram o santo graal das moedas digitais que fosse capaz eliminar o problema do gasto duplo e evitar a questão de confiar em um terceiro desconhecido. E então... Bum! O whitepaper de Satoshi foi publicado em outubro de 2008 e removeu bancos da equação de uma hora para a outra. Desconsiderando o problema de escalabilidade mencionado mais cedo neste capítulo, com os bancos fora das transações, a maioria dos pagamentos processados em um blockchain seria compensada em questão de segundos.

Votação

Fraude eleitoral tem sido um tema recorrente em países democráticos e em outros nem tão democráticos assim. O blockchain pode tranquilizá-lo (e todos as pessoas com quem você debate política no Facebook). O voto digital por meio do blockchain poderia oferecer transparência suficiente para que todos pudessem ver caso algo fosse adulterado na rede. A tecnologia combina a conveniência do voto digital com a segurança do blockchain para fazer o seu voto contar de verdade.

Monitoração de cadeias de suprimentos

Você é uma daquelas pessoas que precisa saber a procedência do seu alimento? Ele é orgânico, kosher, halal? Há alguma doença de origem alimentar sobre a qual você precisa saber imediatamente? Com a ajuda do blockchain, é possível rastrear seus alimentos desde a origem até o seu prato. Isso pode ajudá-lo a realizar escolhas éticas e saudáveis sobre aquilo que você compra.

O blockchain também pode ajudar os consumidores a verem o desempenho de produtos da perspectiva do controle de qualidade, conforme esse produto viajou do local de origem até o varejista. Além disso, ele também pode ajudar os negócios a identificar de maneira rápida suas ineficiências na cadeia de suprimentos. O blockchain remove os rastros com base em papel e localiza itens em tempo real.

Verificação de identidade

Estamos em uma era em que as pessoas estão presas entre sua identidade digital e sua presença física. Agências de crédito e redes sociais, como o Facebook e o Instagram, agem como os principais porteiros da identidade online. Enquanto isso, os consumidores anseiam por um sistema de identidade digital confiável para manter registros de crédito e provar quem eles são para empregadores, bancos ou empresas de aluguéis de carro sem permitir que empresas privadas lucrem com a venda de seus dados.

Para superar esse desafio, muitas empresas já estão usando a tecnologia blockchain para criar um sistema de identificação digital seguro e capaz de oferecer aos usuários uma forma de controlar suas identidades digitais. Alguns exemplos incluem o app autenticador da Microsoft e o Smart Identity System da Deloitte.

Posse legal de coisas

Você pode se envolver em um problema legal de muitas formas diferentes. Disputas familiares. Perda de documentos legais. Perda de ativos que não são facilmente rastreáveis. A maioria dos ativos das pessoas atualmente é documentada em papel. E, conforme discuti anteriormente neste capítulo, o blockchain está trabalhando duro para eliminar o papel — e todos os intermediários atrelados a ele — do jogo. Então, se quiser comprar ou vender terrenos, uma casa ou um carro, o blockchain pode armazenar títulos na rede, permitindo uma visualização transparente dessa transferência e da posse legal.

Alem disso, se seus ativos portáteis de alto valor, como bicicletas, jet skis, bolsas de luxo, entre outros, forem roubados, você pode ser capaz de rastreá-los com a ajuda de empresas que trabalhem fornecendo tais serviços com base no blockchain.

Assistência médica

Um dos maiores problemas com registros médicos tem sido os registros médicos em papel, dos quais o setor médico (ao menos nos Estados Unidos) tem tentado se livrar há anos. Outra questão tem sido o roubo de identidade médica. Só nos Estados Unidos, a National Healthcare Anti-Fraud Association estima que perdas decorrentes de fraude na área da assistência médica sejam em torno de US$80 bilhões anualmente.

Blockchain ao resgate. Todas as informações médicas relacionadas a um paciente — como doenças anteriores e atuais, tratamentos e histórico familiar de problemas médicos — serão registradas no blockchain. Essa abordagem tornará todo registro permanente, transferível e acessível, dificultando a perda ou a modificação dos documentos. Além disso, o paciente, que possui a chave para todos esses registros médicos estará no controle de quem terá acesso aos dados.

Entretenimento

Nem só de trabalho é feita a indústria. Os muitos ramos da indústria do entretenimento podem se beneficiar da tecnologia blockchain, caso ainda não estejam se beneficiando. A indústria da música e dos esportes são apenas alguns exemplos.

A internet democratizou a criação de conteúdo no começo dos anos 2000, mas um novo tipo de intermediário surgiu no conteúdo digital. Plataformas como YouTube (1,5 bilhão de usuários), SoundCloud (175 milhões de usuários), Spotify (140 milhões de usuários) e Netflix (aproximadamente 110 milhões de usuários) são os intermediários que agora controlam os usuários e os artistas.

Essa quantidade de controle gerou muitas disputas sobre a remuneração dos artistas. Mesmo alguém famoso como a Taylor Swift teve que mover uma ação contra a Apple Music e o Spotify. Conforme artistas ficam cada vez mais desiludidos com essas plataformas, a tecnologia blockchain pode ser uma empolgante nova opção.

O blockchain poder dar às gravadoras a habilidade de criptografar completamente registros de posse. Quando aplicada ao consumo de mídias, a tecnologia pode resolver os problemas relativos ao acesso e à distribuição de conteúdo, remuneração, administração de ativos e direitos digitais, entre outros.

Outro exemplo do blockchain na indústria do entretenimento está na aposta em e-sports. Embora eu não encoraje esse tipo de entretenimento, a aposta em e-sports é uma das indústrias que mais cresce no mundo da aposta esportiva atualmente. Empresas como a Unikrn estão na linha de frente e se apressaram para incorporar a tecnologia blockchain e se destacarem. Mais especificamente, a Unikrn está utilizando uma criptomoeda chamada UnikoinGold, baseada na plataforma Ethereum, para sua plataforma de apostas. E isso chamou a atenção de pessoas como o ator Ashton Kutcher e Mark Cuban (dono do time de basquete Dallas Mavericks e contribuidor do popular programa de televisão *Shark Tank*). Em 2015, a Unikrn levantou um total de US$10 milhões deles. Bem divertido, não é?

Energia

Usando o blockchain, as pessoas podem negociar energia entre si, eliminando as empresas de energia (sim, os intermediários). De acordo com o site RenewableEnergyWorld.com [conteúdo em inglês], "essa mudança [da distribuição de energia peer-to-peer] estimulará mais projetos de energia renovável como um todo, por fim avançando nossa transição da geração de eletricidade emissora de carbono. A tokenização da energia renovável permite aos produtores de energia eólica, solar e hídrica conectarem-se de forma natural aos investidores, que estarão dispostos a pagar de maneira adiantada pelo direito de consumir energia renovável. Como um sistema distribuído, o intermediário é eliminado".

Internet of Things (IoT)

A *Internet of Things* (IoT ou, ainda, *Internet das Coisas*) é basicamente o fato de que a maioria das suas coisas está conectada à internet. Por exemplo, nós controlamos tudo dentro de nossas casas, desde lâmpadas da cabeceira até ares-condicionados e micro-ondas, e até mesmo o berço de nossa filha, por meio da internet! Quando meus pais estavam conosco para nos ajudar com a recém-nascida, às vezes meu marido pregava uma peça neles, desligando a luz ou a TV remotamente, usando o celular, sem que eles soubessem. Obviamente, acho que eles não virão nos ajudar caso tenhamos outro bebê.

Além de atuar como um maníaco por controle, a Internet of Things também possibilita enviar e receber dados dentro da rede de seus dispositivos físicos. Se conseguir integrar diretamente o seu mundo físico aos seus sistemas de computador, você poderá ser capaz de reduzir os esforços humanos e aumentar sua eficiência. De acordo com o artigo no boletim informativo Internet Initiative, do IEEE, "as capacidades da IoT são consideradas 'divisoras de águas' quando combinadas a conceitos de big data e computação em nuvem" (outro assunto em alta no mundo da tecnologia). Junte essa tecnologia ao blockchain e você pode estar dando o verdadeiro próximo passo rumo ao futuro.

DICA

De acordo com o artigo, "tecnologias blockchain podem ajudar a melhorar a segurança das aplicações IoT na assistência médica, em cidades inteligentes, na agricultura, nas grades de energia, na gestão hídrica, na segurança pública, na administração de cadeias de suprimentos, na educação e em áreas semelhantes de aplicação". Em resumo, tudo futurístico. Você pode ler mais sobre esses usos visitando o endereço https://internetinitiative.ieee.org/newsletter/november-2017/integrating-internet-of-things-and-blockchains-use-cases [conteúdo em inglês].

NESTE CAPÍTULO

» Entendendo o básico do funcionamento das criptomoedas

» Decifrando terminologias importantes antes de investir

» Vendo como novas criptomoedas nascem das velhas através de forks

Capítulo 5

Como Funcionam as Criptomoedas

No Capítulo 4, expliquei como a tecnologia blockchain funciona. Criptomoedas e, mais especificamente, o Bitcoin, foram um dos primeiros usos dessa tecnologia. É por essa razão que as pessoas ouviram falar mais no Bitcoin do que na tecnologia blockchain que existe por trás dele.

Neste capítulo, abordarei com mais detalhes como as criptomoedas usam o blockchain, como operam e como são geradas, além de alguns termos geek da área para você impressionar na paquera.

Explicando Termos Básicos no Processo de Criptomoedas

Criptomoedas são também conhecidas como moedas digitais, mas elas são bem diferentes das moedas que você guarda no cofrinho. Para citar uma das diferenças, essas moedas não estão atreladas a nenhum banco central, país ou órgão regulatório.

Aqui está um exemplo. Digamos que você queira comprar a última edição de *Investindo em Criptomoedas Para Leigos* em uma livraria local. Usando o seu cartão de débito comum, o que acontece é o seguinte:

1. **Você dá os detalhes do cartão ao caixa ou ao sistema de ponto de venda da loja.**
2. **A loja examina as informações, essencialmente perguntando ao seu banco se você possui dinheiro suficiente disponível para comprar o livro.**
3. **O banco verifica o registro para confirmar se você tem ou não o saldo necessário.**
4. **Caso tenha, o banco dá a resposta afirmativa para a livraria.**
5. **O banco, então, atualiza os registros para mostrar o movimento de dinheiro da sua conta até a conta da livraria.**
6. **O banco recebe uma pequena taxa por atuar como intermediário.**

Agora, se você desejasse remover o banco de todo esse processo, em quem mais confiaria para manter todos esses registros sem adulterá-los de alguma maneira? O seu melhor amigo? O rapaz que leva seus cachorros para passear? (Espero que você não tenha pensando no príncipe nigeriano.) Na verdade, você pode não confiar em nenhuma pessoa específica. Mas e se confiasse em *todos* dentro da rede?

LEMBRE-SE

Como expliquei no Capítulo 4, a tecnologia blockchain trabalha para remover o intermediário. Ao aplicar a tecnologia às criptomoedas, o blockchain elimina um registro central de transações. Em vez disso, você distribui muitas cópias do seu registro de transações ao redor do mundo. Cada dono de cada cópia registra sua transação de compra do livro.

Aqui está o que aconteceria se você desejasse comprar o livro usando criptomoedas:

1. **Você dá os detalhes relacionados às criptomoedas ao caixa.**
2. **A loja pede para que todos na rede verifiquem se você possui moedas o suficiente para a compra do livro.**
3. **Todos na rede que possuem o registro verificam se você tem o dinheiro. (Os portadores do registro são chamados de nós. Explicarei a função deles com mais detalhes ainda neste capítulo.)**
4. **Se você tiver dinheiro o suficiente, todos os nós enviam uma resposta afirmativa ao caixa.**
5. **Todos os nós atualizam seus registros para exibir a transferência.**

6. **Aleatoriamente, um nó recebe uma recompensa pelo trabalho.**

Isso significa que nenhuma organização está por trás do rastreio das suas moedas ou da investigação de fraudes. Na verdade, criptomoedas como o Bitcoin não existiriam sem uma rede completa de escriturários (nós) e uma coisa chamada *criptografia*. Nas seções seguintes, explicarei tudo isso, além de outros termos importantes relacionados ao funcionamento das criptomoedas.

Criptografia

Shhh. Não conte para ninguém. Essa parte é o *cripto* em *criptografia* e *criptomoeda*. Esse prefixo significa "segredo". No mundo das criptomoedas, ele se refere principalmente a ser "anônimo".

Historicamente falando, a criptografia é uma arte ancestral usada para o envio e o recebimento de mensagens secretas (o termo surgiu da palavra grega *krypto logos*, que significa *escrita secreta*). O remetente *criptografa* a mensagem usando algum tipo de chave. O destinatário, então, precisa *descriptografá-la*. Por exemplo, estudiosos do século XIX descriptografaram antigos hieróglifos egípcios quando soldados de Napoleão encontraram a Pedra de Roseta em 1799, perto de Roseta, no Egito. Na era das redes de informação do século XXI, o remetente pode criptografar digitalmente as mensagens e o destinatário pode usar algoritmos e serviços de descriptografia para descriptografá-las.

Qual a relação de Napoleão com as criptomoedas? As criptomoedas usam criptografia para manter a segurança e o anonimato. É assim que moedas digitais, ainda que não sejam controladas por autoridades centrais ou órgãos regulatórios, podem ajudar com segurança e proteção contra o gasto duplo, que é o risco do seu dinheiro digital ser gasto mais do que uma vez.

PAPO DE ESPECIALISTA

A criptografia faz uso de três métodos principais:

- **Hashing:** Falei brevemente sobre o hashing no Capítulo 4, explicando como ele funciona como uma impressão digital ou assinatura. Uma *hash function*, ou *função hash*, primeiro pega os seus dados de entrada (que podem ter qualquer tamanho). Em seguida, a função realiza uma operação nos dados originais e retorna um dado de saída que representa os dados originais, mas que tem um tamanho fixo (e geralmente menor). Em criptomoedas, como o Bitcoin, ela é usado para adivinhar a combinação do cadeado de um bloco. O hashing mantém a estrutura dos dados do blockchain, criptografa os endereços da conta dos usuários e torna a mineração de blocos possível. Você encontra mais sobre mineração neste mesmo capítulo e mais detalhadamente no Capítulo 12.
- **Criptografia de chave simétrica:** A *criptografia simétrica* é o método mais simples usado na criptografia e envolve apenas uma chave secreta para o remetente e o destinatário. A principal desvantagem da criptografia simétrica

é que as duas partes envolvidas precisam trocar a chave usada para criptografar os dados antes que eles possam ser descriptografados.

» **Criptografia de chave assimétrica:** A *criptografia assimétrica* usa duas chaves: uma chave pública e uma chave privada. Você pode criptografar uma mensagem ao usar a chave pública do remetente, mas o destinatário só poderá descriptografá-la com sua chave privada.

Nós

Menciono os nós nos exemplos deste capítulo e no Capítulo 4. Um *nó* é um dispositivo eletrônico fazendo o trabalho de escriturário na rede blockchain, possibilitando toda a questão de descentralização do sistema. O dispositivo pode ser um computador, um celular ou até mesmo uma impressora, desde que esteja conectado à internet e tenha acesso à rede blockchain.

Mineração

Como os donos dos nós (veja a seção anterior) contribuem de maneira voluntária com seus recursos computacionais para armazenar e validar transações, eles têm uma chance de coletar as taxas da transação e receber uma recompensa pelo trabalho na criptomoeda por trás da transação. Esse processo é conhecido como *mineração*, e aqueles que fazem isso são chamados de *mineradores*.

LEMBRE-SE

Deixe-me esclarecer uma coisa: nem todas as criptomoedas podem ser mineradas. Bitcoin e outras moedas famosas podem. Algumas moedas, como a Ripple (XRP), evitam a mineração, pois buscam uma plataforma que não consuma uma grande quantidade de eletricidade nesse processo; aliás, o consumo de eletricidade é um dos problemas do blockchain que abordei no Capítulo 4. Independentemente disso, na maior parte do tempo, a mineração ainda é uma grande parte de muitas criptomoedas atuais.

O processo funciona da seguinte forma: os mineradores de criptomoedas resolvem enigmas criptográficos (por meio de software) para adicionar transações ao registro (o blockchain) na esperança de receber moedas como recompensa. O processo é chamado de mineração graças ao fato de ele ajudar a extrair novas criptomoedas do sistema. Qualquer um, incluindo você, pode fazer parte desse grupo. O seu computador precisa "adivinhar" um número aleatório que resolve uma equação gerada pelo sistema do blockchain. Na verdade, o seu computador precisa calcular muitas *strings* (também conhecidas como cadeia de caracteres) de 64 caracteres ou hashes de 256 bits e conferir a equação desafio para saber se a resposta está correta. Por isso, é importante que você tenha um computador potente. Quanto mais poderoso for o computador, mais tentativas ele poderá realizar em um segundo, aumentando suas chances de vencer. Se conseguir adivinhar o número certo, você ganha Bitcoins e a chance de escrever "a próxima página" das transações de Bitcoin no blockchain.

Uma vez que a mineração é baseada em uma forma de chute ou adivinhação, para cada bloco um minerador diferente chuta um número e recebe o direito de atualizar o blockchain. Quem tiver o maior poder de computação, controlando 51% dos votos, controla a cadeia e vence todas as vezes. Graças à lei da probabilidade estatística, o mesmo minerador dificilmente terá sucesso todas as vezes. Por outro lado, esse jogo pode acabar sendo injusto, porque a maior capacidade de computação sempre será a primeira a resolver a equação desafio, "vencendo" com mais frequência.

Proof-of-work

Se você é minerador e deseja inserir o seu bloco e suas transações no blockchain, precisa fornecer uma resposta (proof) a um desafio específico. Essa proof [prova, em português] é difícil de ser produzida (por isso todo o dinheiro, tempo e capacidade computacional necessários), mas pode ser verificada muito facilmente. Esse processo é conhecido como *proof-of-work*, ou *PoW*.

Por exemplo, adivinhar a combinação de um cadeado é uma prova de um desafio. Passar por todas as diferentes combinações possíveis para conseguir a resposta correta pode ser difícil, mas depois que você acerta, é fácil de validar — basta inserir a combinação e ver se o cadeado abre! O primeiro minerador que resolve o problema para cada bloco consegue uma recompensa. A recompensa é basicamente um incentivo para continuar minerando e faz com que os mineradores compitam para serem os primeiros a encontrar uma solução para os problemas matemáticos. O Bitcoin e outras criptomoedas mineráveis usam principalmente o conceito de PoW para garantir que a rede não será facilmente manipulada.

LEMBRE-SE

No entanto, conforme discuti no Capítulo 4, toda essa coisa do proof-of-work apresenta algumas desvantagens para a tecnologia blockchain. Um dos maiores desafios é que o processo gasta muita energia e capacidade computacional apenas para produzir chutes aleatórios. É por isso que novas criptomoedas pagaram um bonde alternativo chamado de proof-of-stake (PoS), sobre o qual falarei na seção seguinte.

Proof-of-stake

Diferente do PoW, um sistema de *proof-of-stake* (PoS) requer que você mostre a posse de uma certa quantidade de dinheiro (aqui chamada de participação, ou *stake*). Isso significa que, quanto mais criptomoedas você tiver, mais poder de mineração terá. Essa abordagem elimina a necessidade de toda a cara sofisticação da mineração. E, já que os cálculos são bem simples de provar, você tem a posse de uma certa porcentagem da quantidade total disponível da criptomoeda.

Outra diferença é que o sistema PoS não oferece recompensas em blocos, então os mineradores recebem taxas de transações. É assim que as criptografias com

PoS podem ter um custo-benefício milhares de vezes maior que aquelas que usam PoW.

LEMBRE-SE

É claro, o PoS também tem seus problemas. Para começar, é possível argumentar que o PoS recompensa os acumuladores de moedas. Sob o modelo proof-of-stake, os nós só podem minerar uma porcentagem das transações que correspondem à sua participação em uma criptomoeda. Por exemplo, um minerador sob o sistema proof-of-stake que possui 10% de uma criptomoeda só seria capaz de minerar 10% dos blocos da rede. A limitação dentro desse modelo de consenso é o que dá aos nós da rede uma razão para acumular suas moedas em vez de gastá-las. Isso também produz um cenário em que os ricos cada vez ficam mais ricos, uma vez que grandes acumuladores de moedas são capazes de minerar uma maior porcentagem dos blocos da rede.

Proof-of-importance

O *proof-of-importance* (PoI) apareceu pela primeira vez em uma plataforma blockchain chamada NEM para apoiar a criptomoeda XEM. O PoI é semelhante ao PoS em alguns aspectos, porque os participantes (nós) são marcados como "elegíveis" caso tenham uma certa quantidade de criptomoedas "em posse". Então, a rede dá uma "pontuação" para os nós elegíveis e eles podem criar um bloco que tenha aproximadamente a mesma proporção dessa "pontuação". No entanto, a diferença é que os nós não recebem uma pontuação maior apenas por acumular mais criptomoedas. Outras variáveis também são consideradas para resolver o principal problema do PoS, que é o acúmulo. A comunidade NEM em especial usa um método chamado de "colheita" para solucionar o problema de "acúmulo" do PoS.

A *Investopedia* define a colheita da seguinte forma: "Em vez de cada minerador contribuir com seu poder de mineração de forma cumulativa para um nó computacional, o participante da colheita simplesmente vincula sua conta a um supernó existente e usa a capacidade computacional da conta para completar blocos em seu nome." (Falarei sobre colheita posteriormente neste capítulo.)

Transações: Juntando tudo

LEMBRE-SE

Aqui está um resumo de como as criptomoedas funcionam (confira as seções anteriores para mais detalhes sobre a terminologia):

1. **Quando você deseja usar criptomoedas para comprar algo, primeiro sua rede de criptomoedas e sua carteira de criptomoedas verificam automaticamente suas transações anteriores para se certificarem de que você possui moedas suficientes para essa transação. Para isso, você precisa de sua chave pública e privada (explicadas no Capítulo 7).**

2. **A transação, então, é criptografada, transmitida para a rede da criptomoeda e entra na lista para fazer parte do registro público.**

3. **Em seguida, as transações entram no registro público por meio da mineração. Os endereços de envio e recebimento são IDs de carteiras ou valores hash que não são atrelados à identificação de usuário e são, portanto, anônimos.**

4. **Para criptomoedas PoW, os mineradores precisam resolver um problema matemático para verificar a transação. Criptomoedas PoS atribuem o poder de mineração à proporção de moedas sob a posse do minerador, em vez de utilizar energia para resolver problemas matemáticos, visando solucionar o "desperdício energético" do PoW. A criptomoeda PoI adiciona uma série de variáveis ao atribuir o poder de mineração aos nós para resolver o problema de "acúmulo" frequentemente associado ao PoS.**

Passando por Outros Conceitos Importantes das Criptomoedas

Anteriormente neste capítulo e no Capítulo 4, falei sobre o básico das criptomoedas e como elas se relacionam com a tecnologia blockchain. Entrarei em mais detalhes sobre corretoras, exchanges, carteiras e diferentes criptomoedas na Parte 2, mas, aqui, gostaria de explicar mais alguns conceitos apenas caso alguém comece a falar com você sobre eles. Outros fatores tornam as criptomoedas tão especiais e diferentes do seu dinheiro de curso legal sustentado pelo governo, também chamado de *moeda fiduciária*, entre as quais podemos citar o dólar americano.

Escala adaptável

Escala adaptável é uma das maiores vantagens de se investir em criptomoedas. Isso significa que, com o tempo, minerar uma criptomoeda específica fica mais difícil. Dessa forma, as criptomoedas funcionam bem tanto em pequena quanto em grande escala. É por isso que as criptomoedas tomam medidas como a limitação da oferta com o tempo (criando escassez) e a redução da recompensa por mineração conforme mais moedas são mineradas. Graças à escala adaptável, a dificuldade de mineração aumenta ou diminui a depender da popularidade da moeda e do blockchain. Isso possibilita às criptomoedas uma longevidade real dentro do mercado.

Descentralização

Como expliquei no Capítulo 4, toda a ideia por trás da tecnologia blockchain é que ela é *descentralizada*. Esse conceito significa que nenhuma entidade é capaz de afetar as criptomoedas.

Algumas pessoas afirmam que certas criptomoedas, como a Ripple, não são realmente descentralizadas, pois não seguem exatamente o protocolo de mineração do Bitcoin. A Ripple não tem mineradores. Em vez disso, transações são alimentadas por meio de um blockchain "centralizado" para torná-las mais confiáveis e rápidas. A Ripple, em particular, seguiu esse caminho pois desejava trabalhar com os grandes bancos e, portanto, tinha o desejo de combinar os melhores elementos da moeda fiduciária e da criptomoeda baseada em blockchain. Se as moedas sem mineração podem ou não ser consideradas verdadeiras criptomoedas pode ser motivo de discussão, mas esse fato não significa que você não pode investir nelas e esse é o principal propósito deste livro, no fim das contas!

Colheita

Harvesting (ou colheita) é uma alternativa à mineração tradicional utilizada para manter a integridade de uma rede blockchain. Ela foi criada por uma plataforma de blockchain chamada NEM para gerar sua própria moeda, cujo nome é XEM. De acordo com o site finder.com, o harvesting funciona da seguinte forma: "Sempre que alguém realiza uma transação, o primeiro computador a ver e verificar a transação notificará os usuários próximos sobre essa transação, criando uma cascata de informações. Esse processo é chamado de 'gerar um bloco'. Sempre que alguém com mais de 10 mil XEM gera um bloco no NEM, essa pessoa recebe as taxas de transação daquele bloco como forma de pagamento." Além disso, como expliquei anteriormente neste mesmo capítulo, a colheita usa um sistema de PoI, em vez do PoS ou PoW.

Código aberto

Criptomoedas geralmente têm *código aberto*, também conhecido como *open source*. Isso significa que mineradores, nós e harvesters podem entrar e usar a rede sem pagar taxa alguma.

Registro público

Como explicado no Capítulo 4, um registro é o sistema antigo de manter arquivos sobre o armazenamento de informações e dados. As criptomoedas usam um *registro público* para gravar todos os dados de transações. Qualquer pessoa no mundo pode acessar blockchains públicos e ver todas as transações acontecendo com criptomoedas.

Perceba, porém, que nem todos os blockchains usam um registro público. Algumas instituições financeiras e empresariais usam registros privados para que as transações não sejam visíveis ao mundo. No entanto, ao fazer isso, elas contradizem a ideia original do blockchain.

Contratos inteligentes

Contratos inteligentes, também conhecidos por seus nomes em inglês, *smart contracts*, *self-executing contracts, blockchain contracts* ou *digital contracts*, são semelhantes aos contratos tradicionais, mas são completamente digitais. Os contratos inteligentes removem o intermediário entre o comprador e o vendedor (conforme comentei no Capítulo 4), então é possível implementar coisas como pagamentos automáticos e produtos de investimento sem a necessidade de uma autoridade central, como um banco.

Um contrato inteligente, na verdade, é um pequeno programa de computador que é armazenado e executado em uma plataforma blockchain. Graças a isso, todas as transações são completamente distribuídas e nenhuma autoridade centralizada está no controle do dinheiro. Além disso, por ser armazenado no blockchain, um contrato inteligente é *imutável*. Ser imutável significa que após um contrato ser criado ele não pode ser alterado; o contrato não pode ser adulterado, o que é uma característica herdada da tecnologia blockchain.

Entretanto, ser imutável também tem suas desvantagens. Não poder mudar nada dentro do contrato inteligente significa que, caso o código tenha algum erro ou bug, também não é possível corrigi-los. Isso dificulta a segurança dos contratos inteligentes. Algumas empresas visam combater esse problema realizando auditoria dos seus contratos inteligentes, o que pode sair bem caro.

Conforme o tempo passa, podemos esperar melhores práticas de programação e ciclos de desenvolvimento para combater os problemas de segurança dos contratos inteligentes. Afinal, os contratos inteligentes ainda são uma prática bem jovem e têm uma vida de tentativa e erro pela frente.

Espete um Garfo Nela: Analisando os Forks das Criptomoedas

O que você consegue com um *fork* [garfo, em português] não encherá sua barriga, mas pode encher sua carteira de criptomoedas com algum dinheiro! Muitas criptomoedas populares nascem como resultado de uma separação (fork) de outra criptomoeda, como o Bitcoin. A seção seguinte explica o básico dessas divisões e como você pode lucrar com elas.

O que é um fork e por que eles ocorrem?

Às vezes, quando um grupo de desenvolvedores discorda da direção de uma criptomoeda específica, os membros decidem seguir o seu próprio caminho e iniciam um *fork*. Imagine um garfo de verdade. Ele tem um longo cabo depois se divide em vários caminhos. É exatamente isso o que acontece em um fork de criptomoedas.

Como expliquei anteriormente neste mesmo capítulo, algumas criptomoedas são implementadas dentro de um software de código aberto. Cada uma dessas criptomoedas tem seu próprio protocolo, o qual todos dentro da rede devem seguir. Exemplos de tais regras incluem as seguintes questões:

- Tamanho do bloco
- Recompensas que mineradores, harvesters ou outros participantes da rede recebem
- Como as taxas são calculadas

LEMBRE-SE

No entanto, uma vez que as criptomoedas são, em essência, projetos de software, o desenvolvimento delas nunca estará completamente concluído. Sempre haverá margem para melhorias. Os desenvolvedores de criptomoedas regularmente desenvolvem atualizações para solucionar problemas ou melhorar o desempenho. Algumas dessas melhorias são pequenas, mas outras mudam de maneira fundamental a forma como a criptomoeda original (pela qual os desenvolvedores se apaixonaram) funciona. Assim como em qualquer relacionamento, ou vocês crescem juntos ou se separam. Quando as discordâncias entre um grupo de desenvolvedores ou participantes da rede se intensificam, eles podem se separar, criar sua própria versão do protocolo e partir o coração da outra parte, fazendo com que ela faça terapia durante anos para superar o término. Ok, ok, essa última parte não acontece de verdade.

Hard forks e soft forks

Dois tipos de forks podem ocorrer em uma criptomoeda: um hard fork ou soft fork.

A maioria das criptomoedas consiste em duas grandes partes: o protocolo (conjunto de regras) e o blockchain (que armazena todas as transações que já ocorreram; veja o Capítulo 4). Se um segmento da comunidade decide criar suas próprias regras, ele começa copiando o código do protocolo original para em seguida realizar as alterações (caso a criptomoeda seja completamente de código aberto). Após implementarem as mudanças desejadas, os desenvolvedores definem um ponto em que o fork se tornará ativo. Mais especificamente, eles escolhem um número de bloco para iniciar o fork. Por exemplo, como você pode ver na Figura 5-1, a comunidade pode dizer que o novo protocolo entrará em funcionamento quando o bloco 999 for lançado no blockchain da criptomoeda.

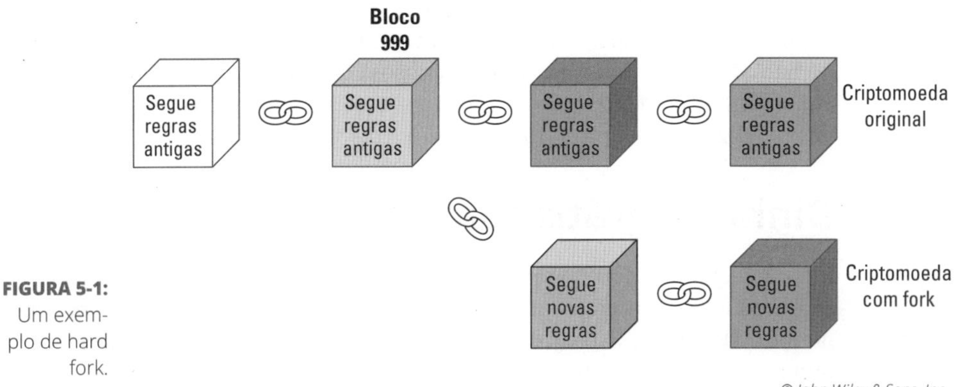

FIGURA 5-1: Um exemplo de hard fork.

Quando a criptomoeda alcança o número do bloco designado, a comunidade se divide em duas. Algumas pessoas decidem apoiar o conjunto de regras original, enquanto outras decidem apoiar o novo fork. Cada grupo, portanto, começa a adicionar novos blocos ao fork apoiado por ele. A essa altura, ambos blockchains são incompatíveis um com o outro, ocorrendo o que chamam de *hard fork*. Em um hard fork, os nós passam essencialmente por um divórcio litigioso e nunca mais interagem entre si. Eles nem sequer reconhecem os nós ou as transações do blockchain antigo.

Por outro lado, um soft fork é o tipo de separação em que você mantém a amizade com seu ex. Se os desenvolvedores decidirem criar um fork na criptomoeda e tornar as alterações compatíveis com a criptomoeda antiga, então a situação é chamada de *soft fork*. Você pode ver a diferença sutil no exemplo exibido na Figura 5-2.

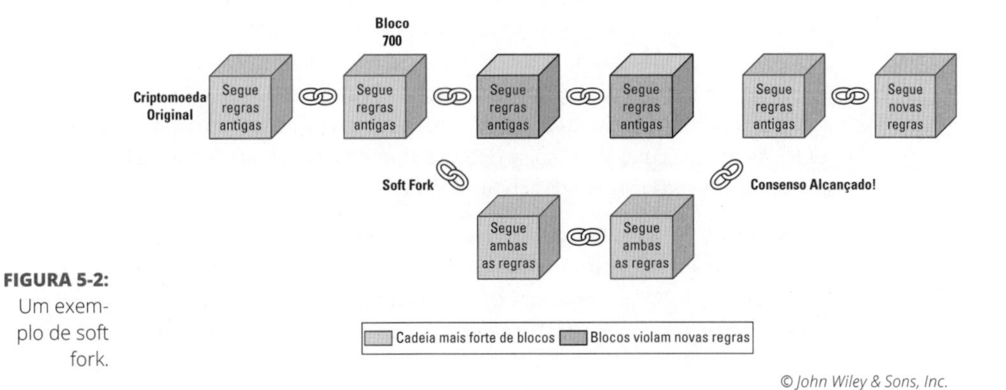

FIGURA 5-2: Um exemplo de soft fork.

Digamos que um soft fork está marcado para acontecer no bloco número 700. A maioria da comunidade pode apoiar a cadeia mais forte de blocos, que segue as regras antigas e novas. Se os dois lados alcançarem um consenso após algum tempo, as novas regras são atualizadas em todas as redes. Qualquer nó não atualizado (ou seja, geeks teimosos) que ainda esteja minerando está, em essência, perdendo tempo. A comunidade se reúne mais uma vez e todos vivem feliz para sempre — até a próxima discussão, é claro.

Dinheiro grátis com os forks

Uma vez que um novo fork se baseia no blockchain original, todas as transações que aconteceram anteriormente no blockchain também acontecem no fork. Os desenvolvedores da nova cadeia tiram uma "foto" do registro no número específico do bloco em que o fork ocorreu (como o número 999 na Figura 5-1) e, portanto, criam uma cópia duplicada da cadeia. Isso significa que, caso você tenha uma certa quantidade de moedas antes do fork, também terá a mesma quantidade da nova moeda.

LEMBRE-SE

Para conseguir moedas grátis de um fork, você precisa ter uma criptomoeda em uma plataforma que suporte o fork antes do número do bloco no qual o fork ocorre. Você pode chamar isso de "dinheiro grátis", mas quanto as moedas valem depende totalmente do desempenho do novo fork e do quão popular ele se torna dentro da comunidade.

UM EXEMPLO DE FORKING: BITCOIN VERSUS BITCOIN CASH

Mesmo a celebridade das criptomoedas, o Bitcoin (BTC), passou por forks. Um dos forks mais famosos do Bitcoin aconteceu no dia 1º de agosto de 2017. Essa é a data de nascimento do Bitcoin Cash. Nesse caso, os desenvolvedores não conseguiram alcançar um consenso sobre o tamanho de um bloco. Alguns queriam que o bloco de 1 MB aumentasse para 2 MB, mas outros desejavam aumentar ainda mais, até 32 MB. Algumas pessoas da comunidade amaram a grande nova ideia, enquanto outras pensaram que esse grupo estava louco. Assim, ambos os grupos decidiram seguir seu próprio caminho. O Bitcoin Cash adaptou também um novo símbolo (BCH). As pessoas que já possuíam BTC tiveram a mesma quantidade de BCH adicionada às suas carteiras de criptomoedas.

Até agosto de 2018, o BCH tinha um valor de aproximadamente US$750, enquanto o BTC possui um valor 10 vezes maior, de aproximadamente US$7.500. Apenas o tempo dirá se o BCH ultrapassará o valor do protocolo original. Mas pelo menos os forkers (como são conhecidos) conseguiram algum valor com o processo!

2

Os Fundamentos de Investir em Criptomoedas

NESTA PARTE...

Escolha um parceiro de investimento apropriado ao encontrar uma exchange ou corretora adequada para seu nível de envolvimento no mercado.

Escolha uma carteira segura de criptomoedas para armazenar seus ativos digitais com base nas suas necessidades.

Encontre informações sobre o histórico de algumas das criptomoedas atuais.

Identifique as melhores criptomoedas para investir em um dado momento.

Explore métodos de diversificação entre ativos e criptoativos para minimizar o risco do seu portfólio.

NESTE CAPÍTULO

» **Conhecendo os diferentes tipos de exchanges de criptomoedas**

» **Descobrindo as corretoras de criptomoedas**

» **Explorando métodos alternativos de compra de criptomoedas**

Capítulo 6

Exchanges e Corretoras de Criptomoedas

Após se familiarizar com os riscos e as recompensas das criptomoedas (veja os Capítulos 2 e 3) e decidir que investir nesse tipo de ativo é o caminho certo, você está pronto para as compras! Como deve imaginar, a maior parte da compra, do investimento e da negociação de criptomoedas ocorre online; afinal, estamos falando de ativos digitais. Existem muitas formas de pagar com dinheiro pela compra de moedas digitais, mas essas transações são incomuns. Quero dizer, é claro que, se tiver um amigo que se tornou um criptomilionário e deseja vender alguns criptoativos, você pode simplesmente dar a ele o seu dinheiro em troca das criptomoedas.

A forma mais popular de comprar criptomoedas, porém, é ir diretamente até uma exchange online de criptomoedas. Entretanto, dependendo dos seus objetivos de investimento em criptomoedas, você precisará pensar em métodos alternativos. Por exemplo, caso seja um trader ativo de criptomoedas, você pode achar exchanges e corretoras tradicionais de criptomoedas mais fáceis de usar. Mas, se deseja apenas comprar algumas dessas criptomoedas e deixá-las guardadas na carteira, uma exchange online ou local que seja da sua confiança pode realizar o serviço. Neste capítulo, falarei sobre todos os diferentes tipos de exchanges, corretoras e outros serviços que fornecem criptomoedas, além de mostrar como escolher as melhores criptomoedas para seus objetivos.

LEMBRE-SE

Escolher um método para pôr as mãos nesses cotados ativos digitais pode ser um processo demorado. Mas, com a postura regulatória em constante mudança, uma maior adoção e aceitação dos ativos e uma confiança geral do mercado nas criptomoedas, o trabalho duro pode valer a pena. Independentemente dos métodos utilizados para a compra de criptomoedas, você precisa ter uma carteira de criptomoedas para armazenar os seus ativos digitais. Você descobrirá tudo o que precisa saber sobre as carteiras de criptomoedas no Capítulo 7.

Diferenciando as Exchanges de Criptomoedas

Uma *exchange de criptomoedas* também pode ser chamada de plataforma de negociação de criptoativos. Esse é um serviço online capaz de ajudar as pessoas a trocar seu dinheiro por criptomoedas e vice-versa. A maioria das exchanges são focadas em oferecer serviços para ajudá-lo a trocar uma criptomoeda, como o Bitcoin, por outras moedas digitais, como Ethereum, Litecoin, entre outras.

A maioria das exchanges opera online. No entanto, existem alguns estabelecimentos físicos; eles fornecem serviços para a troca entre métodos de pagamento tradicionais e criptomoedas. Essas opções são semelhantes às casas de câmbio nos aeroportos internacionais, onde é possível trocar o dinheiro do seu país pelo dinheiro do país que visitará.

LEMBRE-SE

As formas mais importantes das exchanges de criptomoedas são as seguintes:

- **Exchange centralizada de criptomoedas (Centralized Exchange ou CEX):** CEXs são semelhante às bolsas de valores tradicionais.
- **Exchange descentralizada de criptomoedas (Decentralized Exchange ou DEX):** O objetivo das DEXs é permanecerem fiéis à filosofia por trás da indústria das criptomoedas.
- **Exchange híbrida de criptomoedas:** Exchanges híbridas são conhecidas como a próxima geração do mercado de trading de criptomoedas. Elas combinam o melhor das CEXs e das DEXs.

Nas seções seguintes, falarei com detalhes sobre CEXs, DEXs e exchanges híbridas. Por fim, também o guiarei pelo processo de escolher uma exchange.

Exchanges centralizadas

As exchanges centralizadas atuam como uma bolsa de valores tradicional. Os compradores e vendedores se reúnem e a exchange atua como intermediária. Essas exchanges geralmente cobram uma comissão para facilitar as transações feitas entre compradores e vendedores. No mundo das criptomoedas, *centralizar* significa "confiar em outra pessoa para lidar com seu dinheiro".

LEMBRE-SE

Uma exchange centralizada normalmente funciona assim:

1. **Você dá o seu dinheiro para a exchange.**
2. **A exchange o guarda (como um banco ou intermediário de confiança).**
3. **Você vê o preço das criptomoedas disponíveis atualmente na exchange.**
4. **Dependendo do estabelecimento, é possível trocar uma *moeda fiduciária* (uma moeda tradicional, como o dólar americano) por uma criptomoeda (como o Bitcoin). Na maior parte do tempo, entretanto, você terá mais sorte trocando uma criptomoeda por outra. Falarei mais sobre os pares de criptomoedas no Capítulo 10.**
5. **Você faz o seu pedido.**
6. **A exchange encontra um vendedor qualificado para o seu pedido de compra. Caso esteja vendendo, a exchange procurará um comprador.**
7. **Tã-rã! Você acabou de comprar uma criptomoeda em uma exchange.**

A maioria das exchanges centralizadas trabalha com pares de criptomoedas, mas nem todas trabalham com pares entre criptomoedas e moedas fiduciárias.

- Um *par cripto/cripto* envolve trocar uma criptomoeda (como o Bitcoin) por outra criptomoeda (como a Ethereum).
- Um *par fiduciária/cripto* envolve a troca de uma moeda tradicional (como o dólar americano) por uma criptomoeda (como o Bitcoin).

Falarei sobre as exchanges que oferecem esses pares nas seções a seguir.

CUIDADO

Um dos maiores problemas com exchanges centralizadas de criptomoedas é sua vulnerabilidade a ataques hackers. Em alguns escândalos de ataques hackers no passado, porém, a exchange tirou dinheiro do próprio bolso para compensar os clientes. É por isso que escolher de maneira inteligente uma exchange centralizada, conhecendo sua habilidade financeira de enfrentar hackers e de compensá-lo em caso de invasão, é importante. É claro, com a popularização das criptomoedas, mais exchanges centralizadas de criptomoedas aparecerão no mercado. Algumas terão sucesso, enquanto outras fracassarão. Por isso, é preciso escolher sua exchange de criptomoedas com sabedoria. Falarei sobre métodos para escolher a melhor exchange posteriormente neste capítulo.

Exchanges centralizadas que oferecem pares fiduciária/cripto

Caso seja novo no mundo do investimento em criptomoedas, começar em uma exchange que oferece pares de moedas fiduciárias e criptomoedas pode fazer mais sentido. É exatamente por essa razão que as exchanges que ofereciam esse serviço se tornaram algumas das exchanges mais populares em 2017 e 2018. No momento de escrita deste livro, algumas das exchanges centralizadas mais populares a oferecer pares fiduciária/cripto são:

- **Coinbase:** Esta exchange, a mais popular do mundo, aceita Bitcoin (BTC), Bitcoin Cash (BCH), Litecoin (LTC) e Ethereum (ETH). Quanto às moedas fiduciárias, é possível usar o dólar americano (USD), o euro (EUR) e a libra esterlina (GBP), dependendo da sua localização. Aqui está meu link de referência para que nós dois consigamos alguns Bitcoins gratuitamente: `www.coinbase.com/join/59d39a7610351d00d40189f0`.
- **Bittrex:** Localizada em Seattle, essa exchange está crescendo rapidamente e aceita o dólar americano (USD), Bitcoin (BTC), Ethereum (ETH), Tether (USDT) e diversos outros pares. Você pode conferi-los aqui: `https://bittrex.com/` [conteúdo em inglês].
- **Kraken:** A Kraken tem uma grande variedade de pares de fiduciárias/cripto, aceitando outras moedas além do dólar americano (USD) e do euro (EUR); você pode ver a lista no site da exchange. Pessoalmente, tive alguns problemas com os serviços e o atendimento ao cliente da Kraken em 2018. Confira no site deles: `https://www.kraken.com/` [conteúdo em inglês].
- **Gemini:** A Gemini é uma exchange localizada em Nova York e com um alto padrão de regulamentação nos Estados Unidos. Ela aceita Bitcoin (BTC), Ethereum (ETH), Zcash (ZEC) e o dólar americano (USD). Confira o site aqui: `https://gemini.com/` [conteúdo em inglês].
- **Robinhood:** Um app popular de trading e serviços financeiros que originalmente oferecia serviços de ações e ETF (exchange traded fund). O Robinhood atualmente oferece pares com moedas fiduciárias para Bitcoin (BTC) e Ethereum (ETH). Além disso, ele também suporta dados de mercado em tempo real para mais moedas, como a Dash (DASH), Ripple (XRP), Stellar (XLM), entre outras. É uma das minhas opções favoritas por sua facilidade de uso. Aqui está o meu link de referência para que nós dois ganhemos algumas ações gratuitamente em nosso portfólio: `http://share.robinhood.com/kianad1` [conteúdo em inglês].
- **Bitfinex:** Bitfinex é uma exchange para traders ativos de criptomoedas e exige um mínimo de US$10 mil para funcionar. Ela oferece uma variedade de moedas fiduciárias, como o dólar americano (USD), o iene japonês (JPY), o euro (EUR) e a libra esterlina (GBP) em pares com uma crescente lista de criptomoedas. Uma coisa a se levar em consideração sobre a Bitfinex é que ela cobra uma "taxa de inatividade" caso mantenha o saldo na conta sem

participar ativamente dos mercados. Saiba mais sobre a Bitfinex aqui: `www.bitfinex.com/` [conteúdo em inglês].

- **Mercado Bitcoin:** O Mercado Bitcoin é a maior plataforma de criptoativos da América Latina, com mais de 2,7 milhões de clientes. Basta abrir a sua conta, depositar reais (BRL) via TED/DOC ou PIX e começar a negociar.

Entretanto, como explicarei posteriormente neste capítulo, é preciso levar em consideração outras características de uma exchange além dos seus pares de moedas antes de tomar a decisão.

Exchanges centralizadas que oferecem pares cripto/cripto

Algumas exchanges centralizadas de criptomoedas oferecem apenas pares criptomoeda/criptomoeda. Alguns das exchanges mais populares no momento de escrita deste livro são:

- **Binance:** A Binance foi uma das exchanges em maior crescimento em 2018 e tem um app para dispositivos móveis. Eu particularmente uso esta exchange para meus investimentos em criptomoedas. Aqui está o meu link para você: `www.binance.com/?ref=18381915`.
- **Huobi:** Esta exchange oferece Tether (USDT), Bitcoin (BTC), Ethereum (ETH) e Huobi Token (HT) em pares com uma série de outras criptomoedas. Até 2018, a Huobi não estava disponível nos Estados Unidos devido a políticas governamentais. Você pode conferir o site aqui: `www.huobi.com/`.
- **KuCoin:** Esta exchange está crescendo rapidamente e aceita uma grande variedade de criptomoedas. Você pode encontrar a relação completa no site: `www.kucoin.com/#/` [conteúdo em inglês]. Ela também tem um app para dispositivos móveis.
- **Mercado Bitcoin:** O Mercado Bitcoin também oferece uma vasta quantidade de pares cripto/cripto.

Exchanges descentralizadas

Uma exchange descentralizada de criptomoedas (DEX) é uma plataforma que não depende de um intermediário para guardar o seu saldo. É uma espécie de mercado em que vendedores e compradores se reúnem e processam as transações diretamente entre eles. Em outras palavras, uma DEX facilita negociações peer-to-peer.

PAPO DE ESPECIALISTA

Em uma exchange descentralizada, é possível comprar e vender seus criptoativos diretamente com outros participantes do mercado. Você consegue realizar negócios por meio de coisas como contratos inteligentes e atomic swaps. *Contratos inteligentes*, como explicado na Investopedia, são "contratos autoexecutáveis nos quais os termos do acordo entre comprador e vendedor são escritos diretamente nas linhas de código". Esses contratos são a tecnologia por trás das *atomic swaps*, ou trocas atômicas, que permitem a troca de uma criptomoeda por outra sem o uso das exchanges centralizadas. Com as DEX, os contratos inteligentes e as atomic swaps, em vez de dar suas criptomoedas para uma CEX, você as cede para um fundo centralizado pela rede que controla a troca. Esse fundo ainda é necessário porque as transações podem levar até cinco dias para serem compensadas. Como comprador, você retirará as criptomoedas da sua conta imediatamente, mas os fundos não vão para a conta do vendedor até a conclusão da transação.

Talvez você ache que uma exchange descentralizada faz mais sentido para a compra e venda das criptomoedas, uma vez que todo o mercado é com frequência classificado como descentralizado. Caramba, as criptomoedas se tornaram populares por permitirem que você se torne seu próprio banco e seja responsável por seus próprios ativos. É por isso que muitos fãs das DEX argumentam que, ao usar exchanges centralizadas, você está, em resumo, comprometendo a principal razão por trás do uso das criptomoedas.

As seções seguintes trarão mais informações sobre alguns dos problemas enfrentados pelas DEXs, além de algumas opções de DEX dignas de nota.

Potenciais problemas

Embora as DEXs possam substituir completamente as exchanges centralizadas no futuro, neste momento as exchanges descentralizadas apresentam seus próprios problemas.

CUIDADO

Exchanges centralizadas de criptomoedas são menos vulneráveis a invasões hackers. Por outro lado, você está mais vulnerável a ficar sem acesso à sua conta e ao seu dinheiro. Isso significa que, caso esqueça suas informações de cadastro, você pode ter a sua conta bloqueada porque o sistema acha que você é um hacker! Outros problemas com as DEXs são o baixo volume e a baixa liquidez. *Liquidez* refere-se à rapidez com que você compra ou vende criptomoedas no mercado. Uma vez que as DEXs são menos populares que as exchanges centralizadas (ao menos por enquanto), você pode ter alguma dificuldade em encontrar alguém que corresponda aos seus pedidos de compra e venda em uma DEX. Essa questão é um ciclo vicioso, pois, enquanto as DEXs continuarem menos populares, a liquidez permanecerá baixa. Ao mesmo tempo, enquanto a liquidez permanecer baixa, a popularidade das DEXs não melhorará. É por isso que, por enquanto, as exchanges centralizadas são mais populares que as DEXs.

Além disso, a maioria das DEXs não oferece serviços para depositar ou sacar moedas fiduciárias, como o dólar americano. Essas exchanges também podem ser caras e lentas. Tudo, desde cancelar pedidos até transferir criptomoedas, requer pagar uma taxa e aguardar por confirmações de blocos — com um tempo mínimo de alguns minutos e, às vezes, horas.

Exchanges descentralizadas populares

Independentemente dos possíveis problemas das DEXs, aqui estão algumas da exchanges descentralizadas de criptomoedas mais populares até 2018:

- **IDEX:** É uma exchange descentralizada para o trading de tokens Ethereum (ETH). Esta exchange está entre as DEX mais amigáveis para o usuário e pode ser conectada facilmente à sua carteira de criptomoeda, algo sobre o qual falarei com mais detalhes no Capítulo 7. Aqui está o site: `https://idex.io/` [conteúdo em inglês].
- **Waves DEX:** Esta exchange permite negociar Bitcoin (BTC), Ethereum (ETC), Litecoin (LTC), Monero (XMR) e várias outras criptomoedas, incluindo o próprio token da exchange, Waves (WAVES). Você também pode fazer a troca de moedas fiduciárias, como o dólar americano e o euro. Em julho de 2018, a Waves DEX tinha um volume diário de US$5 milhões. Você pode dar uma olhada no site aqui: `https://wavesplatform.com/product/dex` [conteúdo em inglês].
- **Stellar DEX:** Exchange hospedada no StellarTerm.com, é o sistema DEX da plataforma Stellar. Ela aceita Bitcoin (BTC), Ethereum (ETH), Ripple (XRP) e Litecoin (LTC), bem como algumas moedas fiduciárias, como o dólar americano, iene japonês, dólar de Hong Kong e yuan chinês. Para iniciar o trading nessa DEX, você precisa depositar vinte Stellar Lumens (XLM). Falarei mais sobre essas criptomoedas no Capítulo 8. Saiba mais sobre a exchange distribuída da Stellar aqui: `www.stellar.org/developers/guides/concepts/exchange.html` [conteúdo em inglês].
- **Bisq DEX:** A Bisq DEX é baseada em uma infraestrutura puramente peer-to-peer. Você pode realizar a troca de moedas fiduciárias como dólar, euro ou iene por Bitcoin e negociar uma ampla gama de criptomoedas alternativas. Dê uma olhada no site: `https://bisq.network/` [conteúdo em inglês].

Essas DEXs são exchanges descentralizadas em sua forma mais pura. Elas são completamente *on-chain*, o que significa que todos os pedidos interagem uns com os outros diretamente pelo blockchain (veja o Capítulo 4 para mais informações sobre essa tecnologia). Entretanto, conforme comentei na seção anterior, esse tipo de exchange também tem seus problemas. Muitos deles não existem nas exchanges centralizadas de criptomoedas as quais descrevi anteriormente.

Exchanges híbridas

A abordagem híbrida das exchanges de criptomoedas tem como objetivo unir os benefícios das exchanges centralizadas e descentralizadas para dar aos consumidores o melhor dos dois mundos. Mais especificamente, as exchanges híbridas buscam fornecer a funcionalidade e a liquidez de uma CEX com a privacidade e segurança de uma DEX. Muitos acreditam que esse tipo de exchange é o verdadeiro futuro da experiência de trading de criptomoedas.

PAPO DE ESPECIALISTA

Exchanges híbridas buscam oferecer os serviços de trading de criptomoedas com a facilidade, a velocidade e a liquidez institucional que os usuários estão acostumados a ter nos câmbios tradicionais. Uma exchange híbrida conecta seus elementos centralizados aos elementos descentralizados. Essa abordagem permite aos usuários acessar a plataforma de trading, como fazem nas CEXs, e participar de atividades peer-to-peer, como ocorre nas DEXs. A exchange híbrida, portanto, oferece a confirmação da transação, bem como o registro dela no blockchain.

As exchanges híbridas também são chamadas de *semidescentralizadas*, pois incorporam componentes on-chain e off-chain. Uma transação *off-chain* é aquela que move o valor de suas criptomoedas fora do blockchain.

A primeira exchange híbrida de que se teve notícia foi a Qurrex (`https://qurrex.com` [conteúdo em inglês]), lançada em 2018. A equipe da Qurrex se reuniu em 2016, consistindo em especialistas com anos de experiência nos mercados forex (foreign exchange), desenvolvedores de terminais de trade e fundadores de câmbios bem-sucedidos de ações e futuros. Todos enxergaram um enorme potencial em aplicar as melhores práticas das exchanges tradicionais para criar uma nova geração de exchange de criptomoedas, oferecendo uma junção harmoniosa de elementos centralizados e descentralizados.

Outra exchange híbrida de criptomoedas que está ganhando atenção recentemente é a NEXT.exchange (`https://next.exchange/` [conteúdo em inglês]). Caso tenha o token nativo da plataforma, o NEXT, você pode realizar a troca entre pares de moedas fiduciárias e criptomoedas, como o Bitcoin (BTC) e o euro (EUR), ou Ethereum (ETH) e o dólar americano (USD).

Como escolher uma exchange

Nas seções anteriores, você deve ter notado que há uma vasta gama de exchanges de criptomoedas na internet. E mais variações estão fadadas a chegar até o mercado. Qual tipo de exchange é a melhor para você: CEX, DEX ou híbrida? Além disso, qual das muitas exchanges de cada categoria você deve escolher?

Não consigo dar uma resposta exata para essas perguntas, mas posso oferecer meios para avaliar todas as características mais importantes de uma exchange para ajudar a tomar a melhor decisão possível. As seções seguintes mostrarão algumas coisas a se levar em consideração ao escolher uma exchange de criptomoedas.

DICA

Traders de primeira viagem devem primeiro pesquisar sobre as criptomoedas antes de escolher uma exchange. No entanto, quando for mais experimente, você pode simplesmente escolher quais criptomoedas negociar com base nas condições do mercado.

DICA

Pessoalmente, sou uma grande fã da diversificação em tudo o que faço. Uma vez que muitas dessas exchanges oferecem grandes vantagens e desvantagens, pode ser sensato diversificar suas atividades de criptomoedas em algumas exchanges diferentes, assim como muitas pessoas fazem quando vão ao mercado. Você pode frequentar uma loja pela carne de melhor qualidade e ir a outra para comprar massas.

Segurança

LEMBRE-SE

A segurança é uma das maiores questões na indústria das criptomoedas. As exchanges estão em um risco constante de invasões de hackers, fraudes e outros golpes, como esquemas de pump-and-dump. Um esquema de *pump-and-dump* é quando alguém encoraja investidores a comprar criptoativos para inflacionar seu valor artificialmente (a parte do "pump", ou inflar) e depois vende seus próprios ativos por um preço alto ("dump", ou livrar-se). É por isso que uma das coisas mais importantes a se fazer antes de comprar criptomoedas é pesquisar. Divulgação boca a boca e avaliações online em sites como o Reddit ou empresas de notícias, como a Forbes, são algumas maneiras de ajudar a escolher uma plataforma legítima e segura. Algumas das características de segurança que devem ser verificadas em uma exchange são:

- **Autentificação em dois fatores (2FA):** A *autentificação em dois fatores* é um método de confirmar sua identidade ao usar uma combinação de dois fatores diferentes: alguma coisa que a exchange sabe (como a sua senha) e alguma coisa que ela possui (como um número de seis dígitos que ela envia para o seu celular ou e-mail para a segunda etapa da verificação).
- **Cold storage para a maioria dos fundos:** Este termo significa que a exchange armazena os seus fundos offline, reduzindo o risco de uma invasão hacker. Explicarei mais sobre esse recurso no Capítulo 7.
- **Prova de reservas:** Este elemento requer que a exchange seja auditada para verificar se a quantidade total dos fundos da exchange equivale à quantidade exigida para cobrir um conjunto anônimo de saldos de clientes.

Moedas aceitas (cripto ou não)

Quando você decide quais dos milhares de criptomoedas disponíveis são adequadas para você, é preciso certificar-se de que sua exchange as possui. Veremos mais sobre as várias opções de criptomoedas no Capítulo 8.

Além disso, caso esteja em busca de comprar criptomoedas pela primeira vez, você provavelmente precisará de uma exchange que aceite a moeda fiduciária do seu país.

Como mencionei anteriormente neste capítulo, algumas exchanges usam apenas criptomoedas em seus serviços, enquanto outras permitem o uso de moedas fiduciárias, como o dólar americano, o euro ou a moeda do seu país.

Liquidez

Sem liquidez suficiente, os preços e a velocidade das suas transações podem ser comprometidos. Após decidir quais criptomoedas deseja comprar, certifique-se de que sua exchange oferece liquidez e volume de negociação suficientes para transações rápidas e fáceis. A liquidez também garante que você seja capaz de comprar e vender sem o preço da criptomoeda ser significativamente afetado por grandes players do mercado. Quanto mais compradores e vendedores existirem, maior a liquidez.

DICA

A melhor forma de mensurar a liquidez de uma exchange é olhar o seu volume de negociação mais recente. O `coinmarketcap.com` e o `bitcoincharts.com` são dois dos muitos sites voltados a informações sobre criptomoedas que classificam as exchanges com base no volume e na liquidez [os dois apresentam conteúdo em inglês].

Taxas

Exchanges cobram seus clientes de diversas formas. Seria ótimo se não o fizessem, mas elas não são instituições de caridade. Cobrar taxas dos seus clientes é exatamente a forma como elas ganham dinheiro para continuar na ativa. O método mais comum é receber uma pequena porcentagem da quantia negociada por você. A maioria das exchanges cobra uma porcentagem menor que 1%. Para manter a competitividade, algumas reduzem tanto suas taxas a ponto de oferecer algo em torno de 0,2%. Com frequência, uma escala móvel reduz a porcentagem da taxa conforme o volume mensal de negociação do usuário aumenta.

LEMBRE-SE

Pagar menos é sempre interessante, mas priorize a segurança e a liquidez. O seu investimento perderá o sentido caso você pague um valor próximo de nada nas transações para em seguida perder todos os seus fundos em um ataque hacker.

Facilidade de uso

Essa questão é especialmente importante para novatos. Queremos que nossa exchange ofereça uma interface de usuário intuitiva, rápida e fácil de usar. Esse fator também depende de que tipo de dispositivo você quer usar para suas atividades de investimento em criptomoedas. Caso esteja sempre correndo de um lugar para o outro, pode ser interessante escolher uma exchange com bons serviços de apps para dispositivos móveis.

Uma boa experiência do usuário ajuda a agir de maneira mais bem informada e eficiente na exchange. Outro benefício de exchanges com ótimas interfaces e suporte para dispositivos móveis é que elas provavelmente crescerão mais rápido, o que significa que oferecerão um maior volume de negociação e liquidez nos seus mercados.

Localização

Dependendo da sua localização, você poderá encontrar uma exchange que funciona melhor no seu país do que uma outra mais popular no âmbito internacional. Algumas das coisas que devemos levar em consideração são questões sobre quais moedas fiduciárias elas aceitam e quais taxas cobram aos residentes locais em comparação aos clientes internacionais.

Além disso, a localização de uma exchange costuma ditar as leis às quais ela deve obedecer. No momento de escrita deste livro, muitos países não têm regulamentação específica sobre criptomoedas. No entanto, se e quando os órgãos começarem a regulamentar, quaisquer restrições podem afetar de maneira significativa sua habilidade de participar do mercado por meio das exchanges desses países.

Método de pagamento

Observe os métodos de pagamento aceitos pela exchange. Algumas exigem depósitos por transferência bancária, outras usam PayPal e algumas aceitam cartões de crédito e débito. Tipicamente, quanto mais fácil é o pagamento, mais taxas serão incluídas. Por exemplo, poucos serviços permitem pagar com cartão de crédito ou débito, e os serviços que permitem cobrarão uma taxa por essa conveniência (vá até a seção anterior, "Taxas", para ler mais sobre esse tipo de questão; a seção seguinte, "PayPal", traz alguns detalhes sobre esse método). Um exemplo desse serviço é a xCoins (`https://xcoins.io/?r=62hcz9` [conteúdo em inglês]), que aceita cartão de crédito e PayPal para o câmbio de Bitcoins. Eles chamam isso de "empréstimo", mas o conceito é semelhante ao de compra e venda.

Atendimento ao cliente

Um atendimento ao cliente de má qualidade foi exatamente a razão pela qual decidi não continuar com uma das maiores exchanges quando comecei a investir em criptomoedas. Sempre me sinto mais confortável sabendo que o lugar ao qual confio meus fundos tem um serviço de atendimento ao cliente responsivo. Você pode conferir esse fator tanto ao entrar diretamente em contato com o departamento de atendimento ao cliente e fazer qualquer tipo de pergunta que não conseguiu encontrar na página de perguntas frequentes da exchange ou usar fóruns online de criptomoedas, como o BitcoinTalk (`https://bitcointalk.org/`). Lá, é possível encontrar reclamações sobre as exchanges. Entretanto, tenha em mente também que exchanges em rápido crescimento com frequência reagem a essas reclamações trazendo melhorias para os serviços de atendimento ao cliente, o que é algo positivo.

DICA

Outro ponto que você pode encontrar nesses fóruns é se uma exchange já deixou pessoas sem acesso às suas contas. Caso isso já tenha acontecido, talvez você queira considerar outras opções.

Opções de trading

As opções de trading são especialmente importantes para traders ativos e avançados. Por exemplo, dependendo da sua tolerância de risco e objetivos financeiros, você pode querer acesso a certos tipos de pedidos ou a margin trading. Nessas ocasiões, certifique-se de que compreende os riscos envolvidos em tais atividades (dê uma olhada na Parte 4) antes de se meter em alguma confusão.

Limites de transação

A maioria das exchanges possuem um limite de saque e/ou depósito. A menos que você seja um trader institucional e deseje realizar milhões de transações por dia, essas restrições podem não ser um problema. Porém, esses limites ainda são coisas nas quais deve ficar de olho, a depender do seu estilo e objetivo de investimento. Geralmente você encontra esse tipo de informação no site da exchange, sem a necessidade de uma criação de conta.

Levando Corretoras em Consideração

Caso esteja pensando em comprar criptomoedas online e investir nelas como um ativo, então as exchanges de criptomoeda são o caminho ideal. Você pode ler mais sobre elas anteriormente neste mesmo capítulo. Mas, caso esteja pensando em apenas especular o movimento de preço das criptomoedas, então as corretoras podem ser uma escolha melhor.

Conforme as criptomoedas se tornam mais populares, algumas corretoras tradicionais de moedas do mercado forex estenderam seus serviços para o oferecimento de criptomoedas. Tenha em mente, porém, que o conceito de um "corretor" não existe exatamente no puro investimento em criptomoedas. Ainda que as corretoras possam trabalhar com elas, o que estão oferecendo na verdade é transmitir um valor de troca na plataforma. Desse modo, você pode tirar vantagem da volatilidade do mercado e ganhar/perder dinheiro com base nos seus pedidos especulativos.

Nas seções seguintes, explicarei como as corretoras tradicionais de forex funcionam. Em seguida, abordarei as vantagens e desvantagens de utilizá-las para suas atividades de negociação de criptomoedas.

Como funcionam as corretoras

Corretoras forex tradicionais são intermediários do mercado que ajudam os traders a negociar nas suas plataformas. Elas são os intermediários entre um trader de varejo individual e as redes de grandes bancos. As corretoras de forex geralmente conseguem um preço com um ou vários bancos para uma moeda específica. Em seguida, lhe oferecem o melhor valor que receberam. Assim, você pode realizar a troca de suas moedas favoritas com base nos preços transmitidos pela plataforma da sua corretora.

PAPO DE ESPECIALISTA

Tais corretoras operam em algo chamado de mercado *over-the-counter (OTC)*, ou mercado de balcão. Isso significa que as moedas são negociadas por meio de uma rede de negociantes em vez de em uma exchange centralizada. Os corretores livram-se do risco de negociação transmitindo-o para terceiros ou para prestadores de serviços chamados de *formadores de mercado*. Quando se trata dos serviços de criptomoedas na plataforma desejada, esses formadores de mercado com frequência são as exchanges de criptomoedas, que mencionei anteriormente neste capítulo.

CUIDADO

Corretoras do forex ganham dinheiro principalmente por taxas de comissão transparentes — e, às vezes, ocultas. Algumas corretoras ganham dinheiro quando seus clientes perdem dinheiro. Essa é uma das razões pela qual a indústria forex de um modo geral começou a ganhar uma má reputação; esse tipo de corretora começou a ser pega por regulações governamentais. Explico tudo sobre corretoras do forex e os golpes presentes na indústria em meu livro *Invest Diva's Guide to Making Money in Forex* [sem publicação no Brasil].

Vantagens e desvantagens das corretoras

LEMBRE-SE

Corretoras de forex que oferecem serviços de criptomoeda começaram agressivas campanhas de publicidade para anunciar o trading especulativo de criptomoedas. Aqui estão algumas vantagens e desvantagens do trading por meio de uma corretora em comparação ao uso de uma exchange de criptomoedas:

- **Vantagem: Você tem uma liquidez aprimorada.** Uma vez que as corretoras recebem suas quotas de diversas exchanges, são capazes de oferecer uma maior liquidez aos seus clientes. Isso significa que você tem uma maior chance de concluir seus pedidos de compra e venda em um tempo razoável. Você também pode conseguir encontrar um preço próximo do seu pedido de compra e venda inicial, já que a corretora trabalha com múltiplos canais para encontrar compradores e vendedores e, assim, concluir a sua transação.
- **Vantagem: Você pode iniciar o trading imediatamente.** Caso escolha usar uma exchange, às vezes pode ser necessário aguardar dias até sua conta ser confirmada. Com a maioria das corretoras, a confirmação da conta costuma ser mais rápida.
- **Desvantagem: Você não pode investir em criptomoedas como um ativo.** Ao realizar o trading por intermédio de uma corretora, você está apenas especulando a respeito da volatilidade de preço do mercado; não está comprando ou investindo no mercado de criptomoedas. Essa diferença significa que você não possui as suas criptomoedas mesmo se decidir comprá-las na sua conta da corretora.

» **Desvantagem: Você não tem acesso a carteiras.** Pelo mesmo motivo da desvantagem anterior, nenhum portfólio real ou carteira de criptomoedas fica disponível para você. Esse fato também significa que não é possível realizar transferências ou aquisições de criptomoedas.

Além das vantagens e desvantagens mencionadas anteriormente, algumas condições podem ser vistas tanto como vantagens quanto como desvantagens de negociar criptomoedas em uma corretora. É claro, caso visite o site de uma corretora, essas características serão listadas como vantagens. No entanto, você deve compreender o risco que existe por trás. Aqui estão algumas das mais comuns:

Vantagem ou desvantagem: Você pode se aproveitar de um mercado em queda

Esta complicada vantagem é anunciada por muitas corretoras. Como não está realmente comprando as moedas (sejam elas fiduciárias ou criptomoedas), você pode apostar na queda dos mercados. Caso os preços caíam como previu, você ganha dinheiro. Esse processo é chamado de *short-selling* ou *venda a descoberto*. O short-selling também está disponível em exchanges e em bolsas de valores tradicionais. Entretanto, esse processo envolve uma grande quantidade de risco, pois você precisará de um empréstimo da sua corretora, exchange ou seja lá quem esteja oferecendo os serviços.

Vantagem ou desvantagem: Você pode fazer trading com alavancagem

Trading com alavancagem significa pegar dinheiro emprestado com a sua corretora para o trading. Em algumas corretoras, é possível abrir uma conta com US$100 e usar uma alavancagem de cinquenta vezes (ou até mais), o que significa que você controlará uma conta com um crédito de US$5 mil apenas com seus US$100! Mas, a menos que você seja Nostradamus ou tenha uma bola de cristal, usar a alavancagem pode ser problemático, pois ela aumenta os riscos de ganhos e perdas na mesma magnitude.

Aqui está um exemplo sobre como a alavancagem pode fortalecer ou acabar com a sua conta: digamos que tenha uma conta de US$1 mil. Você cria um pedido de trade sem usar nenhum tipo de alavancagem e consegue US$50. Caso tivesse usado uma alavancagem de dez vezes, você teria ganhado US$500. Incrível!

Mas (e esse é um grande "mas"), por outro lado, caso os mercados decidam seguir o caminho oposto da especulação quando você estiver usando a alavancagem, você perderá US$500 em vez dos US$50, perdendo metade da sua conta. Traders novatos com frequência perdem todo o saldo da conta nos primeiros dias. Às vezes, dependendo da política da corretora, as perdas dos investidores podem exceder os depósitos iniciais, o que significa que eles passam a dever dinheiro para a corretora!

LEMBRE-SE

Usar a alavancagem pode ser uma vantagem caso você saiba o que está fazendo e tenha uma tolerância ao risco alta o suficiente para se preparar para o pior cenário possível, o que significa perder parte ou a totalidade do seu investimento inicial por meio da corretora.

Como escolher uma corretora

LEMBRE-SE

Os passos para escolher uma corretora podem ser bem semelhantes aos de escolher uma exchange (que abordei mais cedo, neste mesmo capítulo). Algumas regras adicionais que você precisa ter em mente ao escolher uma corretora são:

- **Certifique-se de que são regulamentadas.** Cada país tem autoridades regulatórias internacionais que auditam corretoras regularmente para garantir a segurança delas. Sua melhor aposta geralmente é garantir que a corretora seja fiscalizada por dois ou mais órgãos regulatórios do seu país. Você pode encontrar informações sobre regulações nos sites das corretoras.
- **Leve em consideração a facilidade de saques e depósitos.** Boas corretoras permitirão depósitos dos seus fundos e saques dos seus ganhos sem complicações. As corretoras não têm nenhum motivo real para dificultar o saque dos seus lucros, uma vez que a única razão para manter seus fundos é facilitar o trading (esse ponto também é parte do meu curso da Invest Diva, *Forex Coffee Break Education Course*).
- **Cuidado com promoções.** Algumas corretoras descobriram que as pessoas amam descontos, então usam promoções para atrair clientes. Não há nada de errado com promoções, mas você precisa ter cuidado, porque às vezes as corretoras usam essas promoções para levar novos traders a investimentos arriscados ou para usar produtos e sinais não confiáveis. É por isso que você precisa fazer a devida diligência e conhecer a corretora antes de aproveitar alguma promoção.

DICA

Uma das maiores corretoras dessa área é a eToro (`http://partners.etoro.com/A75956_TClick.aspx`). Além dela, aqui está um lugar que pode ajudá-lo na sua busca por uma corretora: Forest Park FX (`https://forestparkfx.com/?id=UU1UckhZSVN3OW1WNnNuNHIxaHlqUT09`) [conteúdo em inglês]. Esse serviço ajuda a encontrar uma corretora adequada para você e na sua localização.

Analisando Outros Métodos de Compra de Criptomoedas

Anteriormente, neste mesmo capítulo, abordei alguns dos métodos mais populares para a compra ou investimento em criptomoedas. Entretanto, essas opções não são as únicas. Confira as seções a seguir para descobrir algumas outras formas úteis de comprar criptomoedas (falarei sobre onde armazenar suas criptomoedas após comprá-las no Capítulo 7).

Fundos

Muitas pessoas buscam uma exposição ao mercado de criptomoedas, mas não querem investir em uma criptomoeda específica, como Bitcoin ou Ripple. Elas podem estar buscando algo equivalente a um *fundo mútuo* ou um *exchange traded fund* (ETF), que buscam monitorar um conjunto de diferentes ativos, como ações e índices (veja o Capítulo 13 para mais informações).

O lado positivo de um fundo é que ele é relativamente diversificado. Isso acontece porque você investe em uma série de criptomoedas populares em um fundo sem o transtorno de escolher alguns poucos ativos. O lado negativo da maioria dos fundos são os custos e as restrições.

DICA

No momento de escrita deste livro, nenhuma ETF ou fundo mútuo de criptomoedas estava disponível para investidores. A coisa mais próxima de um fundo de criptomoedas é o GDAX da Coinbase. Ao oferecer uma exposição diversificada para uma ampla gama de ativos, os fundos de índice da Coinbase permitem aos investidores monitorar o desempenho de toda uma classe de ativos, em vez de escolher ativos individuais. A Coinbase ainda está trabalhando para lançar mais fundos acessíveis internacionalmente para cobrir uma gama ainda mais ampla de ativos digitais. Você encontra mais sobre Coinbase e GDAX aqui: `www.coinbase.com/join/59d39a7610351d00d40189f0`.

Cartão de crédito

Serviços financeiros, como a Coinmama, permitem a você comprar criptomoedas, como Bitcoin (BTC), Ethereum (ETH), Litecoin (LTC), Bitcoin Cash (BCH), Cardano (ADA), Qtum (QTUM) e Ethereum Classic (ETC), com o cartão de crédito. No entanto, no momento de escrita deste livro, esse serviço não estava disponível para todos os países. Confira o site da Coinmama aqui: `http://go.coinmama.com/visit/?bta=53881&nci=5360` [conteúdo em inglês].

PayPal

Anteriormente, neste capítulo, mencionei diversos métodos de pagamento que as exchanges de criptomoedas podem oferecer, incluindo a transferência de dinheiro do seu banco e o uso de cartão de crédito e débito. O PayPal é outra forma de sistema de pagamento online que oferece transferência de dinheiro e atua como uma alternativa eletrônica ao dinheiro tradicional.

O PayPal começou a trabalhar com a integração com o Bitcoin mais cedo do que muitas empresas de serviços financeiros, ainda em 2014. Entretanto, acabou desacelerando o ritmo dos seus serviços. No momento de escrita deste livro, ainda não era possível simplesmente enviar e receber Bitcoins ou outras formas de criptomoedas diretamente pela sua conta no PayPal. Mas algumas exchanges aceitam transferências de dinheiro via PayPal, o que significa que você pode usar sua conta para comprar criptomoedas de maneira indireta. Para isso, é preciso escolher um intermediário, como uma exchange ou uma corretora, que aceite pagamentos pelo PayPal. Comentei sobre exchanges e corretoras anteriormente neste mesmo capítulo.

Antigamente, você podia até mesmo transferir dinheiro para a exchange da Coinbase (mencionada anteriormente neste capítulo) usando o PayPal. No entanto, no momento de escrita deste livro, uma das únicas exchanges viáveis que aceitam PayPal como forma de pagamento é uma exchange chamada VirWox. Um dos maiores problemas da VirWox são suas taxas altas. Caso esteja buscando corretoras, a eToro (`http://partners.etoro.com/A75956_TClick.aspx`) é uma corretora famosa que aceita PayPal.

DICA

Esse tipo de informação está sempre sujeito a mudanças devido ao atual estado volátil das criptomoedas. A melhor forma de se manter informado sobre as novidades a respeito das criptomoedas é acessando sites como `www.newsbtc.com/` e `www.coindesk.com/` [ambos conteúdos em inglês].

Dinheiro em espécie

DICA

O processo para pagar a compra de criptomoedas, como o Bitcoin, com dinheiro em espécie é encontrar alguém que possua criptomoedas e esteja disposto a vendê-las em troca de dinheiro:

» Um lugar onde você pode encontrar compradores e vendedores de criptomoedas que aceitam dinheiro em espécie é no site `https://localbitcoins.com/?ch=w7ct` [conteúdo em inglês]. Nele, você pode se registrar gratuitamente, inserir a quantidade que deseja comprar ou vender e o seu método de pagamento preferido — dinheiro em espécie, nesse caso — para encontrar uma outra parte interessada.

» Outros sites conectam compradores e vendedores de forma em que o vendedor fornece informações bancárias que permitem ao comprador realizar um depósito. Você deve guardar o comprovante para provar a transferência e o vendedor lhe envia os Bitcoins. Algumas opções nesse estilo são `https://www.bitquick.co/` (parte da Athena Bitcoin, localizada em Chicago [conteúdo em inglês]) e `https://paxful.com/pt` (localizada em Delaware).

Observação: caso pesquise na internet sobre como comprar criptomoedas com dinheiro, você pode ser direcionado até um app chamado Square Cash, que de fato é um app para ajudá-lo a comprar e vender Bitcoins de amigos! No entanto, esse não é o tipo de pagamento em dinheiro ao qual me refiro nesta seção.

Caixas eletrônicos de criptomoedas

Os caixas eletrônicos de criptomoedas estão se tornando cada vez mais populares. Muitas pessoas estão até tentando começar a comercializar suas máquinas para obter uma renda passiva. Os caixas eletrônicos de Bitcoin (e outras criptomoedas) funcionam como qualquer outro caixa eletrônico. O primeiro passo do processo é encontrar um perto de você, algo que é possível fazer com uma rápida pesquisa online ou no site `https://coinatmradar.com/` [conteúdo em inglês].

Existem diversas máquinas de caixas eletrônicos com diferentes métodos de verificar sua identidade e *endereço de criptomoeda* (um código na sua carteira de criptomoedas). É claro, você precisa pesquisar para encontrar um caixa eletrônico seguro e confiável que tenha uma boa reputação online. Um método simples de pesquisa é digitar o nome do caixa eletrônico no Google ou no Bing e verificar se ele tem alguma mídia negativa.

O processo de comprar criptomoedas em um caixa eletrônico pode variar de máquina para máquina, mas aqui estão os passos básicos da maior parte dos caixas eletrônicos:

1. **Confira sua identidade (usando um documento de identidade, por exemplo).**
2. **Selecione a criptomoeda que deseja comprar.**
3. **Forneça um endereço de criptomoedas para o depósito.**

   O Capítulo 7 falará um pouco mais sobre esse endereço.
4. **Selecione a quantidade de criptomoedas que deseja comprar.**
5. **Insira o dinheiro no caixa eletrônico de criptomoedas.**
6. **Confirme a operação.**

LEMBRE-SE

Alguns desses caixas eletrônicos oferecem até mesmo serviços de venda de moedas digitais, além de compra. Tenha em mente que essas máquinas não são caixas eletrônicos no sentido tradicional, que ajudam você a se conectar à sua conta bancária. Em vez disso, elas se conectam à internet e o direcionam a uma exchange para lhe oferecer suas criptomoedas.

NESTE CAPÍTULO

» Entendendo como as carteiras funcionam

» Diferenciando os tipos de carteiras de criptomoedas

» Escolhendo a melhor carteira para você

» Melhorando a segurança da sua carteira de criptomoedas

Capítulo 7

Usando Carteiras de Criptomoedas

Uma carteira tradicional é onde você guarda seus itens pessoais valiosos, como dinheiro, cartões de crédito e documentos de identificação. Mas, agora que está usando a forma de dinheiro mais avançada e futurista (criptomoedas, baby!), você precisará de um novo tipo de carteira: uma carteira de criptomoedas.

Com uma carteira de criptomoedas, você consegue não apenas armazenar o valor do seu dinheiro digital, mas também enviar e receber moedas. Além disso, consegue monitorar o saldo, assim como normalmente faz com sua conta bancária. Neste capítulo, acompanharei você por um passo a passo para compreender e escolher a sua primeira carteira de criptomoedas.

Definindo Carteiras de Criptomoedas

Uma *carteira de criptomoedas* é um programa de software que ajuda a administrar o dinheiro digital. Embora você possa ser o tipo de pessoa que não gosta de carregar carteiras tradicionais e prefira colocar o seu dinheiro e cartão de crédito no bolso traseiro, ter uma carteira de criptomoedas é necessário caso deseje usar qualquer tipo de criptomoeda. Não há outra forma. As criptomoedas não são armazenadas em reservas de banco como outros tipos de ativos tradicionais, como ouro e dinheiro. Sem carteiras de criptomoedas, toda a ideia de criptomoeda cai por terra! As carteiras são o ar que mantém o sistema vivo.

PAPO DE ESPECIALISTA

Ainda que, em teoria, o Bitcoin seja descentralizado e ninguém o controle de fato, ele ainda é administrado por uma rede controlada e mantida por alguém (seja lá quem esteja por trás do nome Satoshi Nakamoto). Em outras palavras, o Bitcoin é distribuído e os mineradores são relativamente anônimos, mas o blockchain é armazenado em sua totalidade na rede. O blockchain é tão grande que os mineradores têm mais ou menos o equivalente a trinta dias de transações e blocos armazenados em seus dispositivos; o blockchain completo, na verdade, fica armazenado de maneira relativamente centralizada na rede.

Alguns termos importantes

LEMBRE-SE

Antes de começar, confira alguns termos que pode encontrar conforme explora o mundo das carteiras de criptomoedas:

- **Hot wallet:** Uma carteira conectada à internet.
- **Cold wallet:** Uma carteira que não é conectada à internet.
- **Endereço da carteira:** Um número que funciona mais ou menos como o tradicional número da sua conta bancária.
- **Chave pública:** Um código que lhe permite receber criptomoedas na sua conta ou carteira. Ela é matematicamente vinculada ao endereço da sua carteira, mas não são idênticos.
- **Chave privada:** Um código que é acoplado à chave pública para garantir sua segurança. É algo parecido com a sua senha privada utilizada para acessar sua conta bancária no mundo real.

As seções seguintes explicarão como alguns desses itens trabalham juntos para que você possa concluir suas transações de criptomoedas.

Como uma carteira funciona

Carteiras de criptomoedas não armazenam as criptomoedas em si. Em vez disso, elas armazenam a chave pública e a chave privada da criptomoeda. Essas chaves são como os códigos PIN que você usa para acessar suas contas bancárias.

LEMBRE-SE

Não existem dois endereços de carteira idênticos. Eles são como nossas impressões digitais. Isso significa que existe uma chance muito baixa de outra pessoa ter acesso aos seus fundos por engano. Além disso, não existe um limite para a quantidade de endereços de carteira que você pode criar.

CUIDADO

Houve casos em que um endereço de carteira foi interceptado, modificado e os fundos foram enviados para a carteira errada. Por exemplo, algum malware recentemente substituiu os endereços de carteira salvos na área de transferência de um computador para que quando o usuário copiasse e colasse os endereços do destinatário desejado, os endereços incorretos fossem colados — endereços que levavam até a carteira do criminoso.

Para exemplificar como é um endereço de criptomoeda, aqui está o endereço da carteira que acreditam pertencer ao criador do Bitcoin, Satoshi Nakamoto!

1A1zP1eP5QGefi2DMPTfTL5SLmv7DivfNa

Como você pode ver, o endereço usa uma combinação de números e letras, tanto em caixa alta quanto em caixa baixa. Não se preocupe; desde que tenha uma carteira segura, você não precisará memorizar o endereço dela. Pessoalmente, mantenho o endereço da minha carteira e outras chaves em um documento com senha dentro de um computador seguro. Você também tem a possibilidade de imprimir suas chaves e armazená-las em algum lugar seguro e do qual não se esqueça.

Uma chave privada faz a função de uma senha única e individual para o seu endereço de carteira de criptomoedas. Uma chave pública adiciona mais uma camada de segurança e garante que sua carteira não poderá ser invadida. Veja um rápido exemplo de como são as chaves:

**Chave privada:
03bf350d2821375158a608b51e3e898e507fe47f2d2e8c774de4a9a7edecf74eda**

Chave pública: 99b1ebcfc11a13df5161aba8160460fe1601d541

Esses endereços nos parecem completamente diferentes, mas o software sabe que são duas chaves vinculadas uma a outra. Isso prova que você é o dono das moedas e permite que transfira os fundos para onde quiser.

LEMBRE-SE

Quando alguém lhe envia qualquer tipo de criptomoeda, ele (ou ela) está basicamente abrindo mão da posse das criptomoedas para o endereço da sua carteira. Para conseguir guardar essas criptomoedas e liberar os fundos, a chave privada armazenada na sua carteira deve coincidir com a chave pública atribuída à criptomoeda em questão. Se as chaves públicas e privadas coincidirem, o saldo da sua carteira aumenta e o saldo do remetente diminui de acordo com a transação realizada. Nenhuma troca real de moedas acontece. A transação é sinalizada apenas por um registro de transação no `blockchain` (veja o Capítulo 4) e por uma mudança no saldo da sua carteira de criptomoedas.

Vendo Diferentes Tipos de Carteiras

Primeiro, deixe-me esclarecer a diferença entre a carteira digital tradicional e uma carteira de criptomoedas. Você já deve estar usando carteiras digitais, também conhecidas como e-carteiras, pelo seu dispositivo móvel. Pessoalmente, uso apps de carteiras para meus bilhetes de trem, estacionamento, além de usar o Apple Pay (um sistema de pagamento móvel e serviço de carteira digital da Apple que permite aos usuários realizar pagamentos pessoalmente em apps do sistema operacional iOS).

Carteiras de criptomoedas são completamente diferentes. Além disso, elas vêm em vários tipos diferentes que atendem a diferentes necessidades. As seções seguintes apresentam os cinco tipos mais populares de carteiras de criptomoedas em ordem de segurança (da menos segura até a mais segura).

Na Figura 7-1, você pode ver um resumo das carteiras de criptomoedas mais comuns e os exemplos que compartilhei com os alunos da Invest Diva em 2018. ***Observação:*** de acordo com o Bitcoin Wiki, uma "seed phrase, seed recovery phrase ou backup seed phrase é uma lista de palavras que armazenam toda a informação necessária para recuperar uma carteira Bitcoin. O software da carteira normalmente gerará uma seed phrase e pedirá para que o usuário a anote em algum lugar. Caso o computador do usuário pare de funcionar ou o disco rígido acabe se corrompendo, o usuário poderá baixar o mesmo software e usar a recuperação para ter todos os seus Bitcoins de volta". Um POS significa proof of stake, um conceito de mineração abordado no Capítulo 5.

RESUMO DAS CARTEIRAS DE CRIPTOMOEDAS

	SOFTWARE	ONLINE	HARDWARE	PAPEL
PRÓS	Segurança controlada pelo usuário Permite minting para moedas POS	Alta conveniência Acessível de qualquer navegador sem a necessidade de baixar o blockchain	Protege as chaves privadas do usuário, armazenando-as no dispositivo Pode ser recuperada com PIN e seed	Extrememante segura Não pode ser invadida por meios digitais Ideal para armazenamento em longo prazo
CONTRAS	Necessário baixar todo o blockchain de cada moeda/token	Suscetível a certas invasões hackers Sem stake para moedas POS Nível desconhecido de segurança	Não aceita todas as moedas/tokens Sem stake para moedas POS	Inconveniente para usar em transações
EXEMPLOS	Electrum Armory	Blockchain MyEtherWallet	Ledger Trezor	

© John Wiley & Sons, Inc.

FIGURA 7-1: Tipos populares de carteiras de criptomoedas.

LEMBRE-SE

As marcas específicas de carteiras às quais me refiro aqui não são as únicas opções disponíveis, e você não deve considerar a menção a elas como algum tipo de recomendação. Faça sua própria pesquisa para encontrar as melhores opções disponíveis na sua região que atendam às suas necessidades e às criptomoedas escolhidas por você. Falarei sobre escolher uma carteira de maneira mais detalhada ainda neste capítulo.

Carteira online

As carteiras online podem ser menos seguras, mas elas trazem algumas vantagens para pequenas quantias de criptomoedas. Uma *carteira online* permite que você acesse suas criptomoedas pela internet. Portanto, desde que esteja conectado à internet (à nuvem), você pode gerenciar suas moedas e realizar pagamentos com elas. O fornecedor da carteira online armazena a chave privada da sua carteira no servidor dele. Ele pode lhe enviar o código da criptomoeda, armazenar suas chaves e habilitá-lo a acessá-las. Serviços diferentes oferecem também muitos recursos diferentes, alguns deles se vinculando a múltiplos dispositivos, como o seu smartphone, tablet e computador.

Algumas vantagens das carteiras online são:

- Permitem transações rápidas.
- Podem armazenar diversas criptomoedas.
- São convenientes para uso no dia a dia e para o trading ativo.

Algumas das desvantagens são:

- Arriscam sua segurança online, pois são vulneráveis a invasões hackers e golpes.
- Arriscam sua segurança pessoal em razão da potencial exposição a vírus de computador.
- Você não armazena suas criptomoedas; terceiriza essa função.

Carteira móvel

Carteiras móveis estão disponíveis no seu celular por meio de um app. Você pode usar carteiras móveis ao fazer compras em lojas físicas, conforme as criptomoedas passam a ser mais amplamente aceitas. ***Observação:*** Outros tipos de carteiras, como as carteiras online (veja a seção anterior), também oferecem versões móveis. No entanto, algumas carteiras são feitas específica e exclusivamente para smartphones.

Carteiras móveis (que caem na categoria de carteiras de software) têm suas vantagens:

- Podem ser mais seguras do que as carteiras online.
- São convenientes para o uso no dia a dia.
- Oferecem recursos adicionais, como a digitalização de QR codes.

Algumas das desvantagens das carteiras móveis são:

- Você corre o risco de perder suas criptomoedas caso perca ou danifique o seu celular.
- Elas correm o risco de serem afetadas por vírus e malwares desenvolvidos para os dispositivos móveis.

Carteiras para desktop

Você pode baixar uma *carteira para desktop* e instalá-la no seu computador. Algumas pessoas argumentam que carteiras para desktop são mais seguras se o seu computador não estiver conectado à internet ou, melhor ainda, se ele nunca tiver sido conectado à internet. Se um computador nunca tiver sido conectado à internet, ele se torna basicamente uma cold wallet. Por outro lado, um computador que nunca foi conectado à internet pode expô-lo a algum malware que automaticamente surge do drive da carteira que você conecta ao computador, já que ele nunca recebeu atualizações de software que requerem uma conexão com a internet. Esse é um raciocínio circular e tanto!

DICA

Para configurar a sua carteira em um computador que nunca foi conectado à internet, é necessário baixar a última versão da carteira em um computador que *está* conectado à internet. Depois, você move o arquivo para um dispositivo USB ou semelhante para então transferi-lo ao seu computador offline.

Algumas vantagens das carteiras para desktop (que estão na categoria das carteiras de software) são:

- São uma escolha conveniente caso faça o trading de criptomoedas no seu computador.
- Você não armazenará suas chaves privadas em um servidor terceirizado.
- Se o seu computador nunca esteve conectado à internet, uma carteira para desktop pode ser mais segura do que uma carteira online.

As carteiras para desktop, porém, também apresentam algumas desvantagens:

- Usar seus criptoativos na correria do dia a dia é mais difícil.

- Caso você conecte a carteira à internet, ela se torna uma hot wallet menos segura.
- Se não realizar o backup do seu computador e ele parar de funcionar, você perderá todas as criptomoedas.

Carteira de hardware

Uma *carteira de hardware* é possivelmente um dos tipos mais seguros de carteira de criptomoedas disponíveis. Essas carteiras armazenam suas chaves privadas em um dispositivo, como um pendrive. Você ainda consegue fazer transações online, mas as carteiras estão offline na maior parte do tempo, portanto, podem ser consideradas cold wallets.

DICA

Por razões de segurança, uma carteira de hardware é indispensável (e o mínimo) para grandes quantias de criptomoedas. Manter muitos ativos em outros tipos menos seguros de carteiras aumenta o risco de invasões hackers irrecuperáveis. Ainda mais seguras que as carteiras de hardware são as carteiras de papel, sobre as quais comentarei na seção seguinte.

Aqui estão algumas vantagens das carteiras de hardware:

- São uma das opções de carteiras de criptomoedas mais seguras.
- São ótimas para o armazenamento de grandes quantidades de criptomoedas que você não deseja usar no dia a dia.

Algumas desvantagens desse tipo de carteira incluem:

- São o tipo mais caro de carteira.
- Não são tão simples de serem utilizadas como os outros tipos, em especial para os novatos.

Carteira de papel

Uma *carteira de papel* é uma carteira de criptomoedas que é totalmente parte das cold wallets. Para usá-la, você imprime suas chaves privadas e públicas. Você pode enviar fundos transferindo o dinheiro para o endereço público da carteira e pode sacar ou enviar suas moedas ao inserir as chaves privadas ou digitalizar o QR code na carteira de papel.

Algumas das vantagens das carteiras de papel incluem:

- São extremamente à prova de hackers.

» Não ficam armazenadas em um computador, dispositivo móvel ou servidor terceirizado.

As carteiras de papel também apresentam algumas desvantagens:

» Não são tão simples de usar para quem está fora do meio geek.

» São mais difíceis de usar para transações do cotidiano do que outros tipos de carteiras.

» Podem pegar fogo.

DICA

Alguns geradores de carteiras de papel incluem as páginas `Bitaddress.org`, `WalletGenerator.net`, `Bitcoinpaperwallet.org` e `Mycelium` (`https://mycelium.com/mycelium-entropy.html`) [conteúdo em inglês]. O Mycelium oferece uma forma original e ainda mais segura de gerar as carteiras de papel, com um dispositivo USB que você insere diretamente na sua impressora. O dispositivo gera uma carteira de papel que é impressa automaticamente sem precisar se conectar ao seu computador.

Escolhendo uma Carteira de Criptomoedas

Dependendo das suas necessidades e objetivos com as criptomoedas, você pode usar mais de um tipo de carteira. Pessoalmente, uso cold wallets para armazenar minhas grandes reservas e hot wallets para o trading ativo. Independentemente disso, você pode escolher sua(s) carteira(s) de criptomoedas com base em diferentes características, algumas das quais comentarei nas seções seguintes.

LEMBRE-SE

Certifique-se de ter reunido tudo o que você precisa saber sobre determinada carteira antes de se comprometer a adquirir uma.

Com base na segurança

LEMBRE-SE

Mesmo se for um trader ativo de criptomoedas, recomendo que tenha uma cold wallet super segura na qual você armazenará as maiores quantidades dos seus criptoativos. Como mencionei anteriormente neste capítulo, carteiras online não são a opção mais segura, por mais convenientes que possam ser. É sempre possível transferir os seus ativos para uma carteira online caso precise de acesso imediato às suas criptomoedas para uma oportunidade de investimento ou compra.

Outra questão a ser levada em consideração é que as carteiras de hardware mais seguras geralmente são também as mais caras. Por isso, é preciso calcular se gastar todo esse dinheiro em uma carteira específica faz sentido para a quantidade de criptomoedas que será armazenada nela.

Você deve fazer alguns questionamentos antes de escolher a carteira mais segura. Alguns deles são:

» Que tipo de autenticação a carteira utiliza?

» O site é seguro?

» O que as críticas online dizem sobre o serviço?

DICA

» CoinCentral.com, 99Bitcoins.com e CryptoCompare.com [conteúdos em inglês] estão entre os sites que oferecem uma avaliação anual das carteiras de criptomoedas. Geralmente, confiro em dois ou mais sites antes de tomar uma decisão.

DICA

No momento de escrita deste livro, a carteira de hardware Ledge Nano S (com o preço de aproximadamente US$99) é uma das mais populares, seguras e bem avaliadas do mercado. Aqui está o meu link personalizado para que você consiga um bom preço: www.ledger.com/products/ledger-nano-s?r=2acaa6bf4b8d&tracker=MY_TRACKER [conteúdo em inglês]. Você pode ler mais sobre os outros produtos Ledger aqui: www.ledger.com [conteúdo em inglês]. A carteira de hardware Bitcoin Trezor (criada pela SatoshiLabs) é outro exemplo. Um porém sobre essas carteiras é que, caso o dispositivo USB pare de funcionar, você perderá todas as suas criptomoedas. É por isso que você deve sempre ter algum backup e manter seus códigos de segurança em outro lugar para que seja capaz de recuperar os seus ativos.

Com base na sua posse de criptomoedas

Nem todas as carteiras de criptomoedas aceitam os diferentes tipos de ativos em criptomoedas. Na verdade, algumas carteiras são criadas especificamente para uma criptomoeda; muitas criptomoedas têm suas próprias carteiras oficiais, que operam apenas com a criptomoeda em questão. Por exemplo, entre as carteiras específicas de Bitcoin, temos a Bitcoin Core Wallet (https://bitcoin.org/en/choose-your-wallet), Mycelium (https://wallet.mycelium.com/) e Electrum (https://electrum.org/#home). Para a criptomoeda Ethereum, temos opções como a Ethereum Wallet (www.ethereum.org/) e MyEtherWallet (que é uma carteira de papel; confira em www.myetherwallet.com/) [todos os conteúdos em inglês]. Caso não esteja planejando diversificar com outros tipos de criptomoeda, uma carteira específica de determinada criptomoeda pode ser adequada para você. Na maior parte das vezes, é possível encontrar a carteira oficial de uma criptomoeda no site da empresa.

Carteiras que aceitam mais de uma criptomoeda são uma opção para aqueles que desejam diversificar. A maioria das carteiras online oferecidas nas exchanges (sobre as quais falei no Capítulo 6) permite armazenar e realizar transações entre múltiplas criptomoedas. No entanto, caso esteja usando-as para armazenar seus criptoativos, saiba que a segurança da sua carteira pode estar comprometida.

Eu *não* recomendo deixar suas moedas em uma carteira online de uma exchange.

A Coinomi (`www.coinomi.com/`) é uma popular carteira móvel para múltiplas criptomoedas. Ela aceita mais de duzentos tokens digitais diferentes e uma grande variedade de blockchains. É uma ótima carteira de criptomoedas para múltiplos ativos, mas, até o momento de escrita deste livro, ela só estava disponível para dispositivos móveis. A Exodus (`https://www.exodus.io/`) é outra carteira que aceita múltiplas criptomoedas, disponível apenas como carteira para desktop. Suas chaves privadas permanecem seguras no seu dispositivo e nunca saem dele. A Exodus pode até mesmo criptografá-las para você [todos os conteúdos em inglês].

Com base nas taxas de transações

Caso esteja planejando comprar muitas criptomoedas e usar moedas digitais no dia a dia, é bom ter uma noção das taxas de transações que você pagará. Essa parte é especialmente importante para os traders. Se você é um day trader e está pagando mais em taxas de transações do que está ganhando no mercado, isso não acaba com o propósito do trading?

Com base no anonimato

O anonimato é uma camada extra de segurança que você pode levar em consideração ao escolher uma carteira de criptomoedas. Caso use uma carteira anônima, é possível separar suas informações pessoais dos seus fundos, dificultando que rastreiem suas criptomoedas e tentem roubá-las. Esse fator é algo que pode ser bem pessoal. Algumas carteiras oferecem um completo anonimato, enquanto outras não. Se o anonimato é algo realmente muito importante para você, escolha carteiras que ofereçam maior privacidade. Tenha em mente que priorizar o anonimato pode afetar as taxas de transações, bem como o valor da carteira.

Para encontrar as carteiras anônimas mais recentes e populares, basta pesquisar o termo "carteiras anônimas de criptomoedas" no seu mecanismo de busca favorito. Carteiras anônimas podem ser móveis, de hardware, de software, entre outros tipos. Com isso, você pode ter apenas uma ou mais carteiras anônimas, a depender das suas necessidades. Algumas carteiras anônimas entre as mais populares no momento de escrita deste livro são [todos os conteúdos em inglês]:

- **BitLox:** Esta carteira de hardware para Bitcoin garante segurança e anonimato. Ela é consegue armazenar mais de cem carteiras graças à habilidade de criar milhões de endereços para cada uma delas. Você pode conferir aqui: `http://www.bitlox.com?ref=196`.
- **Electrum:** Esta carteira de Bitcoin para desktop parece ser uma das carteiras de software com maior credibilidade entre a comunidade de criptomoedas. Você pode conferi-la aqui: `https://electrum.org/#home`.
- **Samourai:** Esta carteira é uma carteira móvel para Bitcoin. De acordo com o site da Samourai, o objetivo é "manter suas transações privadas, sua identidade preservada e seus fundos seguros". Você pode dar uma olhada no site da empresa aqui: `https://samouraiwallet.com/index.html`.

Garantindo a Segurança da sua Carteira

Após escolher a(s) carteira(s) de criptomoedas mais alinhada(s) aos seus objetivos, é uma boa ideia garantir de maneira ativa a segurança do seu investimento. Não importa o quanto sua carteira seja segura, você ainda precisará seguir algumas etapas por si só para melhorar essa segurança, assim como faz com a sua carteira tradicional. Uma vez que é possível armazenar um valor muito maior nas suas carteiras de criptomoedas, a segurança delas pode se tornar muito mais importante. Esse esforço é basicamente o preço a pagar por querer administrar seu próprio dinheiro sem depender de terceiros, do governo e dos grandes bancos. Aqui estão algumas dicas para manter a segurança da sua carteira.

Faça o backup da sua carteira

Em um famoso episódio da série *Sex and the City*, a protagonista, Carrie Bradshaw, perde todo o portfólio de jornalismo por não ter um backup do computador. Não deixe que isso aconteça com seu portfólio de criptomoedas. Faça o backup das suas carteiras assim como faz de fotos, arquivos do trabalho e dados do computador.

LEMBRE-SE

O backup da sua carteira pode protegê-lo contra falhas do computador e muitos erros humanos. Ele também permite que você recupere sua carteira caso seu celular ou computador seja roubado. É claro, ainda é necessário manter o backup da sua carteira em um lugar seguro e longe da carteira original.

Além disso, certifique-se de realizar o backup regularmente para que todos os endereços recentes de criptomoedas estejam incluídos na sua carteira original.

Além disso, considere realizar o backup dos códigos PIN, nomes de usuário e senhas caso sua carteira tenha esses recursos. Essa medida é apenas caso você se esqueça de algum desses dados. Particularmente, mantenho um arquivo secreto com todos esses dados em uma nuvem local para nosso uso pessoal que é quase impossível de sofrer uma invasão hacker.

Tenha múltiplas carteiras

É hora da diversificação, baby! Caso tenha dificuldades para escolher uma entre as carteiras mais seguras, não se preocupe. Manter os seus ativos em diversas carteiras é uma ótima prática, na verdade. Dessa forma, caso alguma de suas carteiras fique comprometida de alguma maneira, você não perderá todas as criptomoedas.

DICA

Uma boa combinação é usar duas ou mais carteiras de hardware para uma maior quantidade de criptomoedas, com as menores quantidades espalhadas entre carteiras móveis, de desktop ou online, a depender do seu uso diário de criptomoedas. Claro, todas essas carteiras precisarão de backups específicos (como expliquei na seção anterior).

Adicione mais níveis de segurança

Você pode aumentar o nível de segurança das suas carteiras de diversas formas. Aqui estão algumas sugestões:

- **Use autenticação de dois fatores (2FA).** Se sua carteira permitir, a *autenticação de dois fatores* é uma ótima forma de elevar a segurança da sua carteira ao próximo nível. Esta é apenas uma autenticação dupla da sua identidade, embora isso possa ser feito de muitas maneiras diferentes. Uso o app Google Authenticator, que fornece um código de seis dígitos que muda a cada minuto e é único.
- **Criptografe sua carteira.** Criptografar sua carteira ou o seu smartphone permite que você escolha uma senha para qualquer um que tente sacar fundos. Isso ajuda a se proteger contra roubos, embora não possa protegê-lo de algum software ou hardware keylogger (responsável por rastrear as teclas digitadas). Também considere criptografar seus backups. ***Observação:*** alguns métodos de criptografia podem precisar de uma maior familiaridade técnica. A melhor forma de criptografar a sua carteira é entrar em contato com o fornecedor dela para mais informações.
- **Use uma senha forte.** Uma senha forte deve conter letras, números e sinais de pontuação, além de ter, no mínimo, dezesseis caracteres. Evite

senhas que contenham apenas letras, apenas números ou apenas símbolos. Palavras reconhecíveis também não são recomendadas, pois são fáceis de descobrir.

DICA

Você pode criar uma senha muito longa e forte ao memorizar um padrão no seu teclado em vez de escolher uma palavra. Por exemplo, comece pelo lado esquerdo do teclado e digite, de cima para baixo, as teclas nas linhas desse padrão (usando a tecla Shift após a última letra em caixa baixa): 1qaz2wsx!QAZ@WSX. Essa é uma senha muito forte e você não precisa memorizá-la! É claro, caso tente iniciar a sessão em um software a partir de um dispositivo móvel, as coisas podem ficar um pouco complicadas.

Atualize o software

LEMBRE-SE

Caso esteja usando carteiras móveis ou para desktop, certifique-se de estar usando a última versão do software da carteira. Empresas respeitáveis constantemente enviam correções de estabilidade e segurança. Atualizando o seu software regularmente, você garante que ele esteja usando as últimas medidas de segurança que podem prevenir desde problemas mais simples até os mais graves. (Atualizar o software da carteira não é a mesma coisa que realizar o backup dela, prática que abordei na seção anterior, "Faça o backup da sua carteira".)

Lembre-se de onde você a escondeu!

Essa sugestão pode parecer um pouco idiota, mas você não faz ideia de quantas vezes tentei esconder alguma coisa valiosa e a perdi para sempre! Caso seja do tipo de pessoa que esconde as coisas tão bem que não consegue encontrá-las, certifique-se de escolher um lugar do qual não se esquecerá. Se perder suas carteiras de criptomoedas, pode perder até as meias em longo prazo.

NESTE CAPÍTULO

» Conhecendo as criptomoedas mais famosas pelo market cap

» Navegando por criptomoedas de diferentes categorias

Capítulo 8

Diferentes Tipos de Criptomoedas

A essa altura, você provavelmente já ouviu falar da criptomoeda que iniciou tudo isso: o Bitcoin. Mas o Bitcoin não é a única criptomoeda famosa ou digna de investimento por aí. Caramba, algumas pessoas até acreditam que o Bitcoin pode ser a pior moeda para se comprar ou investir. Existem muitas outras moedas digitais disponíveis que aprimoraram enormemente o modelo do Bitcoin para evitar suas desvantagens.

Neste capítulo, mencionarei algumas das criptomoedas mais famosas até 2018. Mas, uma vez que o mercado de criptomoedas está em constante mudança, explicarei como você pode abrir caminho por entre todas as criptomoedas promissoras nos próximos anos.

Celebrando as Criptomoedas Celebridades pelo Market Cap

Uma das formas mais rápidas de passear entre as criptomoedas populares é conferir a classificação delas com base na *capitalização de mercado*, também conhecida como *market cap*. Tradicionalmente, o market cap é o valor de uma empresa negociada no mercado de ações. Você pode realizar esse cálculo multiplicando o número total de ações pelo preço atual da ação.

No mundo das criptomoedas, a capitalização de mercado mostra o valor de todas as unidades de uma criptomoeda específica que estão à venda no momento. Para realizar o cálculo do market cap de uma criptomoeda, basta multiplicar o preço atual da criptomoeda por sua *oferta em circulação* (*circulating supply*). A oferta em circulação é o melhor número aproximado de moedas que estão circulando no mercado e nas mãos do público geral.

Market cap = Preço × Oferta em circulação

LEMBRE-SE

Conhecer o market cap de uma criptomoeda e a classificação dela em comparação a outras moedas é importante, porque essa informação pode mostrar rapidamente quão popular ela é e quanto você consegue ganhar com ela. Você pode saber mais sobre os market caps de todas as criptomoedas ao acessar sites como `http://coinmarketcap.com`, `www.cryptocompare.com/`, `https://coincodex.com/` e `www.coingecko.com/` [todos os conteúdos em inglês].

CUIDADO

O market cap não revela tudo sobre o potencial de investimento de uma criptomoeda. Existem muitos outros fatores, como forks, regulamentação, rumores, entre outros, que podem afetar o valor de uma criptomoeda. Falarei mais sobre analisar o desempenho de uma criptomoeda no Capítulo 9.

DICA

Um market cap maior não é necessariamente uma coisa boa. Investidores que assumem maiores riscos podem preferir criptomoedas com um market cap menor, pois elas podem oferecer maior espaço para o aumento do market cap. Entretanto, caso queira atuar de maneira segura e evitar o risco de volatilidade e desaparecimento (como comentei no Capítulo 3), é preferível escolher criptomoedas com um maket cap maior.

Com um conhecimento do papel desempenhado pelo market cap de uma moeda na indústria, você pode começar a avaliar as criptomoedas com base nessa métrica. Falarei sobre o Bitcoin e outras grandes criptomoedas nas seções seguintes.

Bitcoin

Alcançando o número um na lista, o Bitcoin foi desenvolvido em 2008. Até outubro de 2018, seu market cap era de aproximadamente US$115 bilhões.

Um pouco sobre o histórico do Bitcoin

Uma entidade chamada Satoshi Nakamoto inventou o Bitcoin. Satoshi afirmou ser um homem residente do Japão, nascido no dia 5 de abril de 1975. Eu mesma estava morando no Japão, concluindo minha graduação em engenharia elétrica em Tóquio, quando o Bitcoin surgiu. Posso dizer que, na época, a criptomoeda não fez muito sucesso por lá. É por isso que a maioria das especulações sobre a verdadeira identidade de Satoshi aponta para alguns especialistas em criptografia e ciência da computação de ascendência não japonesa nos Estados Unidos e em vários países europeus.

Mas o anonimato de Satoshi não é tão importante, uma vez que o Bitcoin (e outras criptomoedas, também) foi criado para ser um sistema de código aberto e descentralizado, como comentei no Capítulo 5. Na verdade, de acordo com o Bitcoin.org, nenhum indivíduo ou entidade "tem a posse da rede Bitcoin, assim como ninguém tem a posse da tecnologia por trás do e-mail". Os usuários do Bitcoin ao redor do mundo detêm o controle sobre a moeda, com o desenvolvedor aprimorando o software e os forkers realizando mudanças radicais. No entanto, a principal ideia por trás do protocolo do Bitcoin não pode ser alterada.

Quase dez anos após Satoshi publicar o whitepaper do Bitcoin, o market cap da moeda alcançou US$320 bilhões no final de 2017. Caso tivesse investido US$100 para comprar um Bitcoin em 2013 (uma coisa que meus amigos investidores me recomendaram fazer e eu ignorei), você teria US$20 mil em Bitcoins no final de 2017. É claro, muitos investidores iniciais compraram mais do que um Bitcoin na época, e foi exatamente assim como surgiram todos esses milionários do Bitcoin. Se você tivesse comprado cem Bitcoins em 2011, ao final de 2017 eles estariam valendo US$2 milhões.

Mas, quando todos começaram a falar sobre o Bitcoin, o valor sofreu uma queda até o patamar de aproximadamente US$120 bilhões e permaneceu nesse mesmo lugar durante grande parte de 2018. Apesar disso, a moeda ainda manteve sua primeira posição na classificação de criptomoedas e a principal razão por trás disso pode ter sido porque a maioria das pessoas ouviu muito (relativamente falando) sobre o Bitcoin, mas quase nada sobre outras criptomoedas. Então, mesmo com centenas de outras altcoins para escolher, algumas delas representando até um melhor investimento de longo prazo do que o Bitcoin, a maioria dos novatos que desejavam se envolver com o mercado decidiram começar com o Bitcoin.

Outra razão para o enorme market cap do Bitcoin é sua acessibilidade. Posso falar, com toda certeza, que todas as exchanges de criptomoedas (veja o Capítulo 6) aceitam o Bitcoin, mas nem todas elas listam todas as altcoins. Por enquanto, pelo menos.

Características do Bitcoin

Aqui estão algumas das principais características do Bitcoin:

- » O símbolo de trading do Bitcoin é BTC.
- » O Bitcoin permite mineração.
- » A criação de moedas ocorre por meio de proof-of-work (PoW; veja o Capítulo 5).
- » O tempo de transação é entre 30 minutos e 24 horas.
- » As transações não são completamente anônimas.
- » O Bitcoin é descentralizado.
- » Minerar Bitcoin requer muita energia (desperdiçada).

DICA

Como o Bitcoin tem sido o astro de todas as criptomoedas, ele tende a puxar todo o mercado. Falando de modo geral, todo o sentimento de mercado segue a volatilidade do Bitcoin em tempos gráficos mais longos (e com muitas exceções anteriores). É possível usar essa informação em análises técnicas de investimento, conforme expliquei no Capítulo 16. Você pode ler mais sobre o Bitcoin em seu site, `https://bitcoin.org/`.

Ethereum

Alcançando o segundo lugar na classificação com base no market cap de 2018, a Ethereum é outra grande criptomoeda. Até outubro de 2018, o seu market cap estava em aproximadamente US$23 bilhões.

Breve histórico da Ethereum

Se comparada ao Bitcoin, a Ethereum é uma moeda muito jovem. Vitalik Buterin, de ascendência russa e canadense, a propôs em 2013. Ela é quase cinco anos mais nova que o Bitcoin, o que no mundo das criptomoedas é bastante coisa.

PAPO DE ESPECIALISTA

Buterin nasceu em 1994. Esse foi o ano em que os Cranberries cantaram o seu sucesso "Zombie" e dois anos antes de os Backstreet Boys e as Spice Girls alcançarem a fama. Se essa matemática o fizer se sentir velho, imagine como o Satoshi, do Bitcoin, deve se sentir.

A Ethereum usa a velha sabedoria e filosofia do Bitcoin, mas apresenta diferentes propósitos e capacidades. De acordo com o site, `www.ethereum.org`, "A Ethereum é uma plataforma descentralizada que executa contratos inteligentes". Como expliquei no Capítulo 5, *contratos inteligentes* permitem que pessoas criem acordos sem um intermediário. A Ethereum cria esses contratos inteligentes ao empregar a mesma tecnologia blockchain `do Bitcoin`. Assim com o blockchain e a rede do Bitcoin validam a posse da moeda, o blockchain da Ethereum valida os contratos inteligentes, que são executados segundo as regras contidas no código.

Ethereum versus Bitcoin

A principal diferença entre a Ethereum e o Bitcoin é que a Ethereum deseja ser o lugar ao qual o usuário vai para executar suas aplicações descentralizadas. Na verdade, o objetivo da plataforma é ser um enorme computador descentralizado que executa contratos inteligentes. É por isso que muitas outras criptomoedas podem ser executadas na plataforma da Ethereum. O blockchain da Ethereum forma uma rede descentralizada na qual esses programas podem ser executados.

O Bitcoin, nesse sentido, é diferente. Sua plataforma faz os mineradores competirem na resolução de complicados problemas matemáticos do blockchain que citei no Capítulo 4. O primeiro a resolver o problema é o vencedor e recebe uma recompensa. Mas os mineradores podem usar a plataforma da Ethereum como um espaço de cotrabalho para criar seus próprios produtos. Eles são compensados ao fornecer a infraestrutura para que criadores desenvolvam novos tipos de produtos.

DICA

Na verdade, até grandes empresas de tecnologia, como Intel e Microsoft, e gigantes da indústria financeira, como J.P. Morgan e Credit Suisse, estão usando a plataforma da Ethereum para criar novas coisas. Junto de outros gigantes membros fundadores, diversas startups de blockchain, grupos de pesquisa e empresas presentes na lista Fortune 500 criaram um grupo chamado Enterprise Ethereum Alliance (EEA). Em outubro de 2018, essa aliança tinha mais que 500 membros, incluindo Accenture, AMD, Credit Suisse, Dash, Pfizer, Samsung e Toyota, apenas para mencionar alguns. Você pode ler mais sobre a EEA aqui: `https://entethalliance.org/` [conteúdo em inglês].

Características da Ethereum

Aqui estão algumas das principais características da Ethereum:

- O símbolo de token da Ethereum para os investidores é ETH.
- A Ethereum permite mineração.
- A criação de moeda ocorre por proof-of-work (PoW).

- » O tempo de transação pode ser de apenas quatorze segundos, mas esse período pode aumentar com base nas exigências de confirmação.
- » As transações não são completamente anônimas.
- » A Ethereum é mais descentralizada que o Bitcoin.
- » Até 2018, a mineração da Ethereum exigia menos desperdício de energia do que a mineração do Bitcoin.

DICA

Você pode ler mais sobre a rentabilidade da mineração de diferentes criptomoedas a qualquer momento ao visitar o site www.cryptocompare.com/mining/calculator/eth?HashingPower=20&HashingUnit=MH%2Fs&PowerConsumption=140&CostPerkWh=0.12&MiningPoolFee=1 [conteúdo em inglês].

Ripple

Durante a maior parte de 2018, a Ripple foi a terceira maior criptomoeda com base no market cap, alcançando aproximadamente US$19 bilhões. No entanto, no final de 2017 e janeiro de 2018, ela superou temporariamente a classificação da Ethereum durante dez dias.

Um pouco do histórico da Ripple

A ideia da Ripple, na verdade, começou ainda em 2004, muito antes de Satoshi e o Bitcoin. Em 2004, Ryan Fugger fundou uma empresa chamada RipplePay. De acordo com o site https://blog.bitmex.com/the-ripple-story/ [conteúdo em inglês], a ideia por trás do protocolo era "uma rede confiável peer-to-peer de relações financeiras capaz de substituir os bancos" (se isso soa familiar, provavelmente é porque o blockchain funciona dessa maneira, conforme comentei no Capítulo 4).

Em 2011, o alvo demográfico da Ripple começou a prestar atenção no Bitcoin, que estava se tornando popular e realizando um trabalho melhor que a Ripple como uma rede de pagamento peer-to-peer. A arquitetura da Ripple começou a mudar quando um dos primeiros pioneiros do Bitcoin, Jed McCaleb, entrou na rede da Ripple, em maio de 2011. Com o tempo, outros entraram na onda da Ripple.

Por fim, a XRP da Ripple, uma criptomoeda que também atua como uma rede de pagamento digital para instituições financeiras, foi lançada em 2012, de acordo com o site deles, https://ripple.com/xrp/ [conteúdo em inglês]. Assim como muitas outras criptomoedas, a XRP é baseada em uma cadeia pública de assinaturas criptografadas. Dito isso, a Ripple é bem diferente de criptomoedas tradicionais, como o Bitcoin e a Ethereum.

LEMBRE-SE

Como explicarei mais tarde, algumas pessoas não consideram a Ripple uma criptomoeda de verdade. Além disso, a Ripple como empresa e a criptomoeda

Ripple são duas coisas diferentes, embora conectadas. A moeda Ripple, cujo símbolo é XRP, é a criptomoeda usada junto com alguns sistemas de pagamento da empresa. A empresa Ripple faz negócios com o nome de Ripple Labs, Inc. e oferece soluções globais de pagamento para grandes bancos com o uso da tecnologia blockchain.

Ripple versus Bitcoin

Aqui estão algumas das principais diferenças entre essas duas criptomoedas:

- **Posse e descentralização:** Como mencionei anteriormente neste capítulo, o Bitcoin não está na posse de uma pessoa ou entidade específica, e Bitcoin, a criptomoeda, é basicamente a mesma coisa que Bitcoin, a plataforma de código aberto. É por isso que o Bitcoin tem código aberto e é altamente descentralizado, com sua posse nas mãos de uma comunidade que concorda com mudanças. Essa organização pode ser aprimorada e é por isso que o Bitcoin já teve uma série de forks (tanto hard quanto soft forks; veja o Capítulo 5) ao longo da sua história.

  Em contrapartida, a Ripple é uma empresa privada chamada Ripple Labs, com escritórios em todo o mundo. O ativo digital (criptomoeda) da Ripple se chama XRP e também está na posse da Ripple Labs. A empresa busca constantemente agradar a todos (principalmente aos seus parceiros) e alcançar um consenso, o que permite atualizações rápidas. Ela tem um sistema de emendas no qual os desenvolvedores buscam o consenso antes de gerar alterações na rede. Na maioria dos casos, se a emenda alcança 80% de apoio por duas semanas, ela entra em vigor e os registros futuros precisam aceitá-la. Basicamente, a Ripple é uma democracia que procura evitar hard forks e separações desagradáveis!

  DICA

  Você pode ler mais sobre a Ripple e suas atualizações mais recentes em `https://ripple.com/` [conteúdo em inglês].

- **Tempo de transação e taxas:** Esta é área na qual a Ripple começa a brilhar. O tempo de transação do Bitcoin às vezes pode demorar até uma hora, dependendo das taxas aplicadas. E as taxas podem ser de até US$40, dependendo da demanda.

  As transações com a Ripple, por outro lado, podem ser concluídas em até quatro segundos. Quanto às taxas, mesmo quando a demanda estava muito alta no final de 2017, as taxas de transação da Ripple custavam uma média de US$0,007 — apenas uma fração da taxa do Bitcoin.

  DICA

  Você pode comparar o histórico das taxas de transações de diferentes criptomoedas em `https://bitinfocharts.com/comparison/transactionfees-btc-xrp.html` [conteúdo em inglês].

- **Número de transações por segundo:** A qualquer segundo, você pode fazer aproximadamente dez transações com Bitcoin. Use a Ripple e aumente esse número para 1.500. Embora alguns forks do Bitcoin tenham como objetivo a resolução desse problema, no momento de escrita deste livro, a Ripple parece ter uma vantagem.

- **Limite de quantidade de moeda:** Bitcoin e outras criptomoedas que permitem a mineração têm um número finito de moedas, as quais só entram no mercado por meio da mineração. No entanto, a XRP é limitada aos 100 bilhões de moedas que estão em circulação atualmente, em grande parte para agradar os maiores clientes da Ripple (a empresa), que são as grandes instituições financeiras.

Características da Ripple

A seguinte lista traz um resumo das principais características da Ripple:

- O símbolo do token da Ripple para os investidores é XRP.
- Não é possível minerar a XRP. Não há nenhum tipo de mineração disponível.
- A criação de moedas e processamento de algoritmos ocorrem por meio de consenso, *não* por PoW.
- O tempo de transação pode levar apenas quatro segundos.
- As transações podem ocorrer de forma anônima.
- A Ripple não é completamente descentralizada.
- O custo de energia por transação é menor.

LEMBRE-SE

Por essas características únicas serem tão diferentes das características do Bitcoin, algumas pessoas acreditam que a XRP da Ripple não é uma criptomoeda de verdade. A Ripple é, na verdade, um estranho híbrido entre uma *moeda fiduciária* (a forma tradicional de dinheiro endossada por um governo local, como o dólar americano) e uma criptomoeda tradicional. Esse desvio ocorre porque a Ripple busca, em primeiro lugar, servir instituições financeiras, como o American Express, em vez de focar a propagação da XRP entre os usuários comuns, pelo menos até outubro de 2018. Isso pode muito bem mudar no futuro.

Litecoin

O Litecoin tem aparecido nas listas das dez maiores criptomoedas por market cap desde sua criação, em 2011. Sua classificação já subiu até o número dois e desceu até o número sete, portanto, seu market cap tem sido um dos mais voláteis entre as grandes criptomoedas. Até outubro de 2018, ele era de aproximadamente US$3 bilhões, fazendo dessa moeda a sétima maior criptomoeda, atrás apenas do Bitcoin, da Ethereum, da Ripple, do Bitcoin Cash, a EOS e o Stellar.

Um pouco do histórico do Litecoin

O Litecoin é resultado de um hard fork do Bitcoin que ocorreu em 2011 (o Capítulo 5 traz detalhes sobre forks de criptomoedas). Essa moeda desejava se tornar a versão mais leve e rápida do Bitcoin. O Litecoin foi lançado por Charlie Lee, um funcionário da Google e pós-graduado do MIT. A moeda alcançou US$1 bilhão de capitalização de mercado em novembro de 2013. Confira o projeto da Litecoin aqui: `https://litecoin.org/`.

PAPO DE ESPECIALISTA

Caso tivesse investido em Bitcoin no final de 2016, você teria um crescimento de 2.204% ao final de 2017. Mas, caso tivesse investido em Litecoin nesse mesmo período, o seu crescimento seria superior a 9.892%. Nada mau.

Litecoin versus Bitcoin

A tecnologia do Litecoin não é *tão* diferente daquela do Bitcoin. Lee nem mesmo desejava competir com o Bitcoin; planejava complementar a moeda, assim como a prata complementava o ouro antigamente. Como o ouro das criptomoedas, o Bitcoin é ótimo para comprar coisas caras, como casas e carros. Isso acontece porque ele talvez seja visto como uma moeda mais segura que o Litecoin, embora muitos entusiastas do ramo insistam que nenhuma das duas é verdadeiramente segura. O Litecoin, por outro lado, pode ser utilizado para a compra de coisas baratas e produtos do dia a dia, em que a segurança não é uma preocupação tão grande e o tempo de transação é mais importante. Aqui estão outras diferenças entre as duas moedas:

- **Dificuldade de mineração:** A verdadeira diferença entre o Litecoin e o Bitcoin pode ser a dificuldade de mineração. Minerar o Bitcoin está se tornando cada vez mais difícil e caro. Para conseguir realmente ganhar dinheiro com a mineração de Bitcoin, você precisa de um computador muito poderoso. Por outro lado, é possível minerar o Litecoin com o uso de computadores normais.

  PAPO DE ESPECIALISTA

  A mineração de Bitcoin usa algo chamado de algoritmo SHA-256. O Litecoin usa um novo algoritmo conhecido como Scrypt. O SHA-256 é geralmente considerado um algoritmo mais complexo que o Scrypt, ao mesmo tempo em que permite um maior nível de processamento paralelo. O Scrypt, por outro lado, é mais rápido. Explicarei mais sobre essas ideias no Capítulo 12.

- **Número total de moedas:** O Bitcoin tem um número finito de 21 milhões de moedas. O Litecoin pode acomodar quatro vezes esse valor, com um número total de 84 milhões de moedas.

- **Tempo de transação e taxas:** Na rede do Bitcoin, a média de tempo para a confirmação de uma transação pode ser de aproximadamente 10 minutos e levar até 1 hora. Para o Litecoin, a velocidade é de aproximadamente 2,5 minutos, de acordo com dados do site `BitInfoCharts.com` [conteúdo em inglês]. A taxa de transação do Litecoin também é consideravelmente menor que a do Bitcoin, com uma média menor que US$0,08. O ponto mais alto das taxas, até outubro de 2018, foi de US$1,40, em dezembro de 2017, com a alta na demanda das criptomoedas.

Características do Litecoin

Algumas das principais características do Litecoin são:

- » O símbolo do Litecoin para os investidores é LTC.
- » O Litecoin permite mineração.
- » A criação de moedas e processamento de algoritmo ocorre por meio do processo de proof-of-work (PoW).
- » O tempo de transação é de aproximadamente 2,5 minutos.
- » As transações podem ser realizadas de forma anônima.
- » O Litecoin é descentralizado.
- » O custo de energia do Litecoin por transação é menor que o do Bitcoin.

DICA

Embora a equipe Bitcoin e a equipe Litecoin argumentem que suas respectivas criptomoedas são as melhores, no momento de escrita deste livro, não há uma vencedora clara. A melhor forma de prosseguir com sua estratégia de investimento é diversificar entre essas opções, mas também entre outras categorias de criptomoedas que menciono neste capítulo. Descubra mais sobre a diversificação no Capítulo 10.

Outras criptomoedas entre as dez maiores

Nas seções anteriores, apresentei algumas das criptomoedas mais conhecidas que também apresentam algumas das maiores médias de capitalização de mercado. Mas serem famosas não significa necessariamente que são melhores. Na verdade, muitos analistas e investidores acreditam que algumas dessas grandes criptomoedas podem desaparecer dentro de dez anos (como comentei no Capítulo 3). Além disso, ter um market cap maior nem sempre significa ter um futuro mais promissor. A popularidade atual de uma criptomoeda pode apenas fazer parte de seus quinze minutos de fama e, portanto, ela pode ter uma menor oportunidade de crescimento se comparada com moedas menos conhecidas.

LEMBRE-SE

As chances são de que, caso algo aconteça a uma criptomoeda central, um hard fork acontecerá para salvá-la. Como expliquei no Capítulo 5, caso já tenha investido em uma criptomoeda antes do fork, você recebe a mesma quantidade de moedas. É por isso que recomendei aos membros de 2017-2018 do meu

Premium Investing Group iniciar seu portfólio de criptomoedas diversificando entre as três maiores moedas de acordo com o market cap e, em seguida, escolher outras moedas em categorias diferentes. Você pode se atualizar sobre as minhas estratégias mais recentes para o investimento em criptomoedas aqui: `https://learn.investdiva.com/join-group` [conteúdo em inglês].

As criptomoedas restantes no grupo das dez maiores continuam saindo e entrando da lista, mas a Tabela 8-1 mostra algumas (em ordem alfabética) que entraram na lista de maneira mais consistente durante 2017 e 2018 e nas quais eu pessoalmente decidi investir em 2018 [todos os links com conteúdo em inglês].

TABELA 8-1 Algumas das Dez Maiores Criptomoedas de 2018

Criptomoeda	Símbolo	Descrição
Bitcoin Cash (`www.bitcoincash.org/`)	BCH	Um fork do Bitcoin que oferece transações mais baratas e um processo de desenvolvimento mais aberto.
Cardano (`www.cardano.org/en/home`)	ADA	Criada por um cofundador da Ethereum; uma plataforma de contratos inteligentes, a "Ethereum do Japão".
Dash (`www.dash.org/`)	DASH	Dinheiro digital; transações privadas via masternode (ou nó mestre; carteiras de computador que hospedam a cópia completa do registro da moeda); confirmações de transação rápidas e taxas de operação baixas.
EOS (`https://eos.io/`)	EOS	Uma plataforma de contratos inteligentes semelhante à Ethereum, mas com benefícios de desempenho e escalabilidade.
IOTA (`www.iota.org/`)	MIOTA	Não usa blockchain; em vez disso, usa uma coisa chamada Tangle. Nada de mineração ou taxas de transação.
Stellar (Lumens) (`www.stellar.org/`)	XLM	Semelhante à Ripple, uma plataforma aberta para construir produtos financeiros que conectem pessoas de todos os lugares.

As cem maiores criptomoedas

Você pode mergulhar na lista das cem maiores criptomoedas e ainda não encontrar *a* moeda com qual queira ter um relacionamento de longo prazo. A essa altura, escolher criptomoedas que se encaixem no seu portfólio fica muito parecido com procurar um parceiro online. Você precisa tomar decisões com base em primeiras impressões e depois ir a encontros (comece fazendo pequenos investimentos e amplie suas pesquisas) para descobrir se alguma moeda é digna de uma maior fatia do seu portfólio de criptomoedas. A Tabela 8-2 lista algumas opções, em ordem alfabética, que venho acompanhando no meu programa diário para o NewsBTC [todos os links com conteúdo em inglês].

TABELA 8-2 Algumas das Cem Maiores Criptomoedas de 2018

Criptomoeda	Símbolo	Descrição
Golem (https://golem.network/)	GNT	Uma rede de supercomputadores mundial; tem o objetivo de se tornar o Airbnb da computação, do machine learning e da IA.
Monero (https://getmonero.org/)	XMR	Famosa por transações privadas, anônimas e impossíveis de rastrear.
NEM (https://nem.io/)	XEM	O primeiro blockchain de "ativos inteligentes" do mundo; voltado para o âmbito empresarial.
NEO (https://neo.org/)	NEO	A "Ethereum da China", seu objetivo é se tornar uma plataforma de economia inteligente.
OmiseGo (https://omisego.network/)	OMG	Plataformas de contratos inteligentes usando proof-of-scale (veja o Capítulo 5) com base na plataforma da Ethereum e que deseja "livrar as pessoas de seus serviços bancários tradicionais".
Populous (https://populous.com/)	PPT	Oferece para empreendimentos de pequeno e médio porte uma plataforma de desconto em faturas no blockchain da Ethereum.
SiaCoin (https://sia.tech/)	SC	Plataforma de armazenamento em nuvem descentralizada que usa o blockchain para facilitar pagamentos.
TRON (https://tron.network/)	TRX	Plataforma descentralizada de entretenimento e compartilhamento de conteúdos que faz uso do blockchain.
VeChain (https://www.vechain.org)	VET	Plataforma baseada no blockchain que oferece a varejistas e consumidores a habilidade de determinar a qualidade e a autenticidade dos produtos comprados por eles.
Verge (https://vergecurrency.com/)	XVG	Semelhante ao Bitcoin, mas com transações mais rápidas, seu objetivo é trazer as transações no blockchain para a vida cotidiana por meio de seu software de código aberto.

Classificação de Criptomoedas por Categoria

Como uma alternativa a escolher criptomoedas por seu market cap, a melhor forma de verdadeiramente diversificar o seu portfólio, tanto em valor quanto em crescimento, pode ser escolher criptomoedas de acordo com suas categorias. Após dar uma olhada nas categorias e escolher as finalistas que se encaixam melhor na sua tolerância ao risco (veja o Capítulo 3), você pode prosseguir para as técnicas avançadas que discutirei nos Capítulo 9 e 10 e na Parte 4.

Aqui estão algumas das categorias mais populares de criptomoedas e a principal criptomoeda de cada área. Abordo essas criptomoedas com base em sua popularidade e market cap total em 2018. As seções seguintes descrevem apenas alguns exemplos das muitas categorias existentes no empolgante mundo das criptomoedas. Talvez você reconheça algumas dessas categorias porque as mencionei anteriormente, neste mesmo capítulo. Outras pessoas podem categorizar essas criptomoedas de maneira diferente. Algumas das categorias mais populares das criptomoedas são:

- Jogos/apostas
- Cadeias de suprimento
- Transportes
- Saúde
- Internet of Things (IoT, ou Internet das Coisas)

LEMBRE-SE

Tenha em mente que, no momento da escrita deste livro, algumas categorias são mais populares que outras, mas essa ordem de popularidade pode mudar quando você estiver lendo este livro. Saiba, também, que algumas criptomoedas são híbridas de diferentes categorias e difíceis de classificar sob um único rótulo. É possível ler mais sobre as diferentes categorias de criptomoedas em sites como `www.upfolio.com/collections#Go` e `www.investitin.com/altcoin-list/` [conteúdos em inglês].

Criptomoedas de pagamento

As *criptomoedas de pagamento* compõem, de longe, a maior categoria em termos de market cap total. Neste grupo, você encontra criptomoedas cujo principal objetivo é serem usadas para armazenar valor, realizar transações e pagamentos, assim como moedas fiduciárias (o dólar americano, por exemplo). Algumas criptomoedas que se encaixam nesta categoria são:

- Bitcoin (BTC)
- Litecoin (LTC)
- Bitcoin Cash (BCH)
- OmiseGo (OMG)
- Dash (DASH)

» Ripple (XRP)
» Tether (USDT; https://tether.to/ [conteúdo em inglês]).

DICA

Com o Bitcoin atuando como a moeda pioneira, não é nenhuma surpresa essa categoria ter se tornado popular. Mas, como afirmo várias vezes ao longo deste livro, a tecnologia blockchain pode ser aplicada a muito mais coisas do que sistemas de pagamento, portanto, fique de olho no próximo sucesso entre as outras categorias!

Criptomoedas de privacidade

As *criptomoedas de privacidade* têm um grande foco no anonimato e na segurança da transação, muito mais do que as moedas na categoria de pagamento. Na verdade, a ideia de que o Bitcoin e outras criptomoedas de sua categoria são completamente anônimas e impossíveis de rastrear é um equívoco comum. Muitos blockchains apenas mascaram as identidades do usuário ao mesmo tempo que deixam um rastro público de todas as transações ocorridas na plataforma. Os dados no registro geralmente incluem quantos tokens um usuário recebeu ou enviou no histórico de suas transações, bem como o saldo de qualquer criptomoeda na carteira do usuário.

Criptomoedas de privacidade são um pouco polêmicas, pois as autoridades as enxergam como uma ferramenta ilícita para que criminosos pratiquem atividades ilegais, como lavagem de dinheiro. De qualquer forma, algumas dessas moedas ganharam bastante popularidade. Aqui estão alguns exemplos:

» **Monero (XMR):** O Monero é a criptomoeda de privacidade mais famosa de 2018.
» **Zcash (ZEC):** O Zcash é semelhante ao Monero, mas apresenta um protocolo (conjunto de regras) diferente. Você pode conferir a moeda aqui: https://z.cash/ [conteúdo em inglês].
» **CloakCoin (CLOAK):** Uma criptomoeda de privacidade menos conhecida. O CloakCoin apresenta algumas camadas adicionais de segurança. Confira: www.cloakcoin.com/pt.
» **Dash (DASH):** Também mencionada na categoria de pagamento. O Dash é uma espécie de moeda híbrida. Além das características principais do Bitcoin, o Dash também apresenta a opção de transações instantâneas e privadas.

Criptomoedas de plataforma

As *criptomoedas de plataforma* também são chamadas de *criptomoedas de protocolo de aplicação descentralizada*, *criptomoedas de contrato inteligente* ou uma mistura de todos os três termos. Nesta categoria, você encontra criptomoedas criadas sobre uma plataforma de blockchain centralizado; os desenvolvedores a usam para criar aplicações descentralizadas. Em outras palavras, essas criptomoedas atuam como plataformas nas quais as pessoas criam aplicações do blockchain (e, portanto, outras criptomoedas).

DICA

Na verdade, alguns analistas sugerem que você deve esquecer as criptomoedas de pagamento e investir nas criptomoedas de plataforma. Elas geralmente são consideradas bons investimentos em longo prazo porque aumentam de valor à medida que mais aplicações são criadas no blockchain. Conforme a tecnologia blockchain se torna mais popular, o número de aplicações e seu uso tendem a aumentar, bem como o preço dessas moedas. O exemplo mais famoso dessa categoria é a Ethereum (ETH). Alguns outros são [todos os links com conteúdo em inglês]:

- **NEO (NEO):** Um ecossistema de contratos inteligentes semelhante à Ethereum. NEO deseja ser uma plataforma para uma nova economia inteligente. NEO é a maior criptomoeda da China.
- **Lisk (LSK):** Lisk é uma plataforma de contratos inteligentes semelhante à Ethereum, mas com base em JavaScript. Veja em `https://lisk.io/`.
- **EOS (EOS):** Outra plataforma de contratos inteligentes semelhante à Ethereum. EOS tem benefícios de desempenho e escalabilidade.
- **Icon (ICX):** Icon deseja "hiperconectar o mundo" construindo uma das maiores redes globais descentralizadas. Veja em `https://m.icon.foundation/?lang=en`.
- **Qtum (QTUM):** Qtum é um híbrido de Ethereum e Bitcoin originário de Singapura. Veja em `https://qtum.org/`.
- **VeChain (VEN):** VeChain é uma plataforma baseada em blockchain que dá aos varejistas e consumidores a habilidade de determinar a qualidade e autenticidade dos produtos comprados por eles.
- **Ark (ARK):** Ark deseja fornecer um serviço de blockchain all-in-one para desenvolvedores e startups. Veja em `https://ark.io/`.
- **Substratum (SUB):** Substratum deseja criar uma nova geração da internet. Veja em `https://substratum.net/`.

Essas são apenas algumas das centenas de criptomoedas que estão surgindo dentro desta categoria.

Criptomoedas específicas de exchanges

As *criptomoedas específicas de exchanges* são criptomoedas que são apresentadas e utilizadas principalmente por exchanges. Você pode pensar nelas como incentivos que levam as pessoas até as plataformas das exchanges. Para escolher a melhor criptomoeda específica de exchanges, você pode levar em consideração seguir os passos que apresentei no Capítulo 6 para escolher a melhor exchange de criptomoedas. Aqui estão alguns exemplos destas moedas:

- **Binance Coin (BNB):** Emitido pela exchange Binance, o Binance Coin faz parte da plataforma Ethereum e tem um limite máximo estrito de 200 milhões de tokens BNB. Confira em `www.binance.com/pt-BR`.
- **KuCoin Shares (KCS):** KuCoin Shares é como o Binance Coin, mas criado pela exchange KuCoin. Confira em `www.kucoin.com/`.
- **Bibox Token (BIX):** Bibox Token é uma das menores exchanges a lançar com êxito sua própria moeda. Você pode conferir em `www.bibox.com/` [conteúdo em inglês].
- **COSS Coin (COSS):** A COSS Coin é uma exchange muito menor que a KuCoin, mas em 2018 buscava apresentar novas funcionalidades. Confira em `https://coss.io/` [conteúdo em inglês].

Criptomoedas de fintech

Aqui estão agrupadas as criptomoedas puramente relacionadas às tecnologias financeiras (fintech). Essas criptomoedas facilitam a criação de um sistema financeiro para o blockchain e para as pessoas em todo o mundo:

- **Ripple (XRP):** Ripple é um sistema de pagamento em blockchain para bancos, fornecedores de pagamentos, exchanges de ativos digitais e outras empresas. Ela foi criada para mover grandes quantidades de dinheiro de maneira rápida e segura.
- **Stellar Lumens (XLM):** Stellar Lumens busca desenvolver o novo sistema financeiro do mundo. A moeda está construindo um sistema aberto no qual pessoas de todos os níveis de renda podem ter acesso aos serviços financeiros.
- **Populous (PPT):** Populous é uma plataforma global de trading de faturas para ajudar as empresas. Contratos inteligentes realizam financiamentos e liberam pagamentos sem a necessidade de um intermediário.
- **OmiseGo (OMG):** OmiseGo foi criada para levar os serviços financeiros às pessoas sem contas bancárias. Ela funciona em todo o mundo e aceita tanto o dinheiro tradicional (moeda fiduciária) quanto criptomoedas.
- **Quoine (QASH):** Quoine deseja resolver o problema de liquidez no mercado de criptomoedas por meio de sua plataforma LIQUID. Confira em `https://quoine.com/` [conteúdo em inglês].

- **Bancor (BNT):** Bancor permite que você converta duas criptomoedas da sua escolha sem a necessidade de contraparte. Confira em `www.bancor.network/` [conteúdo em inglês].
- **Crypto.com (ex-Monaco, MCO):** Este cartão de débito Visa financiado por criptomoedas permite que você use suas moedas em compras do dia a dia. Confira em `https://crypto.com/` [conteúdo em inglês].

Criptomoedas legais e de propriedade

Mais criptomoedas estão surgindo nas duas categorias de criptomoedas legais e de propriedade. Mas, já que são relacionadas, eu as uni em um único grupo por enquanto. Aqui estão alguns exemplos [todos os links com conteúdos em inglês]:

- **Polymath (POLY):** Polymath ajuda a oferecer aconselhamento jurídico para investidores em criptomoedas e desenvolvedores de contratos inteligentes. Confira em `https://polymath.network/`.
- **Propy (PRO):** Propy resolve o problema de comprar propriedades em outros territórios ao usar moedas fiduciárias ou criptomoedas. É a primeira empresa do mundo a vender uma propriedade no blockchain e fazendo uso de Bitcoin. Veja em `https://propy.com/`.

Outras criptomoedas de propriedade promissoras são a REAL e o REX, mas, no momento da escrita deste livro, elas estão muito abaixo na lista de classificação de criptomoedas de acordo com o market cap.

NESTE CAPÍTULO

» Usando IDDA para identificar as melhores criptomoedas

» Examinando milhares de criptomoedas com análise fundamental

» Escolhendo a melhor criptomoeda para você com a análise de sentimento de mercado

» Localizando o melhor momento para compra e venda

Capítulo 9

Identificando as Criptomoedas com o Melhor Desempenho

No Capítulo 8, faço uma ampla análise de todas as diferentes categorias de criptomoedas porque essa indústria não se trata apenas do Bitcoin ou de algumas poucas criptomoedas famosas de que você pode ter ouvido falar. Ter muitas opções para escolher é empolgante! Mas, assim como escolher um parceiro na era digital, ter muitas opções também pode ser um obstáculo. Você sempre fica de olho na próxima grande oportunidade.

A boa notícia é que é possível ter várias criptomoedas "certas" para você. Porém, escolher entre tantas opções pode ser desafiador, em especial se você não souber para onde olhar.

Neste capítulo, eu o guiarei pelo processo de encontrar a(s) criptomoeda(s) ideal(ais) para você ao apresentá-lo ao meu método de ouro do desenvolvimento de estratégias, a análise Invest Diva Diamond Analysis (IDDA).

Apresentando a Invest Diva Diamond Analysis

A maioria dos traders individuais aprende um ou dois métodos de análise do mercado antes de apertar o gatilho e executar uma estratégia de investimento. Por exemplo, a maioria dos investidores de primeira viagem depende de coisas como análises técnicas e seus âncoras favoritos de notícias econômicas da televisão. Infelizmente, depender de apenas um tipo de análise pode ser incrivelmente perigoso.

Conheça a Invest Diva Diamond Analysis (IDDA). A IDDA sugere a análise do mercado a partir de cinco pontos diferentes, como você pode ver na Figura 9-1:

1. **Análise fundamental.**
2. **Análise sentimental (sentimento do mercado).**
3. **Análise técnica.**
4. **Análise de capital (gerenciamento de risco pessoal).**
5. **Análise geral.**

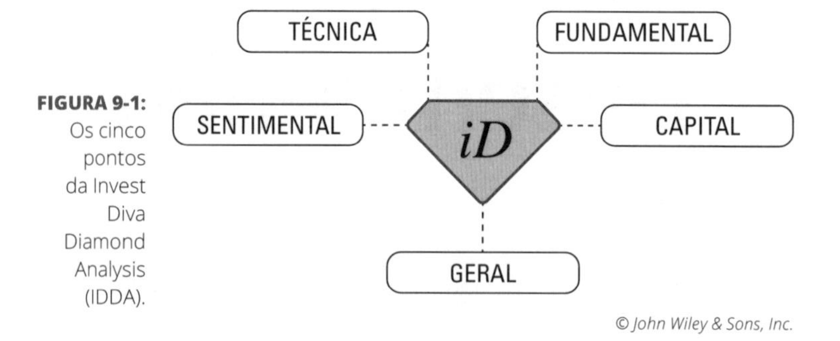

FIGURA 9-1: Os cinco pontos da Invest Diva Diamond Analysis (IDDA).

Vá ao Capítulo 3 para ler sobre gerenciamento de risco (parte da análise de capital); para a análise geral e as últimas estratégias do mercado, visite `https://learn.investdiva.com/services` [conteúdo em inglês]. No restante deste capítulo, discutirei as análises fundamentais e de sentimento do mercado, além de apresentar a análise técnica para ajudá-lo a escolher a criptomoeda correta para o seu portfólio. Aqui está uma breve visão geral desses conceitos:

» **Análise fundamental:** Como um analista fundamental, você observa os dados de fatos e rumores para decidir se vale ou não a compra de uma determinada moeda.

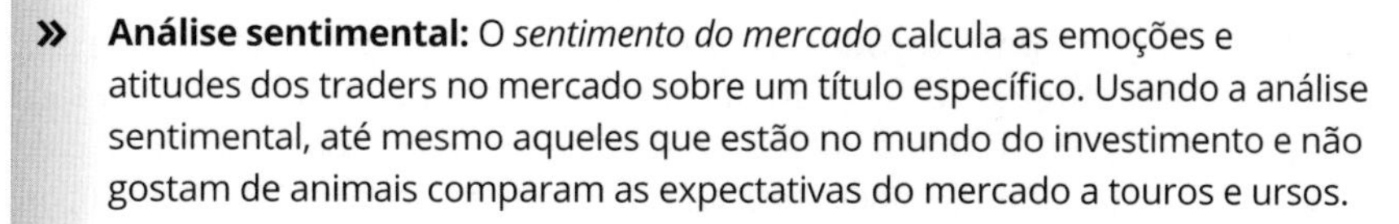

- **Análise sentimental:** O *sentimento do mercado* calcula as emoções e atitudes dos traders no mercado sobre um título específico. Usando a análise sentimental, até mesmo aqueles que estão no mundo do investimento e não gostam de animais comparam as expectativas do mercado a touros e ursos.

LEMBRE-SE

Se os traders esperam um movimento ascendente de preço de determinado título, diz-se em inglês que o sentimento é *bullish* (touro). Por outro lado, se o sentimento do mercado for *bearish* (urso), significa que a maioria dos traders espera um movimento de preço descendente.

- **Análise técnica:** Como um analista técnico, você observa o desempenho do preço de uma criptomoeda e toma uma decisão de investimento que pareça correta para você. Falando de maneira mais específica, você analisa a ação de preço da sua criptomoeda favorita para observar o momento ideal a entrar em um relacionamento, bem como a melhor hora para terminá-lo. Você pode ver o histórico das ações de preço das criptomoedas em algo chamado *gráfico*, e ele está disponíveis na exchange da sua criptomoeda (vá até o Capítulo 16 para descobrir todos os segredos sujos dos métodos de análise técnica).

PAPO DE ESPECIALISTA

Apresentei pela primeira vez o método de desenvolvimento de estratégias de investimento chamado Invest Diva Diamond Analysis (IDDA) no meu livro *Invest Diva's Guide to Making Money in Forex* [sem publicação no Brasil], e ele se tornou a estratégia principal para todos os meus clientes e alunos, desde investing.com e Nasdaq até meus próprios produtos educacionais para universidades em Nova York e no meu site (`https://learn.investdiva.com/free-webinar-3-secrets-to-making-your-money-work-for-you` [conteúdo em inglês]).

Usando a Análise Fundamental para Escolher Criptomoedas

A *análise fundamental* é a arte de usar todas as fofocas, histórias e fatos sobre uma criptomoeda, bem como sua situação financeira e os futuros eventos de risco que podem mover o mercado. Voltando para a metáfora do namoro, encontrar a categoria correta de criptomoeda é como encontrar alguém que seja o seu tipo. Só que, nesse caso, você definitivamente precisa usar o cérebro. E talvez um pouco do seu instinto, mas nada além disso (se é que você me entende). Aqui estão alguns métodos que podem ser utilizados para selecionar as melhores criptomoedas para você.

Comece com o que você sabe

Esse é um método de ouro, ainda que simples, que também é utilizado na bolsa de valores. Se você já se expôs a certos tipos de criptomoedas ou, melhor ainda, já as usou na vida real e gostou do desempenho, considere adicioná-las ao seu portfólio. Na bolsa de valores, por exemplo, muitos investidores novatos fazem muitos investimentos lucrativos simplesmente ao observar seus próprios hábitos de compra. Caso prefiram comprar serviços de fast-food mais saudáveis, como Chipotle (CMG na Bolsa de Valores de Nova York, ou NYSE) em vez de McDonald's (NYSE: MCD), talvez possam considerar adicionar a CMG ao seu portfólio.

De maneira similar, digamos que você percebeu que sua loja online favorita já adicionou uma opção de pagamento por criptomoeda e você realizou um pedido usando esse meio de forma muito simples. Esse sucesso pode ser um indício de que a criptomoeda crescerá no futuro, podendo se tornar um valioso ativo para o seu portfólio.

Escolha as categorias certas

No Capítulo 8, falei bastante sobre as categorias de criptomoedas e onde encontrá-las. Certas categorias apresentam um desempenho melhor no mercado geral (e não só no mercado de criptomoedas) em determinados momentos. Então, por exemplo, caso perceba que a participação do setor de tecnologia financeira — fintech — está melhorando no mercado de ações e que todos estão falando sobre inteligência artificial (IA), pode ser uma boa ideia pesquisar a categoria de IA e encontrar uma criptomoeda que esteja envolvida com isso.

Outra forma de escolher as melhores categorias para investimentos em médio prazo é escolher aquelas que já têm um bom desempenho no mercado geral. Não estou falando de uma categoria que teve um bom desempenho hoje, mas algo que já está indo bem há alguns meses, talvez anos, ou que esteja demonstrando sinais de que está melhorando. Você pode escolher a categoria "do momento" como sua escolha principal e adicionar uma segunda e terceira escolha para fins de diversificação. Falarei mais sobre diversificação no Capítulo 10.

Para ter mais informações atualizadas sobre as categorias de criptomoedas que estão fazendo sucesso, participar do Premium Investing Group no site `https://learn.investdiva.com/join-group` [conteúdo em inglês] pode ser uma boa ideia.

LEMBRE-SE

As categorias de criptomoedas nem sempre acompanharão o restante do mercado. Uma vez que criptomoedas são uma indústria extremamente recente, você talvez encontre oportunidades nela que não necessariamente encontraria no mercado de capital privado mais tradicional. Caramba, a indústria das criptomoedas pode se tornar a rede de segurança caso a bolsa de valores passe por outro crash.

DICA

Exchange traded funds (ETFs) normalmente consistem em um conjunto de ativos dentro de uma mesma categoria. Eles são superpopulares dentro do mercado de capital privado porque facilitam, e muito, o processo de escolha. Eles também são mais baratos de comprar do que seus equivalentes caros e chiques dos fundos de hedge, os fundos mútuos. No momento da escrita deste livro, os ETFs de criptomoedas ainda não são uma realidade. Quando os ETFs de criptomoedas se popularizarem, será possível ver e comparar seus gráficos para identificar as categorias de criptomoedas com o melhor desempenho. Você pode ler mais sobre os ETFs no Capítulo 13 e no seguinte site: `https://www.investdiva.com/investing-guide/category/etf-trading/` [conteúdo em inglês].

Confira os sites das criptomoedas

Tenha você uma quantidade de criptomoedas em mente com base nas suas próprias experiências ou tenha elegido uma categoria para escolher a melhor criptomoeda dentro dela, é hora de começar uma análise mais detalhada das suas finalistas.

Se você já assistiu *The Bachelor* ou *The Bachelorette* na televisão (confesso — sou viciada), provavelmente já está familiarizado com o processo. Você começa com cerca de trinta potenciais combinações para o seu portfólio. Quando sobram apenas três ou quatro finalistas, você finalmente está pronto para conhecer o universo de cada uma das suas escolhas. No mundo das criptomoedas, o site da empresa é o equivalente aos encontros com a família no programa de televisão. Aqui estão algumas ideias a se levar em consideração ao escolher suas queridas criptomoedas — e nenhuma delas envolve visitar a antiga escola delas e ser interrogado por seus familiares.

Folheie o whitepaper delas

Um *whitepaper* é como uma proposta comercial para novas criptomoedas. Esse documento contém tudo o que investidores em potencial precisam saber sobre a criptomoeda, como tecnologia, propósito, detalhes financeiros, entre outros. Criptomoedas já bem estabelecidas podem ter uma página que resume todas as informações importantes em vídeos de fácil compreensão e infográficos bacanas na aba "Sobre" ou "Como Funciona". Já com outras criptomoedas, pode ser necessário encontrar o whitepaper no site e tentar digerir as informações por meio da leitura. A boa notícia é que whitepapers geralmente são escritos em uma linguagem visando a compreensão daqueles que não são especialistas na área.

Identifique as equipes delas

Ninguém sabe de verdade quem criou o Bitcoin, mas o resto das criptomoedas por aí geralmente tem uma equipe por trás, responsável por guiar a empresa e sua tecnologia blockchain (veja o Capítulo 4). A equipe por trás da criptomoeda é importante mesmo se sua plataforma for completamente de código aberto, o que significa que qualquer um pode acessá-la e modificá-la.

LEMBRE-SE

Quando você investe em qualquer coisa, sejam ações, uma nova startup ou um encontro quente, compreender o histórico e como isso aconteceu pode desempenhar um papel fundamental. Aqui estão algumas coisas a se levar em consideração na administração:

- Biografias
- Currículos
- Experiência na área

Além do time executivo, também gosto de verificar o histórico dos membros no quadro de conselheiros caso a empresa tenha um. Você normalmente encontra esse tipo de informação no site da empresa, sob abas com títulos como "Sobre Nós" ou "Nossa Equipe".

DICA

Quando investe em uma criptomoeda, você está basicamente investindo em uma empresa startup e em um empreendedor. Às vezes, esses empreendedores são jovens e não têm um currículo de peso, como Mark Zuckerberg, do Facebook, ou o fundador da Ethereum, Vitalik Buterin. É aí que a personalidade do criador pode se tornar um fator na sua tomada de decisão. Como Mark Cuban (investidor do *Shark Tank* e dono do time Dallas Mavericks) disse à CNBC: "Quando investe em um empreendedor, você recebe a personalidade. E se ela não for apropriada ou você não acreditar que ela é a certa, então compre outra ação" (ou criptomoeda, nesse caso).

Pesquise as parcerias delas

Se não está disposto a assumir grandes riscos, observar quem na indústria depositou sua fé na criptomoeda que você está considerando comprar também é muito importante. Criptomoedas já bem estabelecidas conseguiram se aliar a gigantes tradicionais, como IBM e Microsoft, e a bancos como Goldman Sachs. Essas empresas têm equipes analíticas de especialistas que realizam a devida diligência antes de embarcar em novos investimentos e parcerias. Ter parceiros respeitáveis pode ser um sinal de que a empresa é sólida e está no caminho certo para ficar à frente da competição.

Outro ponto positivo sobre ter parcerias no mundo tradicional é que a criptomoeda pode ter uma maior chance de ser aceita pelas massas. Se uma criptomoeda tiver parcerias com outras empresas, essas parcerias normalmente serão listadas em uma aba chamada "Nossos Parceiros" ou "Sobre Nós".

Familiarize-se com a tecnologia delas

Muitas criptomoedas são tokens de empresas de blockchain com múltiplos produtos. Sites bem desenvolvidos apresentam suas tecnologias e seus produtos de forma não tão intimidadora. Quanto mais você conhece os produtos e a tecnologia por trás da criptomoeda, mais fácil é tomar a decisão sobre os finalistas da sua lista. O Capítulo 5 pode ser o seu "criptodicionário" de consulta durante esse processo.

Confira a contribuição delas para a sociedade

Quais problemas a sua lista de finalistas busca resolver? Isso é importante para você? Elas estão apenas tentando enriquecer rapidamente ou têm um plano em longo prazo para uma melhoria na sociedade? Encontrar uma resposta para essas questões também pode ajudá-lo a reduzir a lista das finalistas. Empresas como a Ripple descrevem suas contribuições sociais em uma aba chamada "Ripple Impact". Outras empresas frequentemente usam um formato semelhante ou simplesmente colocam suas contribuições sociais em primeiro lugar na página inicial.

Analise o roteiro delas

Muitas empresas por trás de criptomoedas têm seções no site dedicadas aos seus roteiros: de onde surgiram, o que já conquistaram e o que planejam conquistar no futuro. Caso estejam disponíveis, os roteiros são ótimos meios de descobrir muitas informações importantes sobre as criptomoedas em poucos minutos.

Envolva-se

Aqui está o seu número da sorte! Assim como nos encontros, quanto mais você se envolver, mais conhecerá os segredos. A maioria das plataformas de criptomoedas ama aumentar seus seguidores e encorajar as pessoas a se envolverem com o site. Dependendo da criptomoeda, envolver-se pode significar qualquer coisa, desde minerar (Capítulo 12) até participar dos fóruns ou até mesmo iniciar um novo projeto de criptomoeda na plataforma de blockchain (como a Ethereum)! É claro, envolver-se também significa investir mais do que apenas o seu tempo, então é preciso encontrar um equilíbrio.

Escolhendo Criptomoedas com a Análise Sentimental

Após fazer a importante verificação do histórico das criptomoedas escolhidas, você pode partir para o segundo ponto da IDDA, a análise sentimental. *Análise sentimental* é o estudo do relacionamento de amor e ódio entre as criptomoedas e os traders.

Principais elementos sentimentais

Sem sentimentalismo exagerado, aqui estão alguns elementos cuja análise é essencial antes de abrir seu coração para suas criptomoedas favoritas.

A comunidade da criptomoeda

A empresa por trás da moeda pode ter um papel a desempenhar na direção que a criptomoeda terá, mas a rede que participa na tecnologia blockchain da moeda (veja o Capítulo 4) é um fator importante para o sucesso. Muitas criptomoedas dependem diretamente da participação da sua comunidade, como mineradores e desenvolvedores. A maioria das comunidades de criptomoedas mantém seus próprios fóruns em lugares como [conteúdos em inglês]:

- Reddit (`www.reddit.com/`)
- Bitcointalk (`https://bitcointalk.org/`)
- Steemit (`https://steemit.com/`)

Esses fóruns são ótimos, não só porque proporcionam uma ideia do tipo de pessoa envolvida com a criptomoeda, mas também porque você pode aprender muito sobre a criptomoeda em si.

DICA

Cada vez mais criptomoedas usam o canal do Telegram como um meio de comunicação com sua base de usuários. Para participar, é necessário baixar o app do Telegram no seu smartphone (veja o site `https://telegram.org/` para mais informações).

Exchanges que aceitam a criptomoeda

LEMBRE-SE

Como expliquei no Capítulo 6, as exchanges de criptomoedas são uma grande parte de todo esse ecossistema. O ideal é se certificar de que a sua exchange trabalha com a criptomoeda escolhida por você, mas escolher criptomoedas aceitas em exchanges diferentes também é uma boa opção. As exchanges escolhem muito cuidadosamente as criptomoedas com as quais trabalham. Encontrar suas criptomoedas finalistas em muitas exchanges diferentes pode ser um sinal de que muitas exchanges acreditam que aquelas criptomoedas são valiosas o suficiente para serem ofertadas. Portanto, a demanda por essas moedas pode ser maior e você pode conseguir fazer mais coisas com o seu investimento. É possível descobrir quais exchanges aceitam sua criptomoeda escolhida em sites como `coinmarketcap.com` [conteúdo em inglês].

Por exemplo, digamos que você queira saber quais exchanges aceitam a XRP da Ripple. Após selecionar a XRP da Ripple no `coinmarketcap.com`, vá até a aba com o nome "Markets", como mostra a Figura 9-2. Talvez você tenha que descer um pouco pela página até encontrar a opção. Lá, encontrará a lista completa das exchanges que trabalham com a XRP.

Volume

DICA

Volume significa a quantidade de determinada criptomoeda que foi negociada em um tempo gráfico específico. Ele é importante porque mostra a facilidade com que você pode comprar ou vender essa criptomoeda. Quanto maior o volume, mais fácil será a negociação dela. Você pode conferir e comparar os volumes das criptomoedas em sites como `www.cryptocompare.com` e `coinmarketcap.com` [conteúdos em inglês], nos quais são mostrados os números de moedas negociadas nas últimas 24 horas. Você também pode verificar quais volumes negociados em quais exchanges. Em geral, as moedas maiores e mais populares são também as mais negociadas. Mas, caso esteja tentando escolher uma criptomoeda dentro de uma categoria específica (e não simplesmente escolher as mais famosas), o volume de negociação pode ser um indicador muito importante na hora de tomar sua decisão.

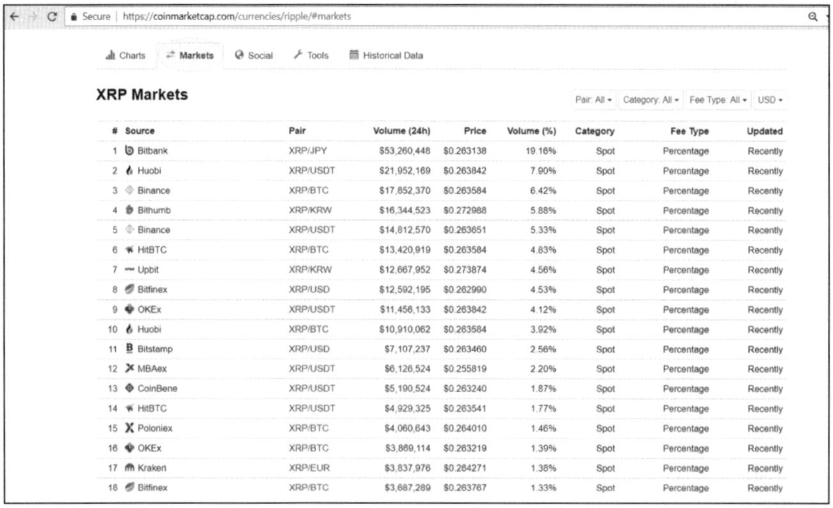

https://coinmarketcap.com/currencies/ripple/#markets

Charts | Markets | Social | Tools | Historical Data

XRP Markets

Pair: All | Category: All | Fee Type: All | USD

#	Source	Pair	Volume (24h)	Price	Volume (%)	Category	Fee Type	Updated
1	Bitbank	XRP/JPY	$53,260,448	$0.263138	19.16%	Spot	Percentage	Recently
2	Huobi	XRP/USDT	$21,952,169	$0.263842	7.90%	Spot	Percentage	Recently
3	Binance	XRP/BTC	$17,852,370	$0.263584	6.42%	Spot	Percentage	Recently
4	Bithumb	XRP/KRW	$16,344,523	$0.272988	5.88%	Spot	Percentage	Recently
5	Binance	XRP/USDT	$14,812,570	$0.263651	5.33%	Spot	Percentage	Recently
6	HitBTC	XRP/BTC	$13,420,919	$0.263584	4.83%	Spot	Percentage	Recently
7	Upbit	XRP/KRW	$12,667,952	$0.273874	4.56%	Spot	Percentage	Recently
8	Bitfinex	XRP/USD	$12,592,195	$0.262990	4.53%	Spot	Percentage	Recently
9	OKEx	XRP/USDT	$11,456,133	$0.263842	4.12%	Spot	Percentage	Recently
10	Huobi	XRP/BTC	$10,910,062	$0.263584	3.92%	Spot	Percentage	Recently
11	Bitstamp	XRP/USD	$7,107,237	$0.263460	2.56%	Spot	Percentage	Recently
12	MBAex	XRP/USDT	$6,126,524	$0.255819	2.20%	Spot	Percentage	Recently
13	CoinBene	XRP/USDT	$5,190,524	$0.263240	1.87%	Spot	Percentage	Recently
14	HitBTC	XRP/USDT	$4,929,325	$0.263541	1.77%	Spot	Percentage	Recently
15	Poloniex	XRP/BTC	$4,060,643	$0.264010	1.46%	Spot	Percentage	Recently
16	OKEx	XRP/BTC	$3,869,114	$0.263219	1.39%	Spot	Percentage	Recently
17	Kraken	XRP/EUR	$3,837,976	$0.264271	1.38%	Spot	Percentage	Recently
18	Bitfinex	XRP/BTC	$3,687,289	$0.263767	1.33%	Spot	Percentage	Recently

FIGURA 9-2: Localizando exchanges que aceitam a XRP no coinmarketcap.com.

Fonte: CoinMarketCap.com

Capitalização de mercado da moeda

Uma das formas mais fáceis de navegar pelas criptomoedas é verificar a classificação delas com base na *capitalização de mercado*, ou *market cap*. Um market cap maior significa que uma maior quantidade de todas as unidades de determinada criptomoeda está à venda no momento. Essa métrica, mais uma vez, pode se tornar útil para decidir qual é a "moeda ideal" dentro de uma categoria específica. Para saber mais sobre a análise de capitalização de mercado, vá até o Capítulo 8.

Oferta em circulação

Circulating supply (CS) é a quantidade de moedas ou tokens que as pessoas mineraram ou que as empresas geraram. A chave disso é que a circulating supply mostra o número de moedas que estão disponíveis no mercado e às quais o público em geral tem acesso.

Você pode analisar a importância da CS de algumas formas diferentes:

- Alguns investidores de criptomoedas acreditam que menos é mais quando falamos sobre CS. Esse é o caso se você considerar isso como uma questão de excesso de oferta. Qualquer mercado se move de maneira geral com base em um princípio chamado de *oferta e demanda*. Por exemplo, quando as lojas possuem muitas maçãs, mas ninguém para comprá-las, o preço da fruta cai porque as lojas precisam se livrar do estoque antes que estraguem. A mesma teoria pode ser aplicada às criptomoedas. Embora grande parte das moedas não tenham prazo de validade (a menos que a empresa declare falência), uma CS menor pode ser mais atrativa caso esteja buscando investir de baixo a médio prazo. Menos moedas disponíveis e uma alta demanda podem sinalizar que os preços subirão no futuro.

» Por outro lado, um baixo número de CS pode indicar falta de popularidade. Menos pessoas tentaram minerar a moeda, o que pode impactar sua previsão em longo prazo.

» Em alguns casos, a CS pode não ser importante. Por exemplo, a XRP da Ripple tem uma circulating supply de quase 40 bilhões, enquanto o Dash tem uma CS de apenas 8 milhões. Enquanto isso, ambas moedas tiveram um aumento de cerca de 3 mil pontos percentuais em 2017.

Você pode ler mais sobre a circulating supply das criptomoedas em sites como coinmarketcap.com [conteúdo em inglês]

Oferta total

PAPO DE ESPECIALISTA

Quando adiciona as criptomoedas recém-mineradas à circulating supply (veja a seção anterior), você consegue o número da *oferta total*, ou *total supply*. Em outras palavras, a total supply é o número total de moedas que existem atualmente, e não só as criptomoedas que estão circulando. Por diversas razões, algumas moedas são reservadas ou bloqueadas e acabam não sendo vendidas para o mercado público. Essa oferta total não causa um impacto real no preço de uma moeda e não é mais importante do que a oferta em circulação. Apenas citei esse termo para o caso de você se deparar com ele em um site e se questionar sobre o significado.

Coisas para verificar nas notícias

A mídia tem o poder de tornar algo ou alguém incrivelmente popular. Pense nas estrelas de reality shows, todo aquele assunto sobre Yanny ou Laurel ou a dança *floss* que se popularizou graças à sensação do Instagram, @thebackpackkid.

O mesmo ocorre com criptomoedas. A mídia esteve por trás de toda a expectativa das criptomoedas e do sentimento otimista do mercado em 2017. Assim como você pode fazer uma rápida pesquisa virtual sobre seu próximo parceiro em potencial um dia antes de saírem, é uma boa ideia olhar as seguintes questões sobre suas criptomoedas finalistas.

Cobertura recente

DICA

Sua finalista esteve nas notícias recentemente? É um assunto que se tornou tendência? Se a resposta for afirmativa, descubra se a cobertura da notícia foi orgânica ou paga. É evidente que as empresas de criptomoedas estão cientes do impacto da mídia, então elas pagam muito dinheiro para que motores de busca populares as coloquem no topo dos resultados. Alguns sites confiáveis de notícias sobre criptomoedas são NewsBTC (www.newsbtc.com), Nasdaq (https://www.nasdaq.com/topic/cryptocurrency), CoinDesk (www.coindesk.com), e, é claro, www.investdiva.com/investing-guide/category/cryptocurrencies/ [conteúdos em inglês].

Outra forma que você pode abordar essa tarefa é simplesmente ir até a aba de "Notícias" do seu mecanismo de busca. Quando pesquisa um assunto no Google, por exemplo, você é automaticamente direcionado para a aba "Todas", que inclui tudo desde anúncios até notícias e informações gerais. Encontre a aba "Notícias" e você terá coberturas relevantes da mídia que terão uma menor probabilidade de serem anúncios pagos.

Eventos futuros

DICA

Você pode conferir eventos futuros nos primeiros ou nos últimos estágios da busca pela criptomoeda da sua vida:

- Para verificar no começo da análise, você pode dar uma olhada em sites como `https://coinmarketcal.com/` e `www.newsbtc.com/crypto-calendar/` e ver quais moedas apresentam um calendário cheio de anúncios e eventos que podem impactá-la de maneira positiva. Depois, passe às outras abordagens que mencionei anteriormente neste capítulo para descobrir qual é a moeda certa para o seu portfólio.
- Já para conferir esse fator no final da análise, monte a lista das finalistas e vá até o site delas pra verificar se há um blog no qual compartilham os eventos futuros. Também é possível buscar informações adicionais nos calendários de terceiros.

Além disso, é claro, também é possível combinar as duas abordagens.

Mídia negativa

O curso básico de relações públicas afirma que qualquer tipo de mídia é mídia positiva. A razão para isso é que as pessoas tendem a gostar mais de ler sobre coisas negativas, então se empolgam mais com esses assuntos e é provável que se lembrem da entidade envolvida na mídia negativa futuramente — mas não necessariamente de um jeito ruim. Essa com certeza é a mentalidade de algumas celebridades que acreditam que qualquer cobertura sobre elas, boas ou ruins, trará resultados positivos em longo prazo.

E isso sem dúvida também pode ser dito sobre o investimento em criptomoedas. Durante o período em que a mídia negativa for um assunto relevante, os preços tendem a cair. Entretanto, diferente do que você pode pensar, esse mesmo período pode ser o momento ideal para comprar a moeda, uma vez que todo mundo provavelmente estará tentando se ver livre dela. Compre quando o valor estiver baixo e vá até o topo com ela. Um conto de fadas romântico e perfeito, não é?

CUIDADO

Comprar durante a mídia negativa só funciona se os outros pontos de análise da IDDA indicarem que a criptomoeda é valiosa em longo prazo. Se a mídia negativa for algo muito prejudicial a ponto de a recuperação da criptomoeda ser improvável, então não compre.

Testando a Análise Técnica para Escolher Criptomoedas

Quando bater o martelo sobre as criptomoedas que decidiu adicionar ao seu portfólio, você estará pronto para decidir o melhor momento de comprá-las. A regra de ouro para qualquer tipo de investimento se resume a seis importantes palavras:

"Compre na baixa, venda na alta."

LEMBRE-SE

Mas como decidir se o preço alcançou o menor patamar possível para compra? É aqui que entra em jogo a análise técnica, o terceiro ponto da IDDA. A *análise técnica* é a arte de usar a história para prever o futuro. Aqui, ofereço uma breve introdução às ações do preço e aos melhores métodos de análise de preço. Na Parte 4, examinarei mais profundamente na análise técnica.

- **O básico da análise técnica:** Muitas ferramentas fabulosas podem ajudar a compreender os movimentos e padrões históricos do preço de uma moeda. Ao descobrir como cada padrão e indicador funciona, você terá uma precisão maior ao prever ações de preço futuras. Vá até o Capítulo 16 para explorar alguns importantes padrões e indicadores gráficos que podem ajudá-lo a desenvolver sua estratégia de investimento vencedora para sua criptomoeda favorita.
- **Ação de preço recente:** Embora o preço atual não seja um bom indicador do valor geral da criptomoeda, analisar a ação de preço se torna *muito* importante quando se está tentando descobrir em que momento comprar e vender. Você pode conferir a ação de preço mais recente da criptomoeda escolhida em sites como `coinmarketcap.com` [conteúdo em inglês] para ver quanto o preço subiu ou caiu no dia, semana ou até nos meses anteriores. Analisar a ação de preço recente é mais importante para traders de curto prazo que desejam entrar e sair de mercados rapidamente, talvez em um dia ou em uma semana. O Capítulo 17 trará algumas estratégias para o trading de curto prazo.
- **O panorama geral:** Se você for um investidor de longo prazo, como eu, provavelmente achará mais útil examinar o panorama geral para realizar sua análise técnica. Muitas criptomoedas são jovens demais para ter um histórico de preço bem desenvolvido, mas você ainda pode aplicar técnicas semelhantes ao comparar criptomoedas mais antigas da mesma categoria e aplicar a análise geral nas moedas mais novas. No Capítulo 18, discutirei métodos de análise técnica para investidores de longo prazo.

NESTE CAPÍTULO

» Compreendendo como a diversificação ajuda seu portfólio

» Explorando métodos de diversificação em longo prazo com criptomoedas

» Buscando estratégias de diversificação em curto prazo para criptomoedas

Capítulo 10

Diversificação nas Criptomoedas

Falo bastante sobre diversificação ao longo deste livro, especialmente nos Capítulos 3, 8 e 9, além de falar sobre o assunto nos meus produtos educacionais e seminários. Neste capítulo, entrarei em detalhes sobre o significado da diversificação para seu portfólio de criptomoedas, por que ela é importante e como você pode administrar o risco do portfólio ao diversificar seus ativos adequadamente.

Detalhando o Básico da Diversificação

Pequenos investidores com frequência ouvem falar sobre diversificação para seu portfólio pessoal de ações. Uma das primeiras coisas que um especialista financeiro diz para quem está começando com investimentos é "não se esqueça de diversificar!". Você não quer colocar todos os ovos em um mesmo cesto, seja um cesto de ações ou de criptomoedas. As seções seguintes explicarão o que isso realmente significa, especialmente para o investimento em criptomoedas.

O que é a diversificação tradicional?

Quando estamos montando o nosso portfólio pessoal de ações, *diversificar* geralmente significa ter mais do que uma ou duas ações. O método mais convencional de diversificação em um portfólio pessoal de ação é ter cerca de quinze a vinte ações espalhadas em diferentes indústrias.

LEMBRE-SE

Quando você diversifica entre indústrias, ativos ou instrumentos de investimento que não são relacionados, tem uma probabilidade menor de ver grandes perdas no seu portfólio quando uma das categorias tiver um desempenho fraco. A diversificação não garante que não haverá perdas, mas pode reduzir o risco, se feita corretamente.

DICA

Páginas como `https://pro.benzinga.com/?afmc=2f` [conteúdo em inglês] podem ajudá-lo a saber mais sobre os acontecimentos mais recentes em diversas indústrias para que você possa tomar melhores decisões de diversificação.

Como a diversificação reduz o risco?

Encontramos dois tipos de risco em um portfólio de ações: sistemático e não sistemático. O *risco não sistemático* é o tipo de risco que você pode reduzir ao combinar múltiplas indústrias em um único portfólio. Alguns dos riscos não sistemáticos são:

- **Risco empresarial:** Este risco está associado aos ganhos de uma empresa e à capacidade dela de cumprir com suas obrigações financeiras. Ele também se relaciona com a indústria de uma empresa, já que, às vezes, todas as empresas dentro de determinada categoria são expostas a um grau de incerteza semelhante.
- **Risco de país:** É o risco de instabilidade política e econômica no país em que a empresa atua.
- **Risco de inadimplência:** É o risco de a empresa não ser capaz de pagar suas dívidas e, portanto, tornar-se inadimplente.
- **Risco executivo:** Este risco está relacionado com o caráter moral dos executivos que administram a empresa. Caso eles apresentem problemas legais ou éticos, as ações da empresa podem sofrer tanto no curto quanto no longo prazo.
- **Risco financeiro:** Este risco está associado à quantidade de alavancagem (uma medida da quantidade de dívida) que a empresa usa em sua estrutura financeira. Quanto maior a dívida da empresa, maior a alavancagem usada por ela e, portanto, maior o risco.
- **Risco governamental/regulatório:** Este é um risco de que algum país possa aprovar uma nova lei ou regulamentação que impacte negativamente a indústria na qual a empresa atua.

MINHA INCURSÃO NO FOREX

Em 2008, eu era uma simples estudante universitária do curso de engenharia elétrica em uma universidade de Tóquio. Não fazia ideia de nada sobre o funcionamento dos mercados financeiros, mas tudo o que eu escutava era sobre a queda da bolsa de valores e que o valor do dólar americano estava caindo se comparado ao iene japonês. Essa desvalorização refere-se ao *risco da taxa de câmbio* na lista dos riscos sistemáticos (veja "Como a diversificação reduz o risco?", neste capítulo). Nenhuma quantidade de diversificação poderia impedir o risco da taxa de câmbio em um portfólio de ações norte-americanas, mas os investidores tinham um caminho para se aproveitar da queda do dólar: vendê-lo em compensação pela apreciação do iene japonês. Essa era uma nova oportunidade de investimento chamada *forex* (abreviação para *foreign exchange market*, ou mercado de câmbio estrangeiro).

Isso foi exatamente o que eu fiz (com a ajuda de um amigo), o que me levou a dobrar o meu investimento inicial dentro de um mês, enquanto o restante do mercado continuava em queda. Como estudante universitária, conseguir US$10 mil em um mês dentro de um mercado em queda foi o suficiente para querer abandonar o meu título de engenheira eletricista (e seis anos de curso!) e seguir para a área de finanças e investimentos.

O resto é história. Fui para Nova York buscando o meu novo sonho e acabei capacitando mais mulheres para participar do movimento nessa indústria dominada por homens. Desde então, expandi meu portfólio pessoal para conter não só forex, mas ações, exchange traded funds (ETFs) e, agora, criptomoedas.

Os *riscos sistemáticos* não podem ser simplesmente eliminados ao diversificar entre várias indústrias. Alguns deles são:

- **Risco de mercado:** O risco de que o mercado se moverá em sentido contrário à sua posição devido a uma série de razões, como motivações políticas, sociais ou uma mudança geral do sentimento do mercado.
- **Risco da taxa de câmbio:** O risco da taxa de câmbio aumentar ou de seus movimentos impactarem negativamente os seus investimentos.
- **Risco da taxa de juros:** A possibilidade de mudanças na taxa de juros afetar de maneira adversa o valor dos ativos.
- **Risco de instabilidade política:** O risco de incertezas ou mudanças políticas impactarem negativamente o mercado.
- **Risco de reinvestimento:** A possibilidade de que você não possa reinvestir os seus fundos com uma taxa de retorno favorável.

- **Risco de evento:** A possibilidade de algo imprevisível (uma falência ou invasão hacker) acontecer na empresa/corretora/exchange/carteira que guarda os seus ativos, contribuindo para uma flutuação negativa do mercado.

A diversificação tradicional em um portfólio de ações ajuda a reduzir o risco não sistemático. É aí que as coisas ficam interessantes. Não é possível eliminar os riscos sistemáticos do seu portfólio de ações com a diversificação, mas e se você diversificar com outros mercados? Na verdade, foi usando essa abordagem que comecei no mundo do investimento durante o crash de 2008 (você pode ler os detalhes no box "Minha Incursão no Forex").

Conforme nos aproximamos da próxima inevitável queda da bolsa de valores, acredito que adicionar instrumentos de investimento nada convencionais, como as criptomoedas, ao seu portfólio é mais importante do que nunca. Eis o motivo: no momento de escrita deste livro, o mercado de criptomoedas não podia ser mais diferente dos mercados tradicionais. Ele é novo. Ele não é regulamentado e, portanto, os riscos sistemáticos tradicionais, como instabilidade política ou risco de taxa de juros, não se aplicam a ele. Na verdade, muitos investidores talvez vejam as criptomoedas como uma rede de segurança quando as coisas começarem a dar errado nos outros mercados durante uma grande crise econômica.

Usando Criptomoedas na Diversificação em Longo Prazo

Quando se trata de adicionar criptomoedas ao seu portfólio, mantenha os dois tipos de diversificação em longo prazo a seguir em mente:

- Diversificar com ativos que não são criptomoedas.
- Diversificar entre criptomoedas.

Aqui está um pouco mais sobre esses dois tipos de diversificação de criptomoedas (falei mais sobre a diversificação dos mercados tradicionais, como ações, bonds e forex, no Capítulo 2).

Para mais informações sobre muitos dos assuntos desta seção, dê uma olhada nestes materiais da Invest Diva [todos os links com conteúdo em inglês]:

- O curso educacional *Forex Coffee Break* em `https://education.investdiva.com/forex-coffee-break-with-invest-diva-education-course`

» Meu livro *Invest Diva's Guide to Making Money in Forex* [sem publicação no Brasil]

» Outras listas de serviços em `https://learn.investdiva.com/services`

Diversificando entre ativos que não são criptomoedas

Existem muitos instrumentos financeiros entre os quais escolher ao considerar diversificar o seu portfólio. Ações, forex, metais preciosos e bonds são apenas alguns exemplos. Como expliquei no Capítulo 2, cada um desses ativos apresenta características únicas. Alguns riscos herdados de certos ativos podem equilibrar os riscos de outro entre os altos e baixos dos mercados em longo prazo. As seções seguintes oferecem um guia sobre como usar criptomoedas e outros tipos de ativos juntos e em longo prazo.

LEMBRE-SE

Nenhuma regra de ouro da diversificação funciona para todos os investidores. As porcentagens de diversificação e a mistura geral dependem de cada investidor e sua tolerância ao risco única, conforme comentei no box no Capítulo 3 e no meu site (`https://learn.investdiva.com/free-webinar-3-secrets-to-making-your-money-work-for-you` [conteúdo em inglês].

DICA

Quanto maior for o risco que você está disposto a tomar, maiores as chances de um grande retorno sobre o investimento e vice-versa. Se estiver começando e tiver uma tolerância ao risco menor, pode considerar alocar uma maior porção do seu portfólio em bonds e depois adicionar ações, metais preciosos e criptomoedas sistematicamente. Para dicas sobre como calcular sua tolerância ao risco, dê uma olhada no box do Capítulo 3.

Um histórico sobre o trading de moedas fiduciárias

Moedas fiduciárias são o dinheiro tradicional que diferentes autoridades dos países declaram como legal. Por exemplo, o dólar americano é a moeda oficial dos Estados Unidos. O euro é a moeda oficial da União Europeia e seus territórios. O iene japonês é endossado pelo Japão. Você entendeu.

O *mercado de câmbio estrangeiro*, também chamado de *forex*, é um grande mercado no qual os traders negociam essas moedas umas em relação às outras. Ter algum conhecimento do mercado forex pode ajudá-lo a compreender o mercado de criptomoedas e como você pode negociar os diferentes tipos de moedas. Comparo o mercado a uma grande festa internacional na qual todos os pares são feitos de parceiros de diferentes regiões. Então, se um dos parceiros é o iene japonês (JPY), o outro pode ser o euro (EUR). Chamo os dois de Sra. Japão e Sr. Euro. Se um desses parceiros for o dólar americano (Sra. EUA), seu parceiro pode ser britânico, português ou japonês.

No mercado forex, esses pares internacionais se reúnem e começam a "dançar". Mas, com frequência, os parceiros não são compatíveis e seus movimentos não se correlacionam. Por exemplo, sempre que a Sra. EUA faz um bom movimento, seu parceiro estraga tudo. Sempre que seu parceiro entra no ritmo, ela está presa ao movimento anterior. Essas incompatibilidades ganham alguma atenção e pessoas começam a apostar em qual parceiro vai estragar tudo logo em seguida. Essas pessoas são os traders do forex. Você pode assistir a essa metáfora em ação no meu vídeo a seguir: `https://www.youtube.com/watch?v=abQuHfjaGug&list=PLt3BW8jrlMZvmObHLMjpVySPmex987wyC&index=1` [conteúdo em inglês].

A questão aqui é que, ao realizar o trading de moedas — sejam elas fiduciárias ou criptomoedas —, você só pode fazê-lo em pares. Por exemplo, você pode negociar o dólar americano (USD) e o iene japonês (JPY); esse é o par USD/JPY. Você pode negociar o dólar australiano (AUD) e o dólar canadense; esse é o par AUD/CAD.

Moeda de cotação versus moeda de base

No trading de pares de moedas, a moeda de base é listada primeiro, enquanto a *moeda de cotação* vem logo a seguir. Qual moeda em um dado par é a moeda de base e qual moeda é a moeda de cotação geralmente é algo fixo dentro dos mercados de trading. Por exemplo, quando falar em negociar o dólar americano e o iene japonês, a moeda dos Estados Unidos sempre vem em primeiro lugar, seguida pela moeda do Japão (USD/JPY). No par EUR/USD, o euro sempre vem em primeiro lugar, acompanhado pelo dólar americano.

Esses padrões estabelecidos não têm nenhuma relação com a moeda de determinado país ser mais ou menos popular que a outra. É apenas como o mercado organizou as coisas. O sistema nunca muda, o que significa que todos estão na mesma sintonia e navegar pelos pares se torna mais fácil.

Quando a moeda de base e de cotação se juntam, o par de moedas mostra quanto da moeda de cotação é necessário para comprar uma unidade da moeda de base. Por exemplo, quando o par USD/JPY está sendo negociado a cem, isso significa que um dólar americano está valendo cem ienes japoneses. Em outras palavras, você precisa de cem ienes japoneses (a moeda de cotação) para comprar um dólar americano (a moeda de base).

O mesmo conceito se aplica aos pares de criptomoedas. Muitas exchanges de criptomoedas oferecem um número seleto de moedas de cotação, geralmente as mais populares, como uma fiduciária, como o dólar americano, e criptomoedas como Bitcoin, Ethereum e as próprias criptomoedas da exchange. Depois, oferecem oportunidades de trading entre centenas de outras criptomoedas que elas podem ter e essas moedas de cotação.

Trading de criptomoedas versus moedas fiduciárias

De maneira semelhante ao mercado forex, você pode negociar criptomoedas e outras moedas. A abordagem mais comum no momento de escrita deste livro é fazer o trading com uma moeda fiduciária, geralmente a moeda endossada pelo país em que você mora. Por exemplo, nos Estados Unidos, a maioria das pessoas negocia o Bitcoin e o USD. Elas não pensam nisso como o trading dessas moedas em pares, porque é como se comprassem uma ação. No entanto, o fato é que quando você compra Bitcoin usando o dólar americano na esperança de ganhos de capital, está essencialmente apostando que o valor do Bitcoin subirá se comparado ao dólar americano no futuro. É por isso que se o dólar americano perder valor (não só em relação ao Bitcoin, mas também a outras moedas) ao mesmo tempo que o Bitcoin ganhar valor, você provavelmente terá um maior retorno sobre o seu investimento.

É aqui que a diversificação pode ajudá-lo a reduzir o seu risco de trading. Como explicarei em uma seção posterior chamada "Diversificando entre criptomoedas", a maioria das criptomoedas é correlacionada ao Bitcoin em tempos gráficos mais curtos. É por isso que você pode diversificar o seu portfólio com as moedas fiduciárias que usa no trading. Por exemplo, se você acha que, no momento do trading, o dólar americano e o iene japonês não estão correlacionados, você pode abrir dois trades de Bitcoin: um em relação ao dólar americano e outro em relação ao iene japonês. É claro, para isso será preciso garantir que sua exchange ou corretora trabalha com essas diferentes moedas fiduciárias e ofereça essas oportunidades de trading.

CUIDADO

Especular nos mercados e realizar trading de curto prazo são atividades de alto risco. Elas podem não ser adequadas para todos os investidores e você pode acabar perdendo todo o seu investimento. Antes de decidir negociar tais ativos, considere com cuidado seus objetivos de investimento, seu nível de experiência, sua tolerância ao risco e seu apetite de risco. Além disso, você não deve investir dinheiro que não pode se dar ao luxo de perder. (Caso ainda esteja curioso, me aprofundarei no trading em longo prazo ainda neste capítulo e no Capítulo 17.)

Diversificando entre criptomoedas

A maioria das exchanges de criptomoedas oferecem uma maior seleção de pares de criptomoedas do que pares de fiduciária/cripto. Na verdade, algumas exchanges nem sequer aceitam qualquer tipo de moeda fiduciária. É por isso que muitos traders não têm escolha senão negociar uma criptomoeda em relação à outra. O Bitcoin (BTC) e a Ethereum (ETH), por exemplo, formam o par BTC/ETH.

Como você pode imaginar, os milhares de criptomoedas diferentes disponíveis para negociação significam que as combinações podem ser infinitas. Muitas exchanges de criptomoedas categorizaram essas misturas ao criar diferentes "salas" nas quais é possível negociar a maioria das criptomoedas com as quais trabalham em relação a algumas das criptomoedas mais populares. Por exemplo, como você pode ver na Figura 10-1, a exchange Binance criou quatro salas, ou categorias, para os principais tradings entre criptomoedas: Bitcoin (BTC), Ethereum (ETH), Binance Coin (BNB) e Tether (USDT). Ao clicar em cada uma dessas categorias, você pode negociar outras moedas em relação à moeda de cotação selecionada que mencionei anteriormente neste capítulo.

★ Favorites | BTC | ETH | BNB | USDT

Search ... ◉ Change ◯ Volume

Pair ▲	Price	Change
★ ADA/BTC	0.00001490	-5.10%
★ ADX/BTC	0.00002809	-1.89%
★ AE/BTC	0.0001597	-6.99%
★ AGI/BTC	0.00000659	-9.23%
★ AION/BTC	0.0000731	-9.98%
★ AMB/BTC	0.00001947	-8.07%
★ APPC/BTC	0.00001257	-6.26%
★ ARDR/BTC	0.00001675	-4.07%
★ ARK/BTC	0.0001045	-2.06%
★ ARN/BTC	0.00004063	-5.31%
★ AST/BTC	0.00001255	-3.83%
★ BAT/BTC	0.00003133	-7.09%
★ BCC/BTC	0.082501	-6.40%
★ BCD/BTC	0.001515	4.96%

FIGURA 10-1: Opções de pares de criptomoedas da exchange Binance.

Fonte: Binance.com

DICA

No trading de pares de moedas, sejam elas fiduciárias ou criptomoedas, a melhor aposta é sempre combinar uma moeda de base forte e uma moeda de cotação fraca e vice-versa. Desse modo, você consegue maximizar as chances de o par se mover com firmeza na direção do seu objetivo.

Como mencionei anteriormente neste capítulo, a razão para diversificar o seu portfólio é reduzir sua exposição ao risco incluindo ativos que não são completamente correlacionados. O grande problema de diversificar dentro do seu portfólio de criptomoedas é que, ao menos no momento da escrita deste livro, a maioria das criptomoedas são fortemente correlacionadas ao Bitcoin. Na maioria dos dias em que o Bitcoin estava indo mal em 2017 e 2018, a maioria das outras criptomoedas também tiveram um mau desempenho. A Figura 10-2, por exemplo, mostra uma captura das 12 principais criptomoedas do dia 18 de agosto de 2018. Todas estão no vermelho. Na verdade, 94 das 100 maiores criptomoedas classificadas pelo seu market cap estavam em queda nesse dia. (*Market cap* mostra o valor de todas unidades de uma criptomoeda que estão à venda no momento. Vá até o Capítulo 8 para mais informações sobre esse assunto.) No mercado de criptomoedas, esse tipo de correlação de curto prazo se tornou a regra.

No dia seguinte, 19 de agosto, o Bitcoin voltou para o verde, e a maioria das criptomoedas na lista das 100 maiores o acompanharam, como é possível ver na Figura 10-3. Nesta captura de tela das 17 principais moedas, todos os tokens, com exceção do Tether (USDT), subiram na mesma proporção do Bitcoin, em aproximadamente 1,72%.

Cryptocurrencies ▾ Exchanges ▾ Watchlist USD ▾ Next 100 → View All

#	Name	Market Cap	Price	Volume (24h)	Circulating Supply	Change (24h)	Price Graph (7d)
1	Bitcoin	$110,649,855,082	$6,426.55	$4,110,066,955	17,217,625 BTC	-1.73%	...
2	Ethereum	$30,275,253,926	$298.55	$1,815,655,842	101,409,291 ETH	-3.57%	...
3	XRP	$13,067,008,532	$0.331882	$500,290,020	39,372,399,467 XRP *	-6.18%	...
4	Bitcoin Cash	$9,727,259,913	$562.26	$438,690,267	17,300,163 BCH	-1.91%	...
5	EOS	$4,681,414,609	$5.17	$864,785,525	906,245,118 EOS *	-4.09%	...
6	Stellar	$4,271,146,076	$0.227530	$79,898,204	18,771,755,700 XLM *	-2.51%	...
7	Litecoin	$3,313,730,889	$57.23	$253,969,516	57,903,334 LTC	-4.81%	...
8	Tether	$2,719,405,730	$0.998995	$3,359,590,344	2,722,140,336 USDT *	-0.10%	...
9	Cardano	$2,631,037,998	$0.101478	$107,934,610	25,927,070,538 ADA *	-5.37%	...
10	Monero	$1,596,232,879	$97.75	$33,423,127	16,329,214 XMR	-0.48%	...
11	TRON	$1,439,869,868	$0.021900	$146,381,621	65,748,111,645 TRX *	-3.83%	...
12	Ethereum Classic	$1,393,191,044	$13.41	$298,225,866	103,884,149 ETC	-6.22%	...

FIGURA 10-2: Correlação entre as 12 maiores criptomoedas e o Bitcoin durante a queda do BTC.

Fonte: CoinMarketCap.com

FIGURA 10-3: Correlação entre as 17 maiores criptomoedas e o Bitcoin durante a subida do BTC.

Cryptocurrencies ▾ Exchanges ▾ Watchlist USD ▾ ← Back to Top 100

#	Name	Symbol	Market Cap	Price	Circulating Supply	Volume (24h)	% 1h	% 24h	% 7d	
1	Bitcoin	BTC	$112,236,198,598	$6,517.98	17,219,487	$3,313,453,845	1.71%	1.72%	2.66%	···
2	Ethereum	ETH	$30,646,261,019	$302.14	101,429,296	$1,454,877,279	1.35%	2.93%	-6.14%	···
3	XRP	XRP	$13,731,051,598	$0.348748	39,372,399,467 *	$332,539,987	2.20%	7.12%	15.86%	···
4	Bitcoin Cash	BCH	$9,845,137,274	$569.02	17,301,888	$371,039,772	1.61%	2.55%	-0.85%	···
5	EOS	EOS	$4,829,548,557	$5.33	906,245,118 *	$626,193,474	2.51%	5.35%	5.44%	···
6	Stellar	XLM	$4,333,386,117	$0.230846	18,771,755,850 *	$61,335,714	3.63%	2.41%	3.77%	···
7	Litecoin	LTC	$3,372,794,706	$58.23	57,917,023	$205,830,556	1.90%	2.84%	-2.25%	···
8	Tether	USDT	$2,715,888,857	$0.997703	2,722,140,336 *	$2,617,530,199	-0.32%	-0.54%	-0.41%	···
9	Cardano	ADA	$2,675,764,489	$0.103204	25,927,070,538 *	$53,269,411	2.25%	2.95%	-8.70%	···
10	Monero	XMR	$1,604,253,760	$98.23	16,331,966	$17,505,936	1.52%	1.36%	4.94%	···
11	IOTA	MIOTA	$1,539,626,433	$0.553916	2,779,530,283 *	$47,593,558	2.58%	13.79%	2.39%	···
12	TRON	TRX	$1,465,481,398	$0.022289	65,748,111,645 *	$98,160,769	2.05%	4.41%	-1.85%	···
13	Ethereum Classic	ETC	$1,403,395,647	$13.51	103,907,893	$195,425,979	1.28%	2.42%	1.44%	···
14	Dash	DASH	$1,289,364,836	$155.97	8,266,740	$245,592,938	0.20%	3.75%	-7.19%	···
15	NEO	NEO	$1,271,796,082	$19.57	65,000,000 *	$72,961,966	1.94%	6.25%	4.94%	···
16	NEM	XEM	$974,044,126	$0.108227	8,999,999,999 *	$10,775,110	1.77%	2.41%	-0.05%	···
17	Binance Coin	BNB	$968,626,021	$10.14	95,512,523 *	$20,230,165	1.72%	2.91%	-13.33%	···

Fonte: CoinMarketCap.com

Por outro lado, caso você observe o panorama geral, digamos que na mudança de preço dos últimos sete dias, você perceberá que a correlação entre o Bitcoin e o restante do mercado é mais confusa, como mostra a Figura 10-4. Por exemplo, enquanto o Bitcoin ganhou 1,25% nos sete dias anteriores ao dia 18 de agosto, a XRP da Ripple subiu 8,51% e o Dash caiu 9,79%.

Cryptocurrencies ▾ Exchanges ▾ Watchlist USD ▾ ← Back to Top 100

#	Name	Symbol	Market Cap	Price	Circulating Supply	Volume (24h)	% 1h	% 24h	% 7d	
1	Bitcoin	BTC	$110,736,482,332	$6,431.58	17,217,625	$4,111,810,813	0.58%	-1.69%	1.25%	···
2	Ethereum	ETH	$30,312,762,760	$298.92	101,409,291	$1,818,755,064	2.74%	-3.45%	-7.42%	···
3	XRP	XRP	$13,058,424,828	$0.331664	39,372,399,467 *	$499,677,279	1.92%	-6.41%	8.51%	···
4	Bitcoin Cash	BCH	$9,739,156,000	$562.95	17,300,163	$438,840,268	2.07%	-1.79%	-1.33%	···
5	EOS	EOS	$4,668,751,666	$5.15	906,245,118 *	$863,755,878	2.42%	-4.48%	0.53%	···
6	Stellar	XLM	$4,268,885,433	$0.227410	18,771,755,700 *	$79,814,068	1.26%	-2.66%	3.35%	···
7	Litecoin	LTC	$3,313,808,803	$57.23	57,903,334	$253,654,509	1.40%	-4.90%	-2.59%	···
8	Tether	USDT	$2,724,937,528	$1.00	2,722,140,336 *	$3,355,187,045	-0.15%	0.12%	-0.20%	···
9	Cardano	ADA	$2,630,299,721	$0.101450	25,927,070,538 *	$107,974,564	0.86%	-5.51%	-10.62%	···
10	Monero	XMR	$1,596,412,015	$97.76	16,329,214	$33,408,728	1.43%	-0.52%	3.43%	···
11	TRON	TRX	$1,438,597,367	$0.021880	65,748,111,645 *	$146,225,110	3.17%	-3.91%	-5.39%	···
12	Ethereum Classic	ETC	$1,391,586,196	$13.40	103,884,149	$297,763,972	2.54%	-6.39%	0.20%	···
13	IOTA	MIOTA	$1,381,908,847	$0.497174	2,779,530,283 *	$47,610,739	2.99%	-8.27%	-7.14%	···
14	Dash	DASH	$1,249,230,719	$151.15	8,264,930	$164,713,102	1.36%	-6.96%	-9.79%	···
15	NEO	NEO	$1,245,268,169	$19.16	65,000,000 *	$89,028,728	5.62%	-4.25%	1.32%	···
16	NEM	XEM	$959,252,944	$0.106584	8,999,999,999 *	$17,941,269	1.55%	-6.91%	-1.33%	···
17	Binance Coin	BNB	$951,601,420	$9.96	95,512,523 *	$30,765,186	1.14%	-5.42%	-15.00%	···

Fonte: CoinMarketCap.com

FIGURA 10-4: As 17 maiores criptomoedas são menos correlacionadas no tempo gráfico de 7 dias.

LEMBRE-SE

Essa correlação é uma das principais razões para o trading de criptomoedas em curto prazo ser mais arriscado que muitos instrumentos financeiros. Considerar investimentos em longo prazo ao adicionar criptomoedas ao seu portfólio pode ser uma boa ideia. Dessa forma, você reduzirá o seu risco de investimento ao diversificá-lo entre diferentes categorias de criptomoedas.

Pelo lado positivo, conforme o mercado de criptomoedas continua a se desenvolver, os métodos de diversificação também se desenvolverão e todo o mercado poderá se tornar menos correlacionado ao Bitcoin.

Enfrentando a Diversificação em Negociações em Curto Prazo

Caso tenha calculado sua tolerância ao risco com base nas informações do Capítulo 3 e o resultado tenha sido bastante agressivo, você pode considerar negociar criptomoedas em tempos gráficos mais curtos. Aqui estão algumas sugestões para levar em consideração. Para ler mais sobre desenvolver estratégias em curto prazo, vá para o Capítulo 17.

- **Cuidado com comissões.** Exchanges de criptomoedas geralmente requerem menores comissões e taxas de transações do que corretoras que oferecem forex ou ações, mas você não deve ignorar completamente o custo da comissão para a sua carteira. Durante o day trading, você pode acabar pagando mais em comissões do que está ganhando nas negociações caso negocie com frequência, entrando e saindo de negócios rápido demais e sem calcular os seus retornos! Além disso, como comentei no Capítulo 6, nem sempre é bom escolher uma exchange por ser mais barata. Você recebe aquilo pelo que paga.

- **Continue expandindo o seu portfólio.** Algumas pessoas investem uma grande quantia de uma vez só no portfólio e, ou acabam com todo o investimento em perigosas ações de day trading, ou ficam presos em uma estratégia que funciona, mas não maximiza os retornos. Um portfólio saudável requer nutrição. Considere separar um fundo mensal de investimento do seu salário para expandir seu portfólio e fazer o seu dinheiro trabalhar para você.
- **Observe a regra de três.** Existem muitas opções ao negociar moedas. É possível combinar pares cripto/cripto e fiduciária/cripto como se não houvesse amanhã, desde que o tamanho da sua conta permita. No entanto, a chave para um portfólio diversificado e saudável é evitar colocar a mesma moeda de cotação duas vezes nas suas negociações. Tente limitar a três as suas posições abertas em curto prazo com cada moeda de cotação. Por exemplo, negocie uma em relação ao Bitcoin, outra em relação à Ethereum e uma terceira em relação à criptomoeda da sua exchange. Essa abordagem também limita o seu portfólio até um tamanho razoável para que ele não fique grande demais para ser monitorado.

3
Alternativas para Criptomoedas

NESTA PARTE...

Compreenda como novas criptomoedas são criadas e como você pode lucrar participando de initial coin offerings (ICOs).

Aprofunde-se na mineração de criptomoedas e descubra se é uma alternativa melhor para você do que comprar e investir.

Descubra como conseguir uma exposição indireta às indústrias de blockchain e criptomoedas ao investir em ativos tradicionais, como ações e exchange traded funds (ETFs).

Conheça o básico sobre os futuros e as opções de criptomoedas.

Veja como as criptomoedas se relacionam com moedas endossadas pelos governos e com o mercado de câmbio estrangeiro (forex).

NESTE CAPÍTULO

» Descobrindo os fundamentos de uma initial coin offering (ICO)

» Tomando parte em um lançamento ICO

» Criando o seu próprio lançamento ICO

Capítulo 11

Ficando à Frente da Multidão: Investindo em ICOs

ICO é a abreviação de *initial coin offering*, ou oferta inicial de moeda. Em uma era em que as ICOs não estão sujeitas a muitas regulações, algumas pessoas as chamariam de o caminho mais fácil para golpes. E, embora existam muitos (muitos *mesmo*!) golpes com ICOs, se você fizer o seu dever de casa, conseguirá encontrar alguns diamantes brutos também. Neste capítulo, explicarei o básico das ICOs e como você pode participar.

Entendendo o Básico das Initial Coin Offerings

Initial coin offerings funcionam como uma espécie de arrecadação de fundos para uma nova startup, só que a ideia gira em torno de uma nova criptomoeda, em vez de uma ideia ou produto empresarial. É uma tentativa de levantar "dinheiro" na forma de outras criptomoedas já estabelecidas, como Bitcoin e Ethereum. Em outras palavras, uma ICO funciona como um financiamento coletivo (*crowdfunding*) usando outras criptomoedas para financiar uma nova criptomoeda que (assim desejamos) será associada a um produto incrível. As seções seguintes abordarão o básico sobre ICOs.

Como uma ICO funciona e como começar uma

LEMBRE-SE

Em resumo, uma ICO funciona exatamente como uma arrecadação de fundos de uma startup. Você tem uma ideia interessante para uma criptomoeda. A criptomoeda pode ser usada em um produto existente, ou talvez você tenha uma ideia para um produto que funcionaria bem com uma nova criptomoeda.

Como exemplo, digamos que um site de moda Nova York exiba vitrines em tempo real. (Ok, esse é o site do meu amigo Jon Harari, o WindowsWear — confira: `www.windowswear.com` [conteúdo em inglês]. Tentei convencê-lo a comprar essa ideia da ICO, mas ele não entendeu como poderia funcionar para o negócio dele.) Mas, para o bem do argumento, digamos que Jon decida que quer mudar sua estratégia empresarial, tornar seu site disponível para as massas e deixar as pessoas comprarem no seu app usando a própria moeda digital da WindowsWear. Vamos chamar esse novo tipo de criptomoeda de WEAR Coin. Mas, a menos que Jon seja um milionário e queira gastar todo o seu dinheiro nessa ideia, ele precisa arrecadar fundos para tornar essa nova criptomoeda uma realidade. Ele pode ir até um capitalista de risco, banco ou investidor-anjo e pedir dinheiro. O problema dessa abordagem é que muito provavelmente ele precisará oferecer parte da posse de sua empresa. Então, em vez disso, ele pode ouvir sua amiga Kiana e organizar uma ICO.

LEMBRE-SE

Aqui estão os passos gerais para iniciar uma ICO (veja a seção posterior “Então Você Quer Iniciar uma ICO: Lançando uma ICO você mesmo” para mais informações):

1. **Crie um whitepaper.**

   Um *whitepaper* é um documento detalhado explicando um modelo de negócios particular e a razão pela qual uma moeda específica pode fazer sucesso. Quanto maior for o número de casos, no whitepaper de Jon, em que a WEAR Coin pode ser usada para mostrar como ela pode se tornar uma moeda popular e de alto volume, melhor.

2. **Inclua uma aba ao seu site dedicada ao financiamento da ICO.**

   Neste exemplo, Jon inclui uma aba no site da WindowsWear dedicada ao financiamento da ICO da WEAR Coin.

3. **Espalhe a notícia para suas conexões e peça um financiamento.**

OBSERVANDO ICOS NOS ESTADOS UNIDOS

A Securities and Exchange Commission (SEC) está observando de perto o espaço das ICOs nos Estados Unidos e fechou a maioria das ICOs que julgou como um grande risco ao investimento público. A opção de pré-venda da ICO *só* pode ser aberta para investidores autorizados (e, portanto, é fechada ao público geral). A ICO para o público pode ser problemática se o token for considerado um título pela SEC, em vez de um token de plataforma (absolutamente necessário para executar a plataforma). A maioria das novas ICOs lançando novas criptomoedas da Ethereum, por exemplo, não podem argumentar que são um token de plataforma (já que não existe nenhuma nova plataforma exigindo seu próprio token), portanto elas caem na categoria de títulos.

Além disso, para empresas localizadas nos Estados Unidos que estejam lançando ICOs, existe um período de bloqueio para as compras dos investidores no estágio de pré-venda, geralmente de doze meses, no qual eles não podem negociar as novas criptomoedas nas quais investiram. Isso é feito para impedir uma operação pump--and-dump, e isso está sendo observado de perto pela SEC.

Empresas lançando ICOs também precisam estar de acordo com as regulações federais KYC e AML nos Estados Unidos, o que inclui não aceitar ou enviar criptomoedas para uma grande lista de carteiras que se encontram na lista negra da Financial Crimes Enforcement Network, seja como operadoras para a lavagem de dinheiro ou como financiadoras de atividades terroristas.

4. **Venda uma quantia de sua moeda financiada coletivamente na forma de *tokens*, que significa ativo digital.**

   Normalmente, ICOs pedem Bitcoin e Ethereum em troca dos tokens, mas você também pode aceitar moedas *fiduciárias* (moedas tradicionais endossadas pelo governo), como o dólar americano.

5. **Envie aos investidores tokens da moeda.**

   Neste exemplo, Jon envia aos seus investidores tokens da WEAR Coin.

Se a WEAR Coin realmente fizer sucesso, começar a ser muito utilizada e passar a ser listada em exchange de criptomoedas, os primeiros investidores terão um retorno significativo sobre os seus investimentos.

CUIDADO

As pessoas que investem em ICOs normalmente não têm nenhuma garantia de que a nova criptomoeda terá um aumento de valor no futuro. Alguns investimentos em ICOs foram incrivelmente lucrativos no passado, mas as ICOs futuras podem não ser. A menos que realmente confie na administração, na dedicação da empresa em alcançar o sucesso e no conhecimento dela sobre o modelo de negócios e a indústria, investir em uma ICO pode ser comparado a apostar. Vá até a seção posterior,"Investindo em uma ICO", para mais detalhes.

ICOs versus IPOs

Muitas pessoas ficam um pouco confusas sobre a diferença entre initial coin offerings (ICOs) e initial public offerings (IPOs, que são a primeira vez que uma empresa vende suas ações para o público). Esses conceitos podem parecer semelhantes e, em muitas formas, realmente são. Aqui estão as principais diferenças:

- **Em teoria, qualquer um pode fazer uma ICO.** No momento de escrita deste livro, as ICOs não são regulamentadas em muitos países. Isso significa que literalmente qualquer pessoa pode lançar uma ICO. Tudo o que você precisa é de um whitepaper, um site bonito e muitas conexões ricas dispostas a lhe dar dinheiro. Em contrapartida, apenas empresas privadas estabelecidas que estejam operando há algum tempo podem realizar IPOs. (Veja o box "Observando ICOs nos Estados Unidos" para mais informações.)
- **Você nem precisa de um produto para lançar uma ICO.** A maioria das empresas que estão realizando ICOs não tem nada concreto para apresentar ao público, algumas delas têm *proof-of-concept* (prova de conceito, que demonstra que a ideia é trabalhável), enquanto outras têm proof-of-stake. Iniciar uma ICO é ainda mais fácil do que iniciar um financiamento coletivo para uma startup. Para que startups sejam financiadas, elas normalmente precisam de algo chamado *produto mínimo viável* (ou *minimum viable product*, MVP), que é um produto com características suficientes para satisfazer os investidores iniciais e gerar feedback para desenvolvimentos futuros. No processo de ICO, você pode reduzir o MVP a documentos como whitepapers, parcerias e relações com a mídia.
- **ICOs são mais fáceis de investir — até não serem mais.** A única coisa que é necessária para começar a investir em ICOs é acesso à internet. Você não precisa de corretoras para processar o seu investimento. No momento de escrita deste livro, você pode comprar qualquer tokens de qualquer empresa na maioria dos países. Entretanto, a lista de países que começaram a adicionar regulações ou proibições de ICOs começou a aumentar em 2018. Nos Estados Unidos é ainda mais complicado, uma vez que as regras das ICOs variam de acordo com cada estado.

CUIDADO

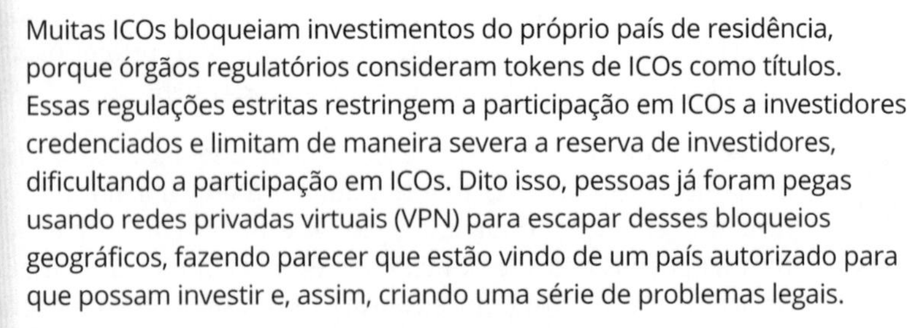

Muitas ICOs bloqueiam investimentos do próprio país de residência, porque órgãos regulatórios consideram tokens de ICOs como títulos. Essas regulações estritas restringem a participação em ICOs a investidores credenciados e limitam de maneira severa a reserva de investidores, dificultando a participação em ICOs. Dito isso, pessoas já foram pegas usando redes privadas virtuais (VPN) para escapar desses bloqueios geográficos, fazendo parecer que estão vindo de um país autorizado para que possam investir e, assim, criando uma série de problemas legais.

DICA

Você pode verificar as regulações para ICOs de cada país em `www.bitcoinmarketjournal.com/ico-regulations/` [conteúdo em inglês].

» **ICOs não lhe conferem nenhuma posse sobre o projeto.** Quando investe em uma IPO, você tecnicamente se torna um dono parcial da empresa. É por isso que eles chamam os investidores de acionistas. Essa designação não é importante de verdade se tudo o que você deseja é vender a ação quando o valor subir. Investidores de ICO podem se beneficiar de muitas formas no futuro, mas elas não têm nada a ver com a empresa em si. Tudo o que conseguirão será um punhado de moedas digitais (tokens) que poderão ou não aumentar de valor no futuro.

Investindo em uma ICO

LEMBRE-SE

O investimento em ICO envolve muitos riscos. Você não deve investir em uma ICO dinheiro que não possa se dar ao luxo de perder. Se a sua tolerância ao risco for baixa, existem muitos ativos alternativos para investimentos que podem ser considerados, como mencionei no Capítulo 3.

Observe também que algumas ICOs nem sequer são criadas para servir como investimento. Elas são ferramentas que você pode utilizar para um produto específico. No setor imobiliário, por exemplo, você pode usar o token Propy para comprar propriedades internacionais. O CEO da Unikrn, Rahul Sood, observou em 2017 que "comprar um token é comprar um produto que vendemos e que pode ser utilizado na plataforma Unikrn. As pessoas não devem considerar isso como um investimento. Se consideram um investimento, estão cometendo um erro. Tokens não são investimentos".

Mas este é um capítulo sobre investimento em um livro sobre investimento, e talvez você tenha decidido dar uma chance. Aqui estão algumas dicas de como é possível fazer isso.

Encontrando listagens de ICOs

Você pode ficar sabendo de futuras ICOs por boca a boca, em um evento financeiro ou por algum anúncio online. Se não tiver uma ICO específica em mente e só quiser buscar alguma por si mesmo, é possível obter ajuda de sites de listagens de ICOs. No entanto, encontrar o site ideal também pode ser um desafio, considerando que existem mais de cem deles por aí, e outros estão surgindo todos os dias.

Aqui estão algumas dicas para se levar em consideração ao buscar um site de listagem de ICOs:

» Comece comparando dois ou três sites de uma vez. Todos eles estão mostrando as mesmas ICOs no topo? Essa estratégia pode ajudá-lo a descobrir qual site está oferecendo a listagem verificada de ICOs.

» Certifique-se de que o site tem coisas como um calendário de ICOs, classificação de ICOs e descrição de ICOs.
» Oferecer estatísticas de mercado sobre a ICO, filtros e avisos de golpes é um diferencial.

DICA

No final das contas, usar o seu mecanismo de busca favorito pode ser a melhor aposta para encontrar um site de listagem de ICOs. Você pode pesquisar termos como "listagem de ICO", "melhores ICOs 2021" ou "melhor site de listagem de ICOs". Aqui estão algumas páginas para começar [todos os links com conteúdos em inglês]:

» Coinschedule: `www.coinschedule.com`
» ICO Market Data: `www.icomarketdata.com/`
» ICObench: `https://icobench.com/`
» ICOindex: `https://icoindex.com/`

Analisando uma listagem de ICOs

Após escolher o site, você está pronto para avaliar e escolher as próximas ICOs nas quais tem interesse em investir. Com centenas de ICOs surgindo todos os meses, essa etapa pode ser demorada, mas é uma parte crucial do processo. Os passos para pesquisar uma ICO são semelhantes àqueles que mencionei no Capítulo 9 para escolher criptomoedas. As seções seguintes oferecem alguns pontos de pesquisa para levar em consideração.

Quem está por trás da ICO?

A equipe de desenvolvedores e a administração por trás da ICO são a coisa mais importante sobre a qual precisa se informar. Quem são eles? Quais são suas credenciais? O site da ICO deve oferecer esse histórico sobre a equipe; caso contrário, eu seguiria para a próxima listagem de ICOs que forneçam esse tipo de informação prontamente no site. Tente encontrar os membros da equipe no LinkedIn para verificar o histórico (ou até mesmo a existência) deles. Além disso, tente encontrar os conselhos consultivos e financiadores da ICO. São pessoas às quais você pode confiar o seu dinheiro? Elas estão dedicadas a seguir com a ideia delas para o próximo passo?

CUIDADO

Estive em muitos pitchings de ICOs nos quais a equipe apenas soltava nomes — coisas como "o príncipe de Dubai está investindo milhões em nós" e outras baboseiras não verificáveis. Nesses casos, costumo correr sem olhar para trás.

Qual a utilidade da criptomoeda?

Você quer se familiarizar com a ideia por trás das criptomoeda tanto quanto possível. É claro, qualquer um pode começar uma criptomoeda e alistar uma ICO. A questão é a razão pela qual as pessoas escolheram fazer isso. Quais valores específicos o token delas apresenta que outras criptomoedas já existentes não oferecem? Qual a concorrência delas? Como elas são melhores que a concorrência? Que tipo de tecnologia estão usando? Qual é o mercado-alvo e quão grande é esse mercado?

CUIDADO

A ideia por trás da criptomoeda é importante, mas cuidado com promessas nada realistas. Golpes muitas vezes fazem afirmações ousadas sobre seus produtos, mas não têm nada de novo ou disruptivo em suas tecnologias. Se alguém afirma que uma nova criptomoeda substituirá o Bitcoin, acabará com a pobreza mundial em um ano, resolverá o aquecimento global ou aumentará em 10.000% o seu valor, então você pode adicionar esse projeto à sua lista de golpes.

A equipe tem um protótipo ou código?

CUIDADO

Como comentei na seção anterior, "ICOs versus IPOs", você não precisa necessariamente de um protótipo para lançar uma ICO. Mas projetos com um produto mínimo viável mostram que estão levando a sério a ideia e que são capazes de alcançar marcos futuros. Se um projeto não tem nenhum código funcional antes de uma ICO, esse é um grande sinal vermelho.

A equipe tem um blockchain?

A maioria das ICOs não tem um blockchain (vá até o Capítulo 4 para uma introdução à tecnologia blockchain). Os fundadores apenas vendem a ideia pela utilidade que os tokens podem oferecer. Pessoalmente, prefiro buscar entre aquelas que são baseadas em uma sólida tecnologia blockchain e resolvem um problema real, em vez daquelas que são essencialmente apps glorificados que podem ser construídos sem uma nova criptomoeda.

Qual é o plano para aumentar os preços após a ICO?

A principal razão para investir em uma ICO é a especulação de que seu valor aumentará no futuro. É por isso que a equipe por trás de uma ICO deve fornecer um roteiro de como planeja fazer isso acontecer. Essa parte da análise pode ser semelhante àquela de qualquer criptomoeda já disponível que mencionei no Capítulo 8. Aqui estão algumas das principais características para se buscar:

- A criptomoeda tem um volume de rede alto o suficiente.
- A criptomoeda é melhor que a concorrência.

» A ICO dá aos investidores um incentivo para guardar os tokens em vez de gastá-los rapidamente.

» Os novos tokens terão liquidez suficiente.

» A equipe é proativa em fazer a criptomoeda aparecer na lista de diversas exchanges.

CUIDADO

Muitas equipes buscam criar sua própria exchange para gerar a liquidez e o volume necessários para decolar. Mas eu não veria isso como evidência suficiente do sucesso futuro de um token. Entrar na lista de várias exchanges pode ser difícil, e é por essa razão que isso é um indicador importante do sucesso do token no futuro.

A equipe possui uma comunidade ampla e solidária?

Você não quer ser uma ovelha que sempre segue os outros, mas entrar em contato com a comunidade da ICO pode oferecer uma noção sobre o token. Quantos apoiadores determinada ICO tem em fontes como Reddit, Twitter e Facebook? Esses apoiadores parecem robôs ou são pessoas de verdade e entusiastas de criptomoedas? Cuidado com os "membros de comunidade" pagos cuja única função é falar coisas positivas sobre a ICO nas mídias sociais.

Resumindo o processo de investimento em uma ICO

Depois de encontrar o seu unicórnio ICO, você normalmente precisa ter uma criptomoeda legítima para investir nele, embora muitas vezes as ICOs também aceitem moedas fiduciárias. Mais importante ainda, você precisa de uma carteira de criptomoedas. Vá até o Capítulo 7 para identificar os diferentes tipos de carteira que podem funcionar para você.

DICA

A maioria das ICOs é construída no blockchain da Ethereum. É por isso que, em muitos casos, você precisa especificamente da criptomoeda Ethereum e de uma carteira Ethereum para investir em uma ICO. Veja o Capítulo 8 para aprender mais sobre essa criptomoeda.

LEMBRE-SE

Nem todas as ICOs são criadas da mesma forma. Portanto, não posso demonstrar os passos exatos a seguir quando se participa de uma ICO. Independentemente disso, aqui estão algumas diretrizes gerais:

1. **Certifique-se de verificar a página oficial da ICO.**

2. **Se a ICO exigir que você pague com outra criptomoeda, como Ethereum ou Bitcoin, primeiro será preciso adquirir essas moedas em**

uma exchange (veja o Capítulo 6) e guardá-las em uma carteira de criptomoedas (veja o Capítulo 7).

3. **Após concluir sua devida diligência sobre a natureza da ICO (veja a seção anterior "Analisando uma listagem de ICOs"), registre-se para participar da ICO com base nas instruções contidas no site.**

4. **Aguarde até a data do lançamento e siga as instruções. Esse passo normalmente consiste em transferir seus ativos de criptomoedas da sua carteira para o endereço público da ICO. Essa etapa também pode conter alguma taxa de transação.**

5. **Após o lançamento da ICO, a equipe envia os novos tokens para sua carteira de criptomoedas.**

DICA

Devido à natureza arriscada das ICOs e às dificuldades em selecionar as melhores, leve em consideração a possibilidade de pular a fase de ICO e aguardar até que o token/criptomoeda seja lançado antes de comprá-lo. Embora muitas ICOs vejam um aumento rápido e imediato no valor logo após o lançamento, com frequência esse valor também começa a cair pouco depois. A queda não significa necessariamente que não vale a pena manter o token em sua carteira. Historicamente, esses tipos de mudança de preço ocorrem na indústria de tecnologia com certa frequência, oferecendo uma ótima oportunidade de compra após o lançamento. Conforme as coisas se estabelecem e mais pessoas analisam o novo token, o seu preço pode voltar a subir lentamente, oferecendo uma oportunidade para que você invista no seu próprio ritmo. Uma ICO raramente é boa o suficiente para não ser ignorada (embora isso também aconteça).

Mantendo os seus tokens após a compra

O método escolhido para monitorar sua compra na ICO dependerá muito das razões pelas quais você fez a compra em primeiro lugar. Embora nem todas as ICOs sejam veículos de investimento, a maior parte das equipes por trás delas prefere que você não se livre dos tokens após o lançamento, então fazem o que estiver ao alcance para que você guarde os tokens. E guardá-los pode acabar compensando em longo prazo.

LEMBRE-SE

Se você investiu em uma ICO com o único propósito de ganhos de capital, esteja preparado para guardar o seu investimento durante algum tempo. No começo, seu investimento pode se tornar negativo ou pode se consolidar no mesmo preço, sem nenhum retorno real. Muitas vezes, esses períodos de perdas e consolidação são seguidos por uma grande subida, o que pode oferecer a oportunidade de lucrar. Tenha em mente que, às vezes, as grandes subidas são o começo de um movimento ascendente (traduzindo: mais ganhos) no mercado, então vender rápido demais pode fazê-lo perder algum lucro. Outras vezes, essa subida pode ser apenas um caso de pump-and-dump. Por isso, você precisa monitorar continuamente e conduzir a Invest Diva Diamond Analysis (IDDA; veja o Capítulo 9) para criar a melhor estratégia de saída.

LEMBRE-SE

Caso consiga algum dinheiro com seu investimento na ICO, é necessário declará-lo como ganhos de capital. Veja o Capítulo 21 para aprender mais sobre impostos.

Então Você Quer Iniciar uma ICO: Lançando uma ICO Você Mesmo

Em 2017, todo mundo parecia estar lançando uma ICO. Mas, após alguns golpes, ICOs fracassadas e um desinteresse geral no mundo das criptomoedas, a expectativa em torno das ICOs reduziu de maneira considerável. Em fevereiro de 2018, 46% das ICOs de 2017 haviam fracassado, apesar do fato de terem arrecadado mais de US$104 milhões. As pessoas perceberam que, para ser levado a sério e ter um sucesso em longo prazo, é preciso dar tudo de si. No final das contas, a integridade vence.

Um importante debate é se as ICOs substituirão o processo tradicional de arrecadação de fundos para startup. Afinal, mais de 50% das startups também fracassam dentro dos primeiros cinco anos, então as estatísticas não estão muito longe se compararmos as ICOs ao capital de risco.

As seções seguintes oferecem uma ajuda sobre algumas coisas que devem ser consideradas caso decida seguir o caminho das ICOs.

Entendendo os desafios

Ao longo deste capítulo, falei sobre como qualquer um pode iniciar uma ICO (veja a seção anterior "Como uma ICO funciona e como começar uma" para detalhes). Lançar uma ICO bem-sucedida, porém, é outra história. Aqui estão algumas coisas que você precisa logo no começo:

- Um mínimo de US$60 mil para lançar uma campanha inicial.
- De seis meses a um ano de uma fase pré-pública de engajamento.
- Uma "equipe dos sonhos" fazendo parte do seu projeto.
- Um produto que use o seu token.
- Uma razão significativa para integrar o token digital ao seu produto.

Seguindo alguns passos antes do lançamento

Se estiver disposto a assumir os desafios da seção anterior e deseja se tornar a próxima história de ICO de sucesso, aqui estão alguns passos para começar. Apenas um aviso: esses passos foram demasiadamente simplificados.

Crie um produto que precise de uma ICO

A única coisa que pode aumentar a demanda para o seu token é uma utilidade real. Se um token descentralizado não impacta o valor do seu produto, então esqueça esse assunto. As pessoas estão se tornando cada vez mais espertas a respeito de investimentos em ICOs. Para se tornar uma das histórias de sucesso na área, você precisa ter uma profunda compreensão do seu mercado e público-alvo. Mais importante ainda, precisa saber com o que as pessoas estão dispostas a gastar o próprio dinheiro. Você pode criar uma pesquisa em um site como SurveyMonkey ou o BitcoinTalk Forum (dê uma olhada `https://bitcointalk.org/` [conteúdo em inglês]) para ver a reação do mercado à sua ideia. Certifique-se, também, de conhecer a sua concorrência.

Consiga um aconselhamento jurídico

As ICOs são legais no seu país? Você está protegido judicialmente caso algo dê errado? ICOs estão se tornando cada vez mais regulamentadas. É por isso que você deve realizar a sua devida diligência para que tudo esteja de acordo com leis e regulações relevantes da área. Você pode encontrar advogados especializados em ICOs usando um mecanismo de busca ou o LinkedIn; pesquise termos como "advogados ICO perto de mim" ou "advogados ICO [insira o seu país]".

Crie um token

Este passo é, na verdade, o mais fácil do processo, em especial se não estiver planejando criar um blockchain do zero. Você pode simplesmente usar plataformas como Ethereum e Waves. Se seguir as instruções nelas, você pode levar menos de vinte minutos para criar seu próprio token na Ethereum. Criar um token está fora do escopo deste livro, mas é possível ver um roteiro detalhado em `https://medium.com/bitfwd/how-to-issue-your-own-token-on-ethereum-in-less-than-20-minutes-ac1f8f022793` [conteúdo em inglês].

Escreva um whitepaper

Como expliquei anteriormente neste capítulo, whitepapers são essenciais para analisar uma ICO ou criptomoeda. Portanto, você deve imaginar que os investidores vão exigir um whitepaper completo e claro antes de lhe oferecer algum dinheiro. Pesquise modelos de whitepaper na internet e tenha certeza de que você está atualizado a respeito daquilo que os investidores estão buscando.

Crie burburinho em torno lançamento

Este passo também é bem semelhante a lançar um novo produto ou startup. Como uma dona de startup, tenho estudado técnicas de lançamento ao longo de toda minha jornada como empreendedora, e ainda estou aprendendo. Lançar uma ICO tem outros requisitos de marketing adicionais que são específicos de sua natureza, incluindo:

- » Aparecer na lista de sites populares de listagem de ICOs.
- » Alcançar jornalistas e blogueiros voltados para a área de ICOs.
- » Criar suas próprias páginas do Reddit, Twitter, Facebook e LinkedIn.
- » Considerar a realização de um *airdrop*, o que significa distribuir o seu token gratuitamente para as massas e conseguir atenção e tempo de mídia.
- » Considerar a realização de um road show global e comparecer a eventos/conferências de blockchain ou realizar parcerias com influenciadores.

DICA

Criar uma campanha de marketing bem-sucedida para a sua ICO está muito fora do escopo deste livro. Portanto, se não tiver habilidades naturais para o marketing, contrate a equipe certa de publicidade para ajudá-lo! Contratar uma boa equipe de marketing é outro desafio que está muito além do escopo deste livro, mas você pode começar encontrando alguma no seu mecanismo de busca favorito, no LinkedIn ou participando dos eventos locais de networking, que você pode encontrar em `www.eventbrite.com` [conteúdo em inglês].

Faça seu token ser listado em exchanges

Criar sua própria exchange com certeza pode ajudar a aumentar a liquidez e volume do seu token, mas você precisa ser proativo para que ele seja listado na maior quantidade possível de exchanges. As exchanges provavelmente se tornarão o principal lugar para comprar o seu token, então, fazer com que ele seja aceito nas exchanges mais fortes e bem estabelecidas é importantíssimo — e algo que exige muito esforço, networking e provas de que sua moeda realmente tem valor. Veja o Capítulo 6 para se informar melhor sobre exchanges. Caso queira criar sua própria exchange, empresas como Shift Markets (`www.shiftmarkets.com/ [conteúdo em inglês]`) podem ajudar.

NESTE CAPÍTULO

» **Começando com o básico da mineração de criptomoedas**

» **Revisando sua lista de tarefas antes de começar**

Capítulo 12

Mineração de Criptomoedas

Na primeira vez em que ouvi falar sobre a mineração de Bitcoin, imediatamente imaginei um rapaz atraente, com um corpo sarado e um capacete com uma lanterna, se sujando no interior de uma montanha. Entretanto, logo descobri que mineradores de criptomoedas não têm nenhuma dessas qualidades. Tudo o que você precisa é de uma conexão de alta velocidade com a internet e um computador de última geração. Neste capítulo, explorarei o básico da mineração de criptomoedas.

LEMBRE-SE

Como comentei no Capítulo 5, nem todas as criptomoedas exigem algum tipo de mineração. O Bitcoin, o avô de todas as moedas, começou essa febre de mineração em 2009, estabelecendo o conceito de tecnologia blockchain (veja Capítulo 4). No entanto, muitas novas moedas não podem ser mineradas e usam métodos alternativos para a geração de valor.

Compreendendo o Funcionamento da Mineração em Poucas Palavras

O Bitcoin e outras criptomoedas mineráveis dependem dos mineradores para manter a rede. Ao solucionar problemas matemáticos (veja o Capítulo 5) e entrar em consenso sobre a validade das transações, os mineradores sustentam a rede blockchain que, caso contrário, entraria em colapso. Em razão do serviço deles para a rede, os mineradores são recompensados com criptomoedas recém-criadas (como Bitcoins) e taxas de transações.

LEMBRE-SE

Para compreender verdadeiramente a mineração, primeiro é necessário explorar o mundo da tecnologia blockchain no Capítulo 4. Aqui está um breve resumo: caso você queira ajudar a atualizar o *livro-razão* (registro de transações) de uma criptomoeda minerável como o Bitcoin, tudo o que precisa fazer é adivinhar um número aleatório que resolve uma equação matemática. É claro, você não vai querer fazer isso sozinho. É para isso que os computadores existem! Quanto mais poderoso for o seu computador, mais rapidamente você consegue solucionar os problemas e vencer a multidão de mineradores. Quanto mais vencer nesse jogo de adivinhação, mais criptomoedas receberá como recompensa. Se todos os mineradores usarem um tipo semelhante de poder computacional, então as leis da probabilidade definem que o vencedor provavelmente não será o mesmo todas as vezes. Mas, se metade dos minerados possuir computadores comerciais normais e a outra metade possuir supercomputadores, a participação começa a se tornar injusta e a favorecer os supercomputadores. Algumas pessoas argumentam que aqueles com supercomputadores vencerão na maior parte do tempo ou até mesmo todas as vezes.

Redes de criptomoedas como o Bitcoin mudam automaticamente a dificuldade dos problemas matemáticos a depender da rapidez com que os mineradores estão os resolvendo. Esse processo também é conhecido como o ajuste da dificuldade do proof-of-work (PoW), mencionado no Capítulo 5. No começo do Bitcoin, quando os mineradores eram apenas um pequeno grupo de viciados em computadores, o proof-of-work era muito simples de ser alcançado. Na verdade, quando Satoshi Nakamoto lançou o Bitcoin, ele (ou ela) planejou que a moeda fosse minerada nos processadores do computador (a verdadeira identidade de Satoshi é desconhecida, e existem discussões de que Satoshi possa ser uma entidade governamental). Satoshi queria que sua rede distribuída fosse minerada por pessoas em todo o mundo usando seus notebooks e computadores pessoais. Antigamente, era possível resolver jogos relativamente simples com um processador básico no seu computador.

Conforme o grupo de mineração cresceu, a concorrência também aumentou. Depois que alguns ávidos jogadores de jogos de computador entraram na rede, eles descobriram que as placas de vídeo usadas em seus jogos eram muito mais adequadas para a mineração. Meu marido com certeza era uma dessas pessoas. Como um geek da área de jogos, ele tinha dois computadores de alta tecnologia com placas de vídeo Nvidia em sua sala de jogos que certamente estavam pegando poeira após nos casarmos (por razões óbvias, ele precisou trocar sua hora de jogar pela hora de namorar). Quando ele percebeu minha paixão por criptomoedas, precisou entrar nessa onda e ligar seus computadores para começar a minerar. No entanto, uma vez que ele entrou nesse jogo de mineração um pouco tarde, minerar Bitcoins não estava sendo muito lucrativo. É por isso que ele acabou minerando outras criptomoedas (falarei mais sobre encontrar as melhores criptomoedas para minerar ainda neste capítulo).

LEMBRE-SE

A mineração não é um esquema de enriquecimento rápido. Para minerar de maneira eficaz, é necessário ter acesso a um equipamento bastante sofisticado. Primeiro, você precisa fazer os cálculos para saber se o investimento inicial exigido para reunir os recursos de mineração compensará as criptomoedas ganhas em retorno. E, mesmo se desejar minerar criptomoedas em vez de comprá-las, você ainda estará apostando que o valor delas crescerá no futuro.

Com o Bitcoin se tornando mais popular, a mineração dele se tornará mais popular e, portanto, mais difícil. Para aumentar o desafio, algumas empresas que viram o potencial no valor do Bitcoin começaram a montar enormes centros de processamento de dados, chamados de *fazendas de mineração*, com uma gama de computadores de ponta cuja única função é minerar Bitcoins. A Figura 12-1 mostra um exemplo do equipamento de uma fazenda de mineração.

FIGURA 12-1: Computadores de ponta em uma fazenda de mineração.

© John Wiley & Sons, Inc.

Portanto, da próxima vez que considerar se tornar um minerador de Bitcoin, leve em conta o tipo de concorrência que você deverá enfrentar! Mas não fique desanimado. Você ainda tem um caminho para a mineração: os pools de mineração, sobre os quais comentarei posteriormente neste mesmo capítulo.

Descobrindo do que Você Precisa para Minerar

Antes de começar a minerar, é bom arranjar alguns brinquedinhos. Quando tiver tudo preparado e funcionando, a mineração se torna um tanto quanto fácil, pois tudo ocorre automaticamente. A única coisa que resta é pagar sua conta de luz ao final de cada mês.

LEMBRE-SE

Primeiramente — aqui está uma breve lista de tarefas para você começar:

- **Adquira uma carteira de criptomoedas (veja o Capítulo 7 para detalhes).**
- **Certifique-se de que você tem uma boa conexão com a internet.**
- **Monte o seu computador em um ambiente fresco.** Com *fresco,* eu me refiro a um ambiente com baixa temperatura, e não cheio de frufrus.
- **Escolha o hardware a ser utilizado com base na criptomoeda que deseja minerar.** Explicarei mais sobre esse assunto nas próximas duas seções.
- **Se quiser minerar sozinho (não recomendado), baixe todo o blockchain da criptomoeda.** Esteja preparado; para moedas mais antigas, baixar todo o blockchain pode levar alguns dias.
- **Consiga um pacote de software de mineração (vá até a seção posterior sobre software para mais detalhes).**
- **Entre em um pool de mineração.** Falarei mais sobre isso posteriormente neste mesmo capítulo.
- **Certifique-se de que os seus gastos não estão excedendo os seus ganhos.** Eu também falarei sobre isso mais tarde, neste mesmo capítulo.

Antes de começar: A lucratividade de mineração de diferentes criptomoedas

Alguns viciados em tecnologia realizam a mineração apenas porque podem, mas, no final das contas, a maior parte das pessoas mineram tendo o lucro em mente. Mas, mesmo caso você se encaixe no primeiro grupo, não é nada mal conseguir uma recompensa por seus esforços, não é? A lucratividade da mineração pode mudar drasticamente com base no valor da criptomoeda, na dificuldade de mineração, nas taxas de eletricidade e nos preços dos hardwares no momento em que montar o seu sistema. Você pode visitar sites como `www.coinwarz.com` [conteúdo em inglês] para ver quais criptomoedas são as melhores para mineração em um determinado momento. Em setembro de 2018, por exemplo, o site indicava que a criptomoeda mais lucrativa para minerar era a Verge (XVG), enquanto o Bitcoin ocupava a sétima posição, como você pode ver na Figura 12-2.

Cryptocurrency Current Profitability Position	Current Difficulty 14 Day Difficulty Chart	Est. Coins (Current / 24 Hr Avg)	Exchange Rate BTC 14 Day Exchange Rate Chart	Exchange Volume	Revenue / Profit (per day)	Earn 1 BTC (in days)	Profit Ratio vs. BTC (Current / 14 Day Average)
1 Verge (XVG) Network Hashrate: ? Block Reward: 730.00 Blocks: 2,467,682 Block Time: 30.00 second(s) Scrypt	23,087.1459 -64.39 %	368.9219 / 131.3710	0.00000205 (Bittrex) +0.98 %	73.09 BTC 36,005,121.39 XVG	$5.35 / $3.09 $2.26 for electricity	1,322.24 0.00075629 BTC / day	578.13 % / -66.75 %
2 StartCoin (START) Network Hashrate: 377.03 GH/s Block Reward: 5.00 Blocks: 1,748,047 Block Time: 1.00 minute(s) X11	3,647.0259 -61.35 %	1,406.5501 / 543.6197	0.00000084 (Cryptopia) -1.18 %	0.07 BTC 80,435.19 START	$8.36 / $1.38 $6.98 for electricity	846.38 0.00118150 BTC / day	267.32 % / -1,072.98 %
3 Einsteinium (EMC2) Network Hashrate: 108.66 GH/s Block Reward: 4.00 Blocks: 2,045,314 Block Time: 1.00 minute(s) Scrypt	1,088.6779 -40.21 %	42.8689 / 25.6305	0.00001138 (Bittrex) +5.27 %	1.85 BTC 171,802.21 EMC2	$3.45 / $1.19 $2.26 for electricity	2,049.82 0.00048785 BTC / day	222.79 % / -78.09 %
4 Ethereum (ETH) Network Hashrate: 281.94 TH/s Block Reward: 3.00 Blocks: 6,248,346 Block Time: 15.00 second(s) EtHash	3,463,637,913,415,360 +0.84 %	0.0081 / 0.0082	0.04020647 (hitbtc) +0.24 %	2,401.18 BTC 59,865.47 ETH	$2.30 / $0.86 $1.44 for electricity	3,077.36 0.00032495 BTC / day	160.73 % / 243.57 %
5 Ethereum-Classic (ETC) Network Hashrate: 15.15 TH/s Block Reward: 4.00 Blocks: 6,473,602 Block Time: 15.00 second(s) EtHash	212,094,345,472,986 +1.31 %	0.1760 / 0.1783	0.00181000 (Poloniex) 0.00 %	45.11 BTC 24,927.87 ETC	$2.25 / $0.81 $1.44 for electricity	3,139.45 0.00031853 BTC / day	162.23 % / 238.88 %
6 BitcoinCash (BCH) Network Hashrate: 3,986.51 PH/s Block Reward: 12.50 Blocks: 545,867 Block Time: 10.00 minute(s) SHA-256	512,438,178,901.9680 -0.32 %	0.0069 / 0.0068	0.07724700 (Bitfinex) +0.21 %	171.75 BTC 2,228.09 BCH	$3.75 / $0.59 $3.17 for electricity	1,884.38 0.00053068 BTC / day	109.76 % / 129.99 %
7 Bitcoin (BTC) Network Hashrate: 51,792.34 PH/s Block Reward: 12.50	6,727,225,469,722.5300	0.0005 / 0.0005	1.00 (Coinbase $7,075.21)	35,274.26 BTC	$3.70 / $0.53	1,910.93 0.00052331 BTC / day	100.00 % / 100.00 %

FIGURA 12-2: Captura de imagem da lista de lucratividade de mineração em setembro de 2018.

Fonte: CoinWarz.com

LEMBRE-SE

Mesmo se a mineração não for lucrativa no momento, suas criptomoedas podem valer muito caso o valor suba no futuro. Ao minerar uma criptomoeda com baixa lucratividade, você está assumindo um risco de investimento. Para saber mais sobre riscos, vá até o Capítulo 3.

Hardware de mineração

Diferentes tipos de criptomoedas podem exigir diferentes tipos de hardware para melhores resultados de mineração. Por exemplo, certos hardwares (como os ASICs, que é um acrônimo em inglês para circuitos integrados de aplicação específica) foram personalizados para otimizar a mineração de criptomoedas como Bitcoin e Bitcoin Cash. No entanto, para criptomoedas sem um hardware dedicado, como Ethereum, Zcash e Bitcoin Gold, unidades de processamento gráficos (GPUs, um componente das placas de vídeo) são boas o suficiente para processar as transações. É claro que as GPUs ainda são lentas se comparadas às fazendas de mineração. Caso decida minerar Bitcoin com uma GPU, por exemplo, você pode precisar aguardar anos até conseguir minerar um Bitcoin! Você pode encontrar GPUs em qualquer loja que venda equipamentos de hardware.

Conforme a mineração se tornou mais difícil, programadores habilidosos começaram a explorar as placas de vídeo, pois elas oferecem um maior *poder de hashing*, que é a taxa em que você minera (vá até o Capítulo 5 para ler mais sobre hashing). Eles desenvolveram softwares de mineração (em outras palavras, desenvolveram algoritmos de mineração) otimizados para o poder de processamento das GPUs como uma forma de minerar mais rápido do que utilizando as unidades de processamento centrais (CPUs, um componente do processador). Esse tipo de placa de vídeo é mais rápido, mas também usam mais eletricidade e geram muito calor. Foi então que os mineradores decidiram mudar para algo chamado de *application-specific integrated circuit*, ou ASIC. A tecnologia ASIC tornou a mineração de Bitcoin muito mais rápida ao mesmo tempo em que utiliza menos eletricidade. (Você pode pesquisar "onde comprar um minerador ASIC" no seu mecanismo de busca favorito.)

LEMBRE-SE

Durante épocas de expectativa sobre as criptomoedas, equipamentos como os ASICs se tornam incrivelmente caros. No começo de 2018, por exemplo, eles tinham um preço acima de US$9 mil devido à alta demanda. É por isso que é necessário levar em conta o seu retorno sobre o investimento antes de se envolver com mineração: às vezes, apenas comprar as criptomoedas faz mais sentido do que minerá-las.

DICA

A mineração de criptomoedas pode fazer mais sentido no inverno, porque ela gera muito calor sobre o hardware. Você pode reduzir o custo da sua conta de luz ao usar a natureza como o sistema de refrigeração natural do seu computador ou usar o seu computador como o sistema de aquecimento da sua casa! Claro, o custo da eletricidade usada por computadores em mineração excede em muito o custo de aquecer ou refrigerar a casa.

Software de mineração

O software de mineração lida com todo o processo de mineração. Caso esteja minerando sozinho, o software conecta sua máquina a um blockchain para se tornar um nó de mineração ou minerador. Caso esteja usando um pool de mineração (veja a seção seguinte), o software o conecta a esse pool. A principal função do software é distribuir o trabalho do hardware de mineração para o resto da rede e receber o trabalho completo de outros mineradores na rede. Ele também exibe estatísticas, como a velocidade de mineração e das fans, sua taxa de hash e a temperatura do equipamento.

Mais uma vez, é preciso buscar pelo melhor software disponível quando você estiver pronto para começar. Aqui estão alguns dos mais populares no momento de escrita deste livro:

- **CGminer:** O CGminer é um dos exemplos mais antigos e populares de software de mineração de Bitcoin. Você pode usá-lo para pools como Cryptominers para minerar diferentes altcoins. Ele aceita ASICs e GPUs.
- **Ethminer:** O Ethminer é o software mais popular para a mineração de Ethereum. Ele aceita hardware de GPU, como Nvidia e AMD.
- **XMR Stak:** O XMR Stak pode minerar criptomoedas como Monero e Aeon. Ele aceita tanto CPU quanto GPU.

LEMBRE-SE

Essas opções são apenas exemplos, e não recomendações. Você pode escolher o melhor software lendo avaliações online sobre as características, reputações e facilidade de uso deles. Esse mercado está evoluindo, e navegar por todas as opções até encontrar o software ideal pode levar algum tempo. Particularmente, confio bastante no meu mecanismo de busca para encontrar materiais online e comparo os resultados para escolher aquele que me faz sentir mais confortável.

Pools de mineração

Os pools [ou piscinas] de mineração costumam aproximar os mineradores, mas com sorte você não vai precisar ficar em forma para entrar em uma. (Mas se eu tivesse continuado com a minha imagem de um minerador atraente, um pool de mineração teria tornado essa imagem perfeita. Um grupo de homens atraentes, usando capacetes e bebendo drinks gelados em uma piscina...)

Simplificando, um *pool de mineração* é um lugar no qual mineradores que não têm acesso às gigantescas fazendas de mineração (descritas mais cedo neste capítulo) se reúnem e compartilham seus recursos. Quando você participa de um pool de mineração, é capaz de encontrar as soluções para os problemas matemáticos com mais facilidade do que se fizesse isso sozinho, e é recompensado de forma proporcional ao trabalho fornecido.

CUIDADO

Pools de mineração são legais porque suavizam as recompensas e as tornam mais previsíveis. Sem um pool de mineração, você só recebe um pagamento pela mineração caso encontre um bloco por conta própria. É por isso que não recomendo a mineração solo, porque a taxa de hash do seu hardware provavelmente não vai chegar nem perto de encontrar um bloco sozinha.

LEMBRE-SE

Para encontrar um pool de mineração adequado para você, recomendo fazer uma pesquisa online quando estiver pronto para participar. Faço essa recomendação porque o mercado muda rapidamente, e, portanto, a infraestrutura e seus participantes também. Aqui estão algumas características para comparar ao escolher a melhor pool de mineração para você:

- **Criptomoeda minerável:** Tenha certeza de que o pool está minerando a criptomoeda escolhida por você.
- **Localização:** Alguns pools não têm servidores em todos os países. Escolha um pool disponível no seu país.
- **Reputação:** Este fator é importante. Não participe de pools com pessoas desagradáveis.
- **Taxas:** Alguns pools apresentam taxas maiores que outros. Entretanto, não priorize as taxas em detrimento da reputação.

- **Compartilhamento de lucros:** Diferentes pools têm diferentes regras para o compartilhamento de lucros. Uma coisa a se levar em consideração é quanto você precisa minerar até o pool lhe pagar.
- **Facilidade de uso:** Caso você não seja lá um especialista em tecnologia, esta característica pode ser importante.

Um exemplo de configuração de mineração

A Figura 12-3 mostra como eram as máquinas de mineração do meu marido no começo de 2018, para a mineração de Ethereum. Tenha em mente que ele já tinha essas máquinas na sua sala de jogos, então não foi preciso fazer um grande investimento com a mineração em mente. No entanto, ele precisou investir na carteira de hardware (vá até o Capítulo 7 para saber mais sobre as carteiras).

- Dois computadores de ponta personalizados com bom desempenho para jogos de lojas especializadas (um deles da Maingear e outro da Falcon Northwest).
- Duas placas de vídeo Nvidia GTX 1070 Ti no primeiro PC; duas placas de vídeo Nvidia Titan X Pascal no segundo PC.
- Duas carteiras de hardware Ledger Nano S.
- Pool Ethermine.org para minerar Ethereum.

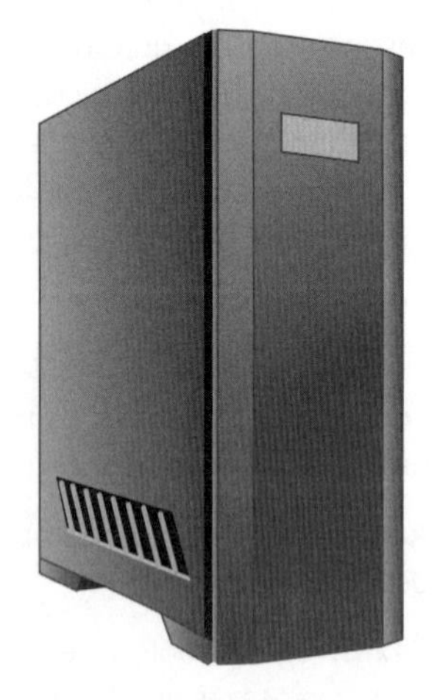

FIGURA 12-3: Computadores de ponta para jogos que podem ser utilizados na mineração.

© John Wiley & Sons, Inc.

Mergulhando e garantindo que a mineração vale o seu tempo

Depois de reunir todas as ferramentas, é preciso preparar tudo e começar a minerar. Fazer isso certamente pode ser desafiador, e a dinâmica da comunidade de mineração muda regularmente, então você precisa estar sempre atualizado com as mudanças recentes e adquirir as ferramentas mais atuais para sua aventura de mineração. É possível fazer isso ao pesquisar os elementos principais mencionados por mim nas seções seguintes diretamente no seu mecanismo de busca.

DICA

Caso esteja buscando a mineração de Bitcoin, tenha em mente que sua lucratividade dependerá de muitos fatores (como o seu poder computacional, custo de eletricidade, taxas do pool e o valor do Bitcoin no momento da mineração), e há chances muito altas de que essa atividade não seja nem um pouco lucrativa. É possível conferir se a mineração de Bitcoin será lucrativa para você usando uma calculadora de mineração de Bitcoin (confira em `www.investdiva.com/mining-calculator/` [conteúdo em inglês]. Calculadoras de mineração levam em conta todos os custos relevantes que você pode estar pagando para minerar e lhe mostram se a mineração de determinada criptomoeda é lucrativa para a sua situação. Calculadoras de mineração simples apenas fazem perguntas sobre sua taxa de hash, taxas do pool e seu uso de eletricidade, entre outros fatores. A Figura 12-4 retrata uma amosta de calculadora de mineração desenvolvida pela CryptoRival. Após apertar o botão "Calculate", a calculadora exibe seu ganho bruto anual, mensal e diário.

Fazendo esses cálculos com antecedência, talvez você se dê conta de que a mineração de outras criptomoedas pode fazer mais sentido.

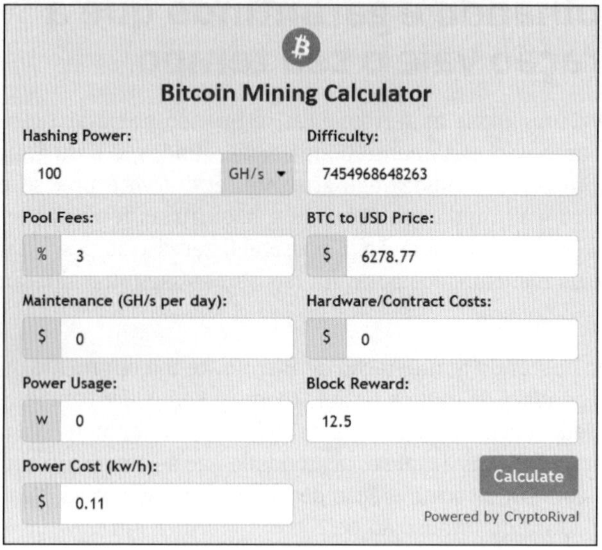

Bitcoin Mining Calculator

Hashing Power: 100 GH/s

Difficulty: 7454968648263

Pool Fees: % 3

BTC to USD Price: $ 6278.77

Maintenance (GH/s per day): $ 0

Hardware/Contract Costs: $ 0

Power Usage: w 0

Block Reward: 12.5

Power Cost (kw/h): $ 0.11

Calculate

Powered by CryptoRival

Fonte: CryptoRival.com

FIGURA 12-4: Exemplo de uma calculadora de mineração simples.

NESTE CAPÍTULO

» Diversificando com uma exposição indireta de ações a criptomoedas e tecnologia blockchain.

» Ficando de olho em ETFs de blockchain e criptomoedas, entre outros índices

Capítulo 13

Ações e Exchange Traded Funds com Exposição a Criptomoedas

Ainda que você seja um grande fã do investimento em criptomoedas, ter alguma exposição indireta a essa indústria, em vez de mergulhar de cabeça no mercado, sempre é uma boa ideia. Neste capítulo, oferecerei uma visão geral de alguns métodos para encontrar ações e exchange traded funds (ETFs) que podem lhe dar a medida certa de exposição ao mercado de criptomoedas ao mesmo tempo em que diversifica o seu portfólio em outras áreas.

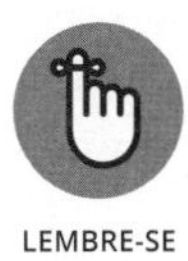
LEMBRE-SE

Ações, ETFs e todos os outros ativos de investimento carregam uma certa quantidade de risco. Para criar um portfólio de investimento único para sua situação e objetivos financeiros, tenha certeza de calcular sua tolerância ao risco conferindo o Capítulo 3 e participando do meu curso *Make*

Your Money Work for You: https://learn.investdiva.com/free-webinar-3-secrets-to-making-your-money-work-for-you [conteúdo em inglês]. Caso esteja buscando consultorias individuais, recomendo um querido amigo meu e autor de diversos livros sobre investimento, Paul Mladjenovic. Você pode conferir os serviços dele aqui: www.ravingcapitalist.com/ [conteúdo em inglês].

Para comprar ações e ETFs, é provável que você tenha que abrir uma conta com uma corretora na sua região, que é diferente de uma corretora ou exchange de criptomoedas. Enquanto algumas corretoras como Robinhood (http://share.robinhood.com/kianadl) oferecem, além de criptomoedas, ações e ETFs, no momento de escrita deste livro, a quantidade de corretoras que realizam essas operações se restringe aos Estados Unidos. Veja o Capítulo 6 para mais informações sobre corretoras e exchanges.

Buscando Ações com Exposição a Criptomoedas

Quando quero iniciar o processo de desenvolvimento de estratégia para qualquer ativo, certifico-me de realizar todos os pontos da Invest Diva Diamond Analysis (IDDA), que foi explicada no Capítulo 9. Isso inclui analisar o mercado do ponto de vista fundamental, sentimental e técnico para, em seguida, adicionar minha tolerância ao risco e diversidade de portfólio e alcançar uma estratégia perfeita e personalizada que funcione para mim. O mesmo funciona ao escolher ações. No entanto, caso esteja buscando ações com exposição à indústria de criptomoedas/blockchains, você precisa fazer a análise nas duas pontas — tanto do lado da ação quanto do lado da criptomoeda. As seções seguintes abordam como conduzir essa análise sozinho.

Se tiver interesse em receber minhas escolhas atualizadas de ações e as mais recentes estratégias de investimento, você pode participar do Premium Investing Group da Invest Diva no endereço https://learn.investdiva.com/join-group [conteúdo em inglês].

Fundamentos

Blockchain e criptomoedas são coisas relacionadas, mas nem todas as empresas investindo na tecnologia blockchain têm uma exposição direta ao mercado de criptomoedas. E mesmo quando o mercado de criptomoedas sofreu um forte golpe em 2018, por exemplo, grandes empresas de capital aberto continuaram seus rápidos investimentos na tecnologia blockchain. Na verdade, quando a PricewaterhouseCoopers (PwC) fez uma pesquisa com 600 executivos de 15 territórios em agosto de 2018, 84% deles indicaram que suas empresas estavam "ativamente envolvidas" com a tecnologia blockchain.

Como comentei no Capítulo 4, o blockchain é a tecnologia subjacente para criptomoedas como Bitcoin e Ethereum. Em 2018, empresas que estavam reorganizando sua estrutura para incorporar o blockchain incluíam IBM, Accenture, Deloitte, J. P. Morgan e HSBC, apenas para citar algumas. Posso apenas imaginar que ainda mais nomes conhecidos terão pegado o bonde quando você finalmente estiver com este livro em mãos. Por outro lado, uma pesquisa da Cowen sugere que o blockchain não vai experimentar nenhuma adoção ampla antes de 2022. Portanto, fazer uma pesquisa atualizada ao conduzir a análise fundamental sobre esse assunto é crucial.

Já chega de empresas que estão investindo em blockchain. E as criptomoedas? Como você pode conseguir uma exposição indireta a esse produto da tecnologia blockchain? É preciso pensar fora da caixa. As seções seguintes lhe darão alguns pontos para pesquisar antes de escolher ações com exposição a criptomoedas (para mais informações sobre análise fundamental, confira o Capítulo 9. Você também pode visitar a página `https://learn.investdiva.com/free-webinar-3-secrets-to-making-your-money-work-for-you` [conteúdo em inglês].)

DICA

As empresas podem se envolver no mercado de criptomoedas de muitas formas diferentes. Fique sempre por dentro das últimas notícias acessando sites como `https://cryptobriefing.com/` e `https://pro.benzinga.com/?afmc=2f/` [conteúdos em inglês].

Exposição à mineração de criptomoedas

Algumas grandes criptomoedas permitem a mineração. E, para ser capaz de minerar, você precisa de computadores de ponta e um hardware sofisticado, como comentei no Capítulo 12. Quando a mineração de criptomoedas está no ápice, o valor das ações dessas empresas também dispara. Um exemplo dessa tendência foram as ações da Advanced Micro Devices (AMD) em 2017 e 2018. Eu, junto com os membros do Premium Investing Group, vi um retorno acima de mil pontos percentuais ao longo do período de dois anos em que seguramos as ações da empresa. Sendo mais específica, começamos a comprar ações da AMD quando elas estavam no valor de US$1,84 por ação no começo de 2016 e vendemos ao longo de 2018, quando elas haviam alcançado um valor acima de US$25. É claro, a mineração de criptomoedas foi apenas um dos motores por trás desse aumento de preço da AMD. Mas com toda certeza, quando mais pessoas entraram no ramo da mineração de criptomoedas, a demanda por unidades de processamento gráfico (GPUs) da AMD aumentou e, com ela, o valor das ações da empresa.

DICA

Muitas outras empresas estão atualmente focando essa área e é possível que façam um trabalho melhor que a AMD no futuro. Sites como `www.hardocp.com/`, `www.guru3d.com/` e `www.anandtech.com/` [conteúdos em inglês] frequentemente monitoram as últimas novidades do setor de tecnologia, então segui-los pode oferecer alguma vantagem na hora de saber quais empresas podem oferecer a melhor exposição à mineração de criptomoedas.

Exposição ao pagamento com criptomoedas

Outra forma de conseguir uma exposição indireta ao mercado de criptomoedas por meio de empresas de capital aberto é ir atrás daquelas que aceitam altcoins como método de pagamento pelos serviços. Algumas pioneiras nessa área foram Overstock.com (símbolo da ação: OSTK) e Microsoft (símbolo: MSFT), em 2017 e 2018. Você pode descobrir quais empresas aceitam criptomoedas como pagamento ao buscar em fontes de notícias como Mashable (`https://mashable.com/`), NewsBTC (`http://newsbtc.com`) e MarketWatch (`www.marketwatch.com/`) [todos os links com conteúdos em inglês].

CUIDADO

Se a exposição ao pagamento com criptomoedas é a *única* razão pela qual você está investindo nesse tipo de ação, lembre-se de que a volatilidade de preço pode estar diretamente correlacionada ao mercado de criptomoedas em si e, portanto, pode não oferecer a diversificação que você procura. Por exemplo, as ações da Overstock viram um enorme crescimento após começar a aceitar Bitcoin no final de 2017 e durante todo o início de 2018. No entanto, com a queda no preço da moeda, o preço das ações também caiu, como você pode ver na Figura 13-1.

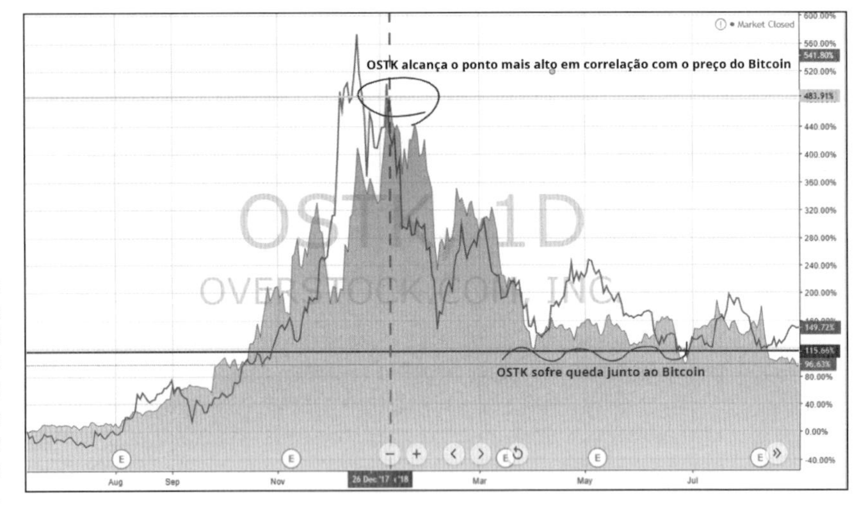

FIGURA 13-1: Preço das ações OSTK ao longo de 2018 mostra uma correlação com o preço do Bitcoin.

Fonte: tradingview.com

Exposição ao trading de criptomoedas

Enquanto as autoridades governamentais tentavam forjar regulações sobre criptomoedas, muitas empresas de capital aberto, corretoras e exchanges tradicionais tomaram a dianteira para oferecer o trading de criptomoedas às massas. Por exemplo, quando a Interactive Brokers Group (símbolo de ação: IBKR) anunciou, no dia 13 de dezembro de 2017, que permitiria aos seus clientes fazer *vendas a descoberto* de Bitcoins (vendê-los de acordo com a especulação de que o valor cairá), o preço de suas ações, na verdade, caiu. A razão para isso pode ter sido o fato de que, na época, o preço do Bitcoin estava em seu ápice, e a maioria das pessoas não gostava da ideia de uma venda a descoberto de Bitcoin. É claro, os preços do Bitcoin acabaram caindo alguns meses depois e a IBKR viu um aumento no valor de suas ações, como é possível ver na Figura 13-2. Em seguida o valor voltou a cair, mas devido a fatores sem relação com essa exposição ao Bitcoin.

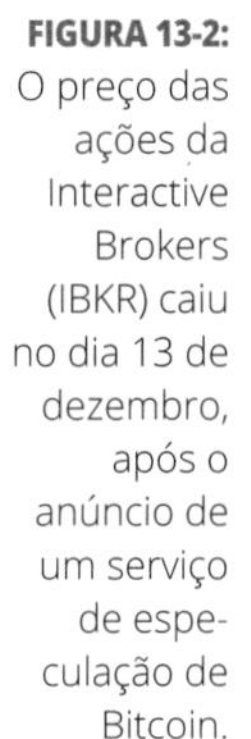

FIGURA 13-2: O preço das ações da Interactive Brokers (IBKR) caiu no dia 13 de dezembro, após o anúncio de um serviço de especulação de Bitcoin.

Fonte: tradingview.com

CUIDADO

Trading especulativo com base em rumores e notícias pode ser muito arriscado. Ao analisar uma ação de um ponto de vista fundamental para uma estratégia de investimento em médio a longo prazo, é preciso considerar outros fatores, como a administração da empresa, serviços, perspectiva da indústria, declarações e índices financeiros. Veja o Capítulo 17 para ler mais sobre estratégias de trading de curto prazo e o Capítulo 18 para estratégias de investimento em longo prazo.

Fatores sentimentais do mercado

O segundo ponto da IDDA (Invest Diva Diamond Analysis) tem um foco no sentimento de mercado. Como indiquei no Capítulo 9, o *sentimento do mercado* é o comportamento geral e "sensação" dos participantes do mercado em relação a um ativo específico, como ações ou criptomoedas. Ao buscar ações com exposição a criptomoedas, você deve mensurar o sentimento do mercado não só para com a ação, mas também com a indústria de criptomoedas. Tal abordagem oferece uma ideia da direção que você pode seguir com o investimento.

Oferecendo um exemplo demasiadamente simplificado, digamos que todos os outros pontos da IDDA, incluindo análises fundamentais e técnicas, mostram que você deve esperar uma redução no preço de determinada ação no futuro (o termo técnico para esse movimento da ação é *reversão de baixa*). No entanto, caso queira completar sua análise IDDA, você também deve mensurar o sentimento do mercado, usando tempos gráficos menores e indicadores como o Ichimoku Kinko Hyo, do qual falarei no Capítulo 20.

Outros indicadores do sentimento do mercado são [todos os links com conteúdos em inglês]:

- Moving average convergence divergence (MACD) (`www.investdiva.com/investing-guide/macd/`)
- Índice de força relativa (IFR) (`www.investdiva.com/investing-guide/relative-strength-index-rsi/`)
- Bandas de Bollinger (BB) (`www.investdiva.com/investing-guide/bollinger-bands-bol/`)

Outras considerações

No final das contas, se estiver buscando criar um portfólio bem diversificado com a exposição indireta a criptomoedas, você vai querer evitar o *double dipping* (investir em uma mesma categoria/indústria duas vezes). As ações com exposição a criptomoedas devem ser apenas uma fatia proporcional do seu portfólio geral ao categorizá-lo por indústria. Se estiver buscando ter uma ideia de quanto vai conseguir no seu investimento com a quantidade de risco que está assumindo, bem como quanto valor você deve dar ao preço de uma ação, é preciso analisar a indústria adequadamente com o uso de todos os pontos da IDDA. Assim, você pode focar escolher a melhor ação daquela categoria.

Aqui estão algumas questões as quais deve se fazer antes de adicionar as maiores ações relacionadas a criptomoedas ao seu portfólio:

- A empresa está trabalhando em algum novo desenvolvimento em sua tecnologia?
- Quais impactos potenciais descobertas podem trazer?
- A demanda para serviços relacionados às criptomoedas é relacionada a importantes variáveis econômicas? Se sim, quais variáveis?
- Quanto a empresa planeja gastar em serviços relacionados às criptomoedas? Como ela planeja financiar esse gasto?
- A empresa está empregando e abrindo novas vagas relacionadas a criptomoedas ou blockchains rapidamente?

Você encontrará as respostas para essas perguntas ao verificar os comunicados de imprensa e relatórios públicos da empresa. Sua corretora também pode ajudá-lo a entrar em contato com os desenvolvimentos mais recentes. É claro que, na Invest Diva, também procuramos ficar por dentro de todos os novos desenvolvimentos, então cadastre-se gratuitamente para receber minhas atualizações em `https://learn.investdiva.com/start` [conteúdo em inglês]. Assim, você poderá seguir para os outros pontos da IDDA, como a análise técnica (ver os Capítulos 9 e 16) e o gerenciamento de risco (como expliquei no Capítulo 3).

Levando em Conta os ETFs de Criptomoedas e Blockchains

Se está tendo dificuldades para escolher a ação ideal, então talvez seja hora de pensar em outra alternativa. Uma das formas mais fáceis de conseguir uma exposição em uma indústria específica sem precisar escolher ativos naquela categoria é por meio de um exchange traded fund, ou ETF.

Um ETF é semelhante a um fundo mútuo no sentido de que ambos são "cestos" de ativos de uma mesma categoria, mas ETFs estão se tornando mais populares por motivos como os seguintes:

- Eles apresentam uma maior eficiência tributária que os fundos mútuos.
- Eles apresentam menos gastos de negociação se comparados aos fundos mútuos.
- Eles são mais simples e mais flexíveis que os fundos mútuos.
- Eles são mais acessíveis que os fundos mútuos para o investidor médio.

Nas seções seguintes, apresentarei a você os ETFs e outros índices que podem oferecer uma exposição a criptomoedas e tecnologia blockchain.

Uma visão geral dos ETFs de blockchains

Em 2018, um punhado de ETFs relacionados a blockchains eram acessíveis para investidores individuais. No entanto, ETFs de Bitcoin ou criptomoedas não tiveram a sorte de serem regulamentados, embora muitos deles estivessem prontos para receber a aprovação da Securities and Exchange Commission (SEC). É por isso que investidores que realmente desejam uma exposição à indústria de criptomoedas por meio de um ETF precisam buscar a segunda melhor opção possível, que é o ETF de um blockchain.

Os primeiros ETFs de blockchains a alcançar o mercado foram o BLOK e o BLCN, ambos lançados no dia 17 de janeiro de 2018 (justo na época em que Bitcoin sofria um golpe). No dia 29 de janeiro de 2018, outro ETF de blockchain, o KOIN, deu as caras para a concorrência. Aqui está uma breve introdução a esses três ETFs [todos os links com conteúdos em inglês]:

- O nome completo do BLOK é Amplify Transformational Data Shearing ETF. Seu cesto contém 52 ativos, incluindo a Digital Garage, Inc (símbolo de ação: DLGEF), GMO Internet, Inc. (símbolo de ação: GMOYF) e Square, Inc. (símbolo de ação: SQ). Você pode encontrar as atualizações mais recentes para este ETF na página `www.marketwatch.com/investing/fund/blok`.
- O nome completo do BLCN é Reality Shares Nasdaq NexGen Economy ETF. Suas principais holdings possuem ações mais atraentes com exposição ao blockchain, como a Advanced Micro Devices, Inc. (símbolo de ação: AMD), Intel Corporation (símbolo de ação: INTC), Microsoft Corporation (símbolo de ação: MSFT) e a SBI Holdings, Inc. (símbolo de ação: SBHGF). Você pode encontrar as criações mais atuais desse ETF na página `https://finance.yahoo.com/quote/BLCN/holdings/`.
- O nome completo do KOIN é Innovation Shares NextGen Protocol ETF. Esse ETF não recebeu tanto carinho no começo quanto os outros dois. Suas principais holdings incluem a Taiwan Semiconductor Manufacturing Co. Ltd. ADR (símbolo de ação: TSM), Amazon (símbolo de ação: AMZN), Nvidia (símbolo de ação: NVDA), Microsoft e Cisco Systems (símbolo de ação: CSCO).

  Essa opção, para mim, parece uma ótima seleção, devido ao seu foco em inteligência artificial. No entanto, talvez a razão pela qual os investidores não paqueraram esse ETF no início é que ele parecia ter a menor quantidade de exposição direta à indústria do blockchain se comparado aos outros dois. Entretanto, como você pode ver na Figura 13-3, os retornos dele superavam os do BLOK e BLCN até setembro de 2018. Você pode saber mais sobre as novidades do KOIN na página `www.morningstar.com/etfs/ARCX/KOIN/quote.html`.

Aviso: particularmente, até 2018, eu possuía ações AMD, INTC, NVDA, AMZN e MSFT.

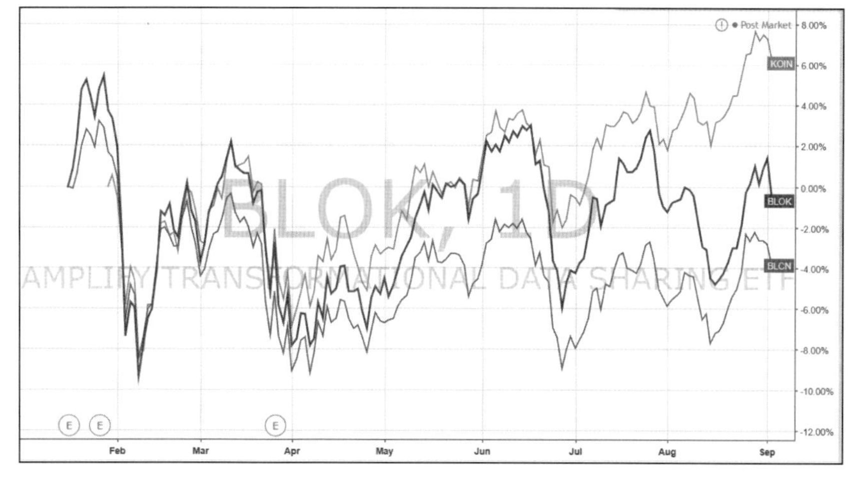

FIGURA 13-3: Comparação dos ETFs BLOK, BLCN e KOIN em 2018.

Fonte: tradingview.com

LEMBRE-SE

Esses três ETFs tiveram a vantagem de serem os pioneiros durante algum tempo, mas isso não significa necessariamente que sejam os melhores no jogo.

LEMBRE-SE

Investir em ETFs torna o processo de análise de ações um pouco mais fácil, mas você ainda precisa ter uma compreensão geral das holdings que fazem parte do ETF para ser capaz de escolher a opção mais adequada para o seu portfólio. Se várias holdings dos ETFs forem muito diferentes, ainda que de uma mesma indústria, existe a possibilidade de investir em múltiplos ETFs, desde que seus preços não sejam correlacionados.

Ficando de olho em outros índices

DICA

Enquanto os ETFs de criptomoedas aguardam para conseguir a aprovação regulatória, você pode buscar outros índices na indústria que possam oferecer exposição ao mercado de criptomoedas. Por exemplo, em março de 2018, a Coinbase — uma das maiores exchanges de criptomoedas dos Estados Unidos — anunciou que planejava lançar o seu próprio fundo de índice. O índice tinha como objetivo seguir todos os ativos digitais listados na exchange da Coinbase, a GDAX, que na época incluía Bitcoin, Litecoin, Ethereum e Bitcoin Cash. Entretanto, em outubro de 2018, a exchange precisou encerrar o índice devido à falta de interesse do setor. Em vez disso, a empresa moveu seu foco para um novo produto de varejo. Fique por dentro desse tipo de anúncio ao se inscrever na minha lista de e-mails (`https://learn.investdiva.com/start`

[conteúdo em inglês]). Aqui estão, em ordem alfabética, algumas outras fontes de notícias sobre criptomoedas[1] [todos os links com conteúdos em inglês]:

- » https://www.cnbc.com/
- » https://www.coindesk.com/
- » https://www.forbes.com/crypto-blockchain/
- » https://www.investing.com/news/cryptocurrency-news
- » https://www.nasdaq.com/topic/cryptocurrency
- » https://www.newsbtc.com/

1 N. da T.: No Brasil, recomenda-se acompanhar o Portal do Bitcoin.

NESTE CAPÍTULO

» Conhecendo o básico de futuros e opções

» Negociando derivativos de criptomoedas

Capítulo 14

Futuros e Opções de Criptomoedas

Futuros e opções são duas formas de um instrumento financeiro geral chamado *derivativo*. Eles derivam o seu valor da ação de preço de alguma outra coisa — tradicionalmente de ativos financeiros, como ações, commodities, moedas *fiduciárias* (endossadas pelo governo) e outros índices do mercado. Com a popularização do mercado de criptomoedas, diferentes derivativos de criptomoedas têm surgido e estão acessíveis para traders individuais.

Neste capítulo, farei uma análise geral das características básicas do trading de futuros e opções para, em seguida, explorar como eles funcionam no mercado de criptomoedas.

DICA

No momento de escrita deste livro, existem muitas regulações sobre esses ativos, então você pode investir neles por meio de algumas corretoras e exchanges ao redor do mundo. Nos Estados Unidos, o trading de futuros de Bitcoin está disponível em um punhado de corretoras e exchanges, como estas [todos os links com conteúdo em inglês]:

- **Cboe:** `http://cfe.cboe.com/cfe-products/xbt-cboe-bitcoin-futures`
- **CME Group:** `www.cmegroup.com/trading/bitcoin-futures.html`

- **E*TRADE:** https://us.etrade.com/knowledge/education/events/trading-bitcoin-cboe-xbt-bitcoin-futures
- **Interactive Brokers:** www.interactivebrokers.com/en/home.php
- **TD Ameritrade:** www.tdameritrade.com/investment-products/futures-trading/bitcoin-futures.page

DICA

Em países como Reino Unido, Japão e Coreia, talvez você consiga negociar opções e futuros de criptomoedas por meio do Deribit: www.deribit.com/. No entanto, no momento de escrita deste livro, a empresa não oferece seus serviços nos Estados Unidos.

Focando os Fundamentos dos Futuros

Aqui vai uma dica: futuros têm algo a ver com o futuro! Por exemplo, quando compra um pacote de café no supermercado local, você paga o preço de mercado ali, na hora. Mas e se você achar que o preço do café vai cair no futuro? Não é possível comprar café agora com o preço "futuro" no seu mercado local, mas essa certamente é uma possibilidade no mercado de futuros. Se achar que o preço do quilo de café vai cair de US$5 para US$4 até junho do próximo ano, você pode realizar um contrato futuro para comprar uma certa quantidade de café por US$4 no próximo mês de junho.

Nas seções seguintes, explicarei as características dos futuros de commodity (o tipo mais comum) e discutirei outros tipos de futuros financeiros.

Características dos futuros

Tradicionalmente, os futuros são mais populares entre as commodities, como grãos, metais, madeira e carne. Quando compra café no mercado de futuros, você não o recebe até a data acordada com o vendedor. É por isso que sua transação não se completa durante algum tempo. Durante esse período, você possui um *contrato de futuros* altamente líquido que pode segurar ou negociar no mercado de futuros. Não importa o que faça com o contrato, desde que ele ainda esteja pendente, o vendedor tem a obrigação legal de entregar o café na data especificada. E você tem a mesma obrigação de receber o café. Sem devoluções!

Duas das características mais importantes do trading de futuros são *hedging* e *especulação*. Na verdade, o mercado de futuros não pode existir e operar de maneira eficiente sem qualquer uma dessas coisas. Outra característica dos futuros é o *margin trading*. Eis aqui como tudo funciona:

- **Hedging de futuros:** Tradicionalmente, os hedgers são negócios que produzem uma commodity ou usam algum como insumo para seu processo de produção. Como investidor, você pode usar o hedging como um tipo de gerenciamento de risco para prevenir perdas e não necessariamente para obter ganhos de capital. Você pode usar o hedging em um investimento ao realizar outro investimento para balancear o risco do primeiro — é como investir em um seguro para balancear o risco de algo acontecer com você no futuro.
- **Especulação de futuros:** Os especuladores são o oposto dos hedgers. Eles negociam futuros apenas para obter lucro com as mudanças de preço esperadas. Eles não têm nenhum interesse inerente na commodity ou no seu futuro financeiro além da ação de preço. Por exemplo, se você acha que o preço de uma commodity aumentará no futuro, pode conseguir lucrar ao comprar o ativo em um contrato de futuros e vendê-lo a um preço mais alto posteriormente. Independentemente disso, o mercado de futuros depende deles, uma vez que suas negociações ajudam a aumentar a liquidez do mercado.
- **Margin trading:** Você pode obter vantagem de algo chamado *alavancagem* ao negociar futuros, assim como no mercado de câmbio estrangeiro, também chamado de mercado forex (mais detalhes no Capítulo 15). A diferença é que *todos* os contratos futuros são negociados com margem. Você não pode optar por não fazer parte disso. Quando compra um contrato futuro em uma *margem*, significa que você só precisa colocar uma fração do preço total em dinheiro. Ao negociar contratos futuros, geralmente você precisa de uma margem de 2% a 10% do valor do contrato. A boa notícia é que você não precisa de um empréstimo para financiar o saldo do contrato, o que o torna menos arriscado do que o margin trading no forex.

LEMBRE-SE

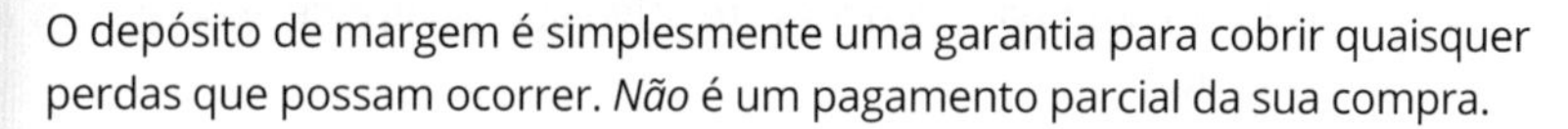

O depósito de margem é simplesmente uma garantia para cobrir quaisquer perdas que possam ocorrer. *Não* é um pagamento parcial da sua compra.

Futuros financeiros

Embora as commodities sejam um grande segmento do mercado de futuros, os futuros financeiros fazem parte de outra dimensão popular do mercado. *Futuros financeiros* usam um tipo diferente de recurso em relação aos futuros de commodities, além de oferecer um veículo de especulação para muitos mercados, como forex, taxas de juros e índices de ações. Eles apresentam vantagens semelhantes ao trading de futuros de commodities e se tornaram uma grande ferramenta de hedging para instituições e indivíduos. Uma diferença principal é a forma como o preço de cada tipo de contrato de futuro financeiro é cotado.

» Futuros de moedas nos Estados Unidos são cotados em dólares americanos por unidade da moeda estrangeira — por exemplo, dólar americano por dólar canadense ou dólar americano por iene japonês.

» Contratos futuros de taxa de juros são precificados como uma porcentagem pelo *valor nominal* do instrumento de dívida subjacente. Por exemplo, o valor nominal da maioria dos futuros de taxa de juros com base no Tesouro é de US$100 mil e, portanto, cada contrato é negociado em lances de US$1 mil.

» Futuros de índices de ações são cotados em termos do índice subjacente atual. Tais índices incluem S&P 500 e Nasdaq.

Assim como commodities, os futuros financeiros podem o expôr a uma tonelada de ganhos e perdas, mas você deve compreender completamente os seus investimentos e os riscos envolvidos neles para ser um trader de futuros bem-sucedido.

CUIDADO

Especular cada tipo de futuro pode ser uma tarefa bastante especializada. Se você não sabe muita coisa de cada indústria, então será a mesma coisa que apostar em Las Vegas.

Apresentando o Básico das Opções

Opções o ajudam a entrar em um contrato com outra pessoa para comprar ou vender algo de valor. Se for o comprador da opção, você tem o direito de comprar um ativo subjacente (como café) dentro de um período de tempo e a um preço acordado no momento do contrato. Caso seja o vendedor, você precisa estar pronto para vender este ativo subjacente de acordo com as instruções do contrato.

As seções seguintes comparam opções aos futuros, descrevem diversos tipos de opções e explicam os riscos.

Futuros versus opções

LEMBRE-SE

Futuros e opções são bem semelhantes. Ambos envolvem a entrega futura de algo a um preço específico. A grande diferença entre um contrato de futuros e um contrato de opções é a data de compra e venda. Aqui estão alguns pontos para se levar em consideração:

» Ao negociar um contrato de futuros, você deve comprar/vender na data acordada ou anteriormente a ela.

» Com o contrato de opções, você pode comprar/vender dentro de um período especificado.

» Opções put e call (veja a seção seguinte) especificam o preço pelo qual você pode comprar ou vender.

» Preços futuros não são descritos no contrato. Em vez disso, o preço em um contrato de futuro é estabelecido pelas negociações entre traders na exchange. Isso significa que o preço de entrega fica estabelecido no preço de venda do contrato, seja ele qual for.

Puts e calls

Os dois tipos de opções são chamados de puts e calls, que são basicamente uma versão de venda e compra:

» Com um *put,* você pode vender um título subjacente a um preço específico ao longo de um período.

» Com um *call,* você tem o direito de comprar um título pelo preço acordado dentro de um certo período.

Por que eles simplesmente não chamam isso de compra e venda para poupar o trabalho? Um dos principais benefícios de usar um nome diferente é que você é forçado a lembrar que, com puts e calls, não tem nenhum privilégio de posse e não recebe nenhum dividendo ou receita com juros. Tudo o que você consegue são ganhos e perdas dos movimentos de preço dos ativos subjacentes. Assim como os futuros, você pode se aproveitar da alavancagem oferecida pelos puts e calls.

DICA

Paul Mladjenovic, autor de uma série de livros sobre investimentos, tem um ótimo curso sobre investimento em opções. Você pode conferir aqui `www.ravingcapitalist.com/home/ultra-investing-with-options/` [conteúdo em inglês].

Riscos

CUIDADO

O trading de opções vem com alguns riscos notáveis:

» Um dos maiores riscos com o trading de opções puts e calls é que você não pode contar com a ajuda do tempo. Puts e calls têm vidas limitadas e o mercado pode não ter tempo suficiente para se mover de maneira favorável na sua direção antes do vencimento da opção, o que pode fazer você perder dinheiro antes de os preços se moverem a seu favor.

» Outro grande risco é que você pode perder 100% do seu investimento inicial se os mercados se moverem minimamente em uma direção desfavorável no momento errado. Enquanto que com o investimento normal é possível esperar, as opções puts e calls são completamente inúteis após o vencimento.

Compreendendo o Trading de Derivativos de Criptomoedas

O trading de derivativos pode muito bem ser o próximo grande *boom* no mercado de criptomoedas. Em 2018, muitas organizações financeiras nos Estados Unidos, como Goldman Sachs e TD Ameritrade, começaram a explorar as criptomoedas por meio do trading de derivativos.

- Em junho de 2018, o diretor de operações da Goldman Sachs, David Solomon, disse que a empresa já está ajudando seus clientes a investir nos futuros de Bitcoin e que está considerando "muito cuidadosamente" "algumas outras atividades" na área.
- Em outubro de 2018, a TD Ameritrade ingressou em um grupo de corporações financeiras para endossar uma nova exchange de derivativos regulamentada e relacionada às criptomoedas chamada ErisX (`https://erisx.com/` [conteúdo em inglês]. ErisX se inscreveu para registro como uma organização de liberação de derivativos no Commodity Futures Trading Commission (CFTC) em 2017 e planeja aplicar os seus serviços, como os contratos futuros, aos ativos digitais a partir de 2019.

No momento de escrita deste livro, o trading de derivativos de criptomoedas, incluindo opções e futuros, ainda está engatinhando. Entretanto, com muitas grandes organizações de investimento embarcando nessa ideia, dá para esperar que tais serviços de trading tornem-se acessíveis às massas em breve, talvez até mesmo quando você tiver este livro em mãos. As seções seguintes falam mais sobre isso.

As vantagens do trading de derivativos de criptomoedas

Com o trading de derivativos de criptomoedas, você está apostando no preço de moedas específicas (como Bitcoin e Ethereum), seja em uma data futura ou dentro de um período predeterminado. O trading de derivativos pode ser mais complexo do que simplesmente comprar e vender criptomoedas em uma exchange, mas uma rápida vantagem é que você não precisa se preocupar com a segurança do armazenamento. Caso esteja preocupado com o risco de perder sua carteira de criptomoedas ou seus ativos em um ataque hacker, os derivativos de criptomoedas são para você. Uma vez que você não recebe a posse das moedas com o trading de opções e futuros, também não é necessário se preocupar com coisas como carteiras de criptomoedas, armazenamento e segurança (veja o Capítulo 7 para uma introdução às carteiras de criptomoedas).

As vantagens dos derivativos de criptomoedas para a indústria

Mesmo se você escolher não negociar derivativos de criptomoedas, a existência de tais opções de trading podem ser boas para a indústria. Por quê?

- Primeiramente, os derivativos de criptomoedas podem aprimorar a liquidez e o volume de trading entre ativos digitais além do Bitcoin, o que facilita o trading dessas moedas. Uma maior liquidez ajuda os traders a comprar e vender mais rapidamente, evitando o risco de movimentos grandes e repentinos do preço quando eles concluem seus pedidos.
- Outra vantagem de ter exchanges regulamentadas de derivativos de criptomoedas é que mais pessoas podem se interessar pelo mercado de criptomoedas, pressionando os reguladores a prosseguir com suas visões sobre a indústria.

Recursos de trading

DICA

Para se manter atualizado com as últimas novidades do mercado de derivativos de criptomoedas, você pode conferir regularmente veículos de notícias financeiras e de criptomoedas, como os apresentados na lista a seguir [todos os links com conteúdos em inglês]:

- Benzinga Pro (`https://pro.benzinga.com?afmc=2f`)
- CCN (`www.ccn.com/`)
- CoinDesk (`www.coindesk.com/`)
- Cointelegraph (`https://cointelegraph.com/`)
- Crypto Briefing (`https://cryptobriefing.com`)
- Cryptonews.com (`https://cryptonews.com/`)
- Medium (`https://medium.com/topic/cryptocurrency`)
- NewsBTC (`https://newsbtc.com`)

DICA

Se você gosta de navegar pela linha do tempo do Facebook em busca notícias, é uma boa ideia "curtir" essas páginas. Nesse caso, tenha a certeza de alterar as configurações das páginas de notícias que você segue para vê-las em primeiro lugar no feed, senão as atualizações poderão se perder entre os milhares de fotos de bebês que recebe dos seus amigos.

NESTE CAPÍTULO

» Introduzindo o dólar americano como a moeda de reserva do mundo

» Entendendo as maiores moedas mundiais

» Explorando o mercado forex versus o mercado de criptomoedas

Capítulo 15

Lidando com o Dólar e Outras Moedas Fiduciárias

Chamar as moedas tradicionais de "fiduciárias" não era algo que eu costumava fazer antes das criptomoedas ganharem popularidade. Eu simplesmente as chamava de "moedas". Se quisesse um pouco mais de especificidade, eu falaria sobre as "principais moedas", como o dólar americano, o euro e o iene japonês, ou "moedas exóticas" para me referir a moedas como o peso mexicano e o rial iraniano.

O trading de moedas, também conhecido como mercado de câmbio estrangeiro ou *foreign exchange market (forex)*, é a arte de prever o valor de moedas fiduciárias se comparadas com outras. Tecnicamente, uma moeda *fiduciária* é uma moeda de curso legal endossada pelo governo local por meio do banco central. O advento das criptomoedas tem preocupado alguns emissores de moedas fiduciárias (ou seja, os bancos centrais). Alguns acreditam que as criptomoedas podem substituir as moedas fiduciárias no futuro. Mas, por enquanto, uma das formas de colocar as mãos em criptomoedas é realizar a troca de moedas fiduciárias por elas. É por isso que compreender os movimentos básicos das moedas fiduciárias mundiais pode ser útil nas suas empreitadas de investimento em criptomoedas.

Neste capítulo, analisarei o dólar americano (USD) como a moeda de reserva do mundo, além de outras grandes moedas e suas relações com o mercado de criptomoedas (fiz uma introdução ao trading entre criptomoedas e moedas fiduciárias no Capítulo 10).

UM FASCÍNIO DA VIDA TODA PELAS FLUTUAÇÕES CAMBIAIS

Quando criança, eu era fascinada pelas flutuações cambiais. Sempre ouvia meus pais se preocupando com o valor de nossa moeda iraniana diminuindo em comparação ao dólar americano (USD). Veja, após a Revolução Iraniana, a maioria dos meus parentes, inclusive meu irmão, saíram do Irã para os Estados Unidos temendo o novo governo. Para que meu irmão pudesse frequentar a escola nos Estados Unidos, meus pais precisavam enviar para ele dinheiro do Irã, convertendo o rial iraniano em constante desvalorização para o dólar americano. Quanto mais forte o dólar americano se tornava, mais difícil era para os meus pais alcançarem o valor mínimo e US$1 mil mensais para enviar ao meu irmão. Eu sempre me perguntei quem estava por trás dessas flutuações cambiais. Lembro-me de perguntar para o meu pai, quando eu tinha dez anos: "Tem um moço no governo que decide o valor do USD todas as manhãs e anuncia para o mundo?" Meu pai respondeu: "Não, existem muitas pessoas por trás da precificação, especialmente os bancos centrais." Na época, eu ainda não entendia.

Quando fui ao Japão para estudar engenharia elétrica, comecei a prestar atenção às flutuações cambiais mais uma vez. Eu estava recebendo uma bolsa do governo japonês em ienes, então sempre me perguntei como meus 20 mil ienes mensais se converteriam ao rial iraniano e ao dólar americano se eu quisesse fazer a troca e guardar um pouco em uma conta bancária no exterior.

Comecei com o trading de moedas em 2008, quando a bolsa de valores e o dólar americano despencaram. Em uma aposta contra o dólar americano, fiz uma negociação no valor de 10 mil ienes japoneses em setembro de 2008 usando uma conta de margem em uma corretora de forex. Dentro de um mês, o dólar americano afundou como uma pedra e eu dupliquei o meu investimento. Esse foi o maior valor que já havia ganho em um mês. Naturalmente, decidi abandonar minha carreira de engenheira eletricista, embarcar em um avião até o distrito financeiro de Wall Street, em Nova York, e trabalhar na indústria de trading de moedas.

Considerando a Moeda de Reserva do Mundo: O Dólar Americano

Se você mora nos Estados Unidos, o seu primeiro investimento em criptomoedas provavelmente será um câmbio entre o dólar americano e um ativo digital como Bitcoin. Os preços do Bitcoin podem ser incrivelmente voláteis, mas é preciso levar em consideração a flutuação cambial do dólar americano, que pode resultar em uma negociação mais ou menos favorável para você. Por exemplo, se o dólar americano estiver incrivelmente forte, você conseguirá comprar mais Bitcoins com ele. Explorarei alguns dos principais fatores que afetam o valor do dólar americano nesta seção.

Focando os fatores que afetam o dólar americano

O dólar americano (USD) é a moeda mais popular em todo mundo. Se você viajar para qualquer país do mundo, aquele país provavelmente aceitará o dólar americano em troca de sua moeda local. Esse tipo de influência dá aos Estados Unidos um grande privilégio. Muitas pessoas simplesmente acumulam dólares americanos na poupança. Com frequência, com o aumento da demanda pelo USD, a moeda se fortalece ainda mais. No entanto, quando a economia norte-americana recebe um golpe, ou quando o *Federal Reserve* (o banco central dos Estados Unidos, também chamado de *Fed*) faz observações pessimistas sobre o futuro da economia norte-americana, o dólar americano normalmente é um dos primeiros ativos financeiros a cair.

O Tio Sam está em alerta, pois a China tem crescido a ponto de se tornar uma ameaça à posição do USD como a moeda de reserva do mundo. E, agora, entusiastas do Bitcoin acreditam que o USD e o yuan chinês não terão nenhuma chance contra as criptomoedas no futuro.

DICA

Se está comprando criptomoedas com o dólar americano, você conseguirá melhores negócios se o USD estiver forte. Nessas situações, será possível comprar mais unidades de uma moeda digital, pois o valor dela estará menor se comparado ao USD.

LEMBRE-SE

Muitos fatores afetam a ação de preço do USD. Mesmo tendo estudado os movimentos do mercado do dólar americano por mais de uma década, ainda não consigo dizer com certeza para onde o valor se dirigirá em seguida. Entretanto, ao conduzir a Invest Diva Diamond Analysis (IDDA; veja o Capítulo 9), você pode aumentar as probabilidades a seu favor. O sentimento do mercado, a psicologia das multidões e a oferta e demanda podem contribuir para a força e a fraqueza do dólar americano da mesma forma que impactam outros ativos financeiros. No entanto, os pontos fundamentais podem ser diferentes. Alguns dos fatores fundamentais que impactam o valor do dólar americano são [todos os links com conteúdos em inglês]:

- **Taxas de juros:** A *taxa de juros* é o preço que aqueles que tomam empréstimos precisam pagar. Essa taxa se refere à porcentagem da quantia emprestada que o tomador do empréstimo precisa pagar ao emprestador. Quando o Federal Reserve dos Estados Unidos aumenta as taxas de juros ou quando esperam que ele faça isso, o dólar americano geralmente fica mais forte se comparado a outras moedas fiduciárias e criptomoedas. Enquanto todos os calendários econômicos de sites como Bloomberg (www.bloomberg.com) ou Yahoo! Finance (https://finance.yahoo.com/) monitoram as decisões futuras e anteriores sobre as taxas de juros, você também pode se manter atualizado sobre as mudanças diretamente pelo site do Federal Reserve nos Estados Unidos: www.federalreserve.gov/monetarypolicy/fomccalendars.htm.
- **Inflação:** A *inflação* é a razão pela qual sua avó pagava menos por uma dúzia de ovos do que você. O termo se refere a um aumento geral nos preços dos bens e dos suprimentos. Quando a inflação fica alta, o Fed tenta controlá-la com um aumento nas taxas de juros. Graças ao modo como a inflação afeta as taxas de juros, um aumento nela geralmente tem um impacto positivo no USD. Dados da inflação são mensurados por algo chamado de Índice de Preços ao Consumidor (IPC), que também é monitorado na maioria dos calendários econômicos. Nos Estados Unidos, você também pode monitorar a inflação no site do Bureau of Labor Statistics: www.bls.gov/schedule/news_release/cpi.htm.
- **Produto interno bruto (PIB):** O *produto interno bruto* reflete a produção e receita anual de um país. O dólar americano fica mais forte com um PIB alto. Para ter acesso direto aos dados sobre o PIB, você pode conferir o site do Bureau of Economic Analysis: www.bea.gov.
- **Taxa de desemprego:** A taxa de desemprego nos Estados Unidos é um assunto especialmente importante no mercado forex e alvo de muitos rumores. Uma queda na taxa de desemprego significa que as pessoas estão indo bem e mais empregos estão sendo criados, o que resulta em um dólar mais forte nos Estados Unidos. Você pode conferir os calendários de anúncio da taxa de desemprego dos Estados Unidos aqui: www.bls.gov/schedule/news_release/empsit.htm.
- **Nonfarm payrolls (NFP):** O número das *nonfarm payrolls* (ou folha de pagamento não-agrícola) exibe o número total de funcionários norte-americanos em todos os setores, excluindo empresas de locais como fazendas, casas privadas e o governo geral. Um nonfarm payroll crescente é uma boa indicação de que a economia está crescendo e, portanto, pode levar até um dólar mais forte. Confira o calendário e os dados do evento aqui: www.bls.gov/schedule/news_release/empsit.htm.

Analisando o Bitcoin versus o dólar americano

LEMBRE-SE

Mesmo os maiores entusiastas de Bitcoin não acreditam que a moeda poderá substituir o dólar americano em breve, se é que poderá algum dia. O Bitcoin precisa superar muitas barreiras antes de conseguir se declarar a moeda de reserva do mundo. Além disso, ainda que o Bitcoin seja a celebridade de todas as criptomoedas, outras versões "melhores" dele podem subir na hierarquia das moedas digitais e substituir o Bitcoin antes que ele possa substituir o USD. Algumas outras razões pelas quais o Bitcoin não substituirá o USD são:

- Mineradores desconhecidos em todo o mundo representam uma grande ameaça de segurança. Nós não sabemos onde algumas das grandes fazendas de mineração estão localizadas e como elas planejam gastar seus Bitcoins.
- Em criptomoedas que podem ser mineradas, como o Bitcoin, um grupo de mineradores hipoteticamente pode se reunir e controlar mais que 50% da rede, impedindo o processo normal de transação e possivelmente levando a problemas de segurança e invasões hackers.
- Existe uma oferta bem limitada de moedas a serem criadas ao longo de toda a vida da criptomoeda (21 milhões de moedas).
- Quarenta por cento dos Bitcoins do mundo estão na posse de mil pessoas, então a desigualdade financeira já começou, colocando o dinheiro nas mãos de uma pequena porção da população mundial. Isso não vai de acordo com uma das principais razões da tecnologia blockchain (veja o Capítulo 4) e a ideia das criptomoedas, que é justamente resolver a desigualdade financeira ao redor do mundo.
- Existe uma certa falta de segurança, como comentei nos Capítulos 3 e 7.

Uma das principais diferenças entre o Bitcoin e o dólar americano são as flutuações cambiais. Como você pode ver na Figura 15-1, mesmo quando consideravam que o Bitcoin (BTC) havia se acalmado no período entre junho e setembro de 2018, a ação do preço estava muito mais instável que aquela do Índice Dólar, DXY. O DXY mede o valor do USD em relação a um grupo de moedas estrangeiras. Essa estabilidade relativa dá ao USD uma vantagem em termos de segurança.

FIGURA 15-1: A ação de preço do Índice Dólar (DXY) se comparado ao BTC/USD.

Fonte: tradingview.com

Ainda que o mercado forex seja conhecido por sua volatilidade de preço e natureza imprevisível, o Bitcoin certamente vence o USD no seu próprio jogo.

LEMBRE-SE

Enquanto a grande mídia geralmente acompanha apenas o Bitcoin, outras criptomoedas como Ethereum (ETH), Litecoin (LTC) e Bitcoin Cash (BCH) também podem ser negociadas com o dólar americano em exchanges de criptomoedas, como a Coinbase (`www.coinbase.com/join/59d39a7610351d00d40189f0`). Entretanto, ao menos no momento de escrita deste livro, a maioria das outras criptomoedas, incluindo algumas famosas, como Ripple (XRP) e Stellar Lumens (XLM), só podem ser negociadas com outras criptomoedas em exchanges como Binance (`www.binance.com/?ref=18381915`), uma vez que não estão disponíveis em exchanges que aceitam o dólar americano[1]. Por outro lado, se você está apenas especulando as ações de preço das criptomoedas, pode conseguir rastrear os valores de outras criptomoedas em relação ao dólar americano em sites como [todos os links com conteúdos em inglês]:

- **AVATrade:** `www.avatrade.com/?tag=87597&tag2=~profile_default`
- **eToro:** `http://partners.etoro.com/A75956_TClick.aspx`

1 N. da T.: Até a data de publicação desta edição, o acesso às criptomoedas aumentou muito, e todas as principais criptomoedas estão disponíveis em exchanges brasileiras, como o Mercado Bitcoin, e podem ser compradas em reais.

Examinando o Euro e Outras Moedas Principais

LEMBRE-SE

Tecnicamente, você pode negociar a moeda de qualquer país no mercado forex, mas existem sete moedas específicas que são mais populares. Investidores chamam essas moedas de *principais*. Elas são populares não só porque são mais acessíveis em todo o mundo, mas também porque seus movimentos são mais previsíveis. Além disso, as economias dos países dessas moedas são consideradas mais estáveis (embora isso possa ser discutido). E, tão importante quanto, as taxas de transações pagas pelo trading delas são menores que as taxas de moedas menos populares. Aqui está uma lista das principais moedas:

- Euro (EUR)
- Libra esterlina (GBP)
- Franco suíço (CHF)
- Iene japonês (JPY)
- Dólar canadense (CAD)
- Dólar australiano (AUD)
- Dólar neozelandês (NZD)

PAPO DE ESPECIALISTA

Quando as principais moedas são negociadas com o dólar americano, isso é chamado de *principais pares de moedas*.

Explicarei um pouco mais sobre cada moeda nas seções seguintes, além de comparar o mercado forex normal ao mercado de criptomoedas posteriormente, neste mesmo capítulo.

O euro e a libra esterlina

O euro é uma moeda compartilhada entre 19 dos 28 membros da União Europeia. Se o dólar americano é o rei do mercado forex, então o euro é a rainha; é a segunda moeda mais negociada no mundo, ficando atrás apenas do próprio USD.

A libra esterlina é aquela ovelha negra da família que não acompanhou o euro após o Reino Unido se tornar um membro da zona do euro. A libra esterlina era mais valiosa que o euro e o governo do Reino Unido não quis abrir mão dela. Outros países precisaram abrir mão de suas moedas nacionais em nome do euro, que era mais poderoso. No entanto, ter uma moeda separada pode ser considerado uma jogada de sorte, porque quando o Reino Unido votou, em 2016, para abandonar a zona do euro (em um ato chamado de *Brexit*), a separação se tornou um pouco menos complicada, uma vez que as moedas já eram separadas. ***Observação:*** no momento de escrita desse livro, as conversas sobre o Brexit ainda estão acontecendo e existe uma chance de a zona do euro recuperar a presença do Reino Unido. Independentemente disso, tanto o EUR quanto a GBP foram expostos a uma grande volatilidade desde que as conversas sobre separação começaram. Muitos investidores perderam dinheiro, enquanto muitos outros ganharam dinheiro.

DICA

Embora a visão em longo prazo do EUR e do GBP permaneça pouco nítida, algumas de minhas estratégias em longo prazo têm funcionado para enriquecer a mim e aos meus alunos. Por exemplo, negociei o par GBP/JPY (a libra esterlina e o iene japonês) múltiplas vezes, como é possível ver na Figura 15-2. Usei uma combinação de análise técnica, análise fundamental e análise sentimental para desenvolver essas estratégias com base na IDDA, a qual apresentei no Capítulo 9. Compartilho a maioria das minhas estratégias de trading no meu Premium Investing Group (`https://learn.investdiva.com/join-group`), mas às vezes também compartilho essas coisas no meu blog, no seguinte endereço: `www.investdiva.com/investing-guide/eurjpy-ichimoku-cloud/` [todos os links com conteúdos em inglês].

FIGURA 15-2: Trading de GBP/JPY entre níveis-chave de suporte e resistência de 144,85 e 147,50.

Fonte: tradingview.com

Portos seguros: O franco suíço e o iene japonês

O iene japonês e o franco suíço são algumas moedas de escolha dos traders no mercado forex quando o dólar americano e o euro perdem desempenho e valor. É por isso que elas são comumente chamadas de *portos seguros*. Observei esse efeito em primeira mão em 2008, quando o valor do USD estava caindo e o JPY se tornou um dos maiores vendedores, permitindo que eu dobrasse o meu primeiro trade forex dentro de um mês (confira o box anterior para mais detalhes). O iene japonês é considerado mais uma zona de segurança do que o franco suíço, em especial devido a um movimento repentino do Swiss National Bank (SNB) em 2015 que chocou os mercados financeiros e criou uma grande volatilidade no CHF no dia 15 de janeiro de 2015.

PAPO DE ESPECIALISTA

O dia 15 de janeiro de 2015 foi sombrio na comunidade forex. Muitos traders, incluindo eu, haviam colocado suas apostas no franco suíço, pensando nos suíços como demasiadamente neutros para fazer qualquer coisa repentina ou ultrajante a ponto de prejudicar nossos investimentos. Como estávamos errados! Naquele dia, de repente, o Swiss National Bank fez uma alteração na sua política de avaliação de moeda que resultou em um aumento de 30% no valor do franco em relação ao euro. Isso também significava que minha posição pessimista no par USD/CHF entrou em uma enrascada. Mas, na verdade, tive sorte, considerando que só perdi uma negociação. Muitas empresas acabaram falindo em decorrência disso! Você pode ler mais sobre o histórico do franco suíço e o dia que atualmente é lembrado como Quinta-feira Negra aqui: `www.investdiva.com/investing-guide/swiss-franc-trading-history-future/` [conteúdo em inglês].

Mesmo após isso, tanto o JPY quanto o CHF permanecem sendo portos seguros para os traders, pois os investidores podem esperar que essas moedas manterão seu valor em momentos de crises financeiras mundiais.

Os dólares australianos, neozelandeses e canadenses

Traders de forex consideram o dólar australiano, neozelandês e canadense como *moedas de commodity*. A razão para isso é que elas estão altamente correlacionadas às flutuações cambiais das commodities, entre outras coisas. Por exemplo, a Austrália tem muitos recursos naturais como ferro, ouro e alumínio. O país também tem grandes fazendas e muitas vacas que produzem leite e outros laticínios. A economia da Austrália depende dessas commodities, e é por isso que a moeda australiana, AUD, frequentemente consegue pistas dos preços das commodities e da situação de importações e exportações no país.

DICA

Como parceira de negociação da China, a economia da Austrália também se correlaciona com mudanças na economia chinesa. Por exemplo, se a economia chinesa tiver um mau desempenho ou for golpeada por tarifas dos Estados Unidos (como visto em 2018), o dólar australiano também é enfraquecido. Assim como seus vizinhos australianos, a Nova Zelândia também tem uma forte agricultura, então o país pode ser impactado por coisas como o preço dos grãos e dos laticínios. O dólar canadense, por outro lado, com frequência é visto como altamente relacionado aos preços do petróleo. Em outras palavras, se o preço do petróleo cair, é esperado que o dólar canadense caia com ele. Tenha em mente, porém, que essas correlações não são absolutas e, às vezes, outros fatores, tais como eventos de riscos geopolíticos, podem influenciar a ação de preço.

Comparando o Mercado Forex e o Mercado de Criptomoedas

As pessoas raramente veem o Bitcoin e outras criptomoedas como moedas quando investem nelas. A maioria dos investidores e participantes do mercado tratam criptomoedas como títulos, como as ações tradicionais. Mas o fato da questão é que, para comprar qualquer criptomoeda, você precisa negociá-la contra outra moeda — seja ela uma criptomoeda ou uma moeda fiduciária —, como expliquei no Capítulo 10. Graças a essa necessidade, muitas corretoras forex começaram a oferecer serviços de criptomoedas para seu público de forex (vá até o Capítulo 6 para ler sobre como negociar criptomoedas usando uma corretora forex). As seções seguintes mencionarão algumas semelhanças e diferenças entre os mercados forex e de criptomoedas.

LEMBRE-SE

Apesar de algumas semelhanças, comparar criptomoedas com forex é como comparar maçãs e laranjas. São dois instrumentos financeiros diferentes e requerem uma abordagem diferente quando você estiver desenvolvendo estratégias voltadas para eles.

As semelhanças

Uma das principais semelhanças entre o trading forex e de criptomoedas é que ambos apresentam uma grande quantidade de risco. Caso escolha negociar criptomoedas em curto prazo contra outras moedas, digitais ou fiduciárias, pode ser necessário estudar suas ações de preço com o uso dos métodos de análise técnica que apresentarei no Capítulo 16. Entretanto, com a popularização do mercado de criptomoedas, espera-se que os movimentos se tornem mais previsíveis.

A insana quantidade de volatilidade diária também pode ser vista como uma semelhança. Day traders podem se beneficiar das flutuações cambiais em ambos os mercados. Na maioria dos casos, a liquidez é suficientemente alta para os principais pares forex e de criptomoedas para facilitar a conclusão dos pedidos de negociações.

As diferenças

Escrever sobre esse ponto é muito mais fácil! Aqui estão algumas das principais diferenças entre os mercados forex e de criptomoedas:

- **Tamanho:** O mercado forex é, de longe, o maior mercado do mundo, e nenhuma criptomoeda, não importa quão grande o seu market cap seja, se aproxima do tamanho do forex. Para lhe dar uma ideia, o mercado forex tem um volume de trading diário de aproximadamente US$5 trilhões. O mercado de criptomoedas, por outro lado, tem um volume diário próximo da Bolsa de Valores de Nova York, de aproximadamente US$50 bilhões. Não é um número ruim, mas o mercado forex está claramente na frente (o Capítulo 8 trouxe mais detalhes sobre criptomoedas e market cap).

CUIDADO

O fato de o mercado forex ser extremamente grande não significa que você conseguirá mais lucros nele. Na verdade, as flutuações diárias podem torná-lo mais arriscado e difícil de prever.

- **Variedade:** Você pode escolher dentre uma grande quantidade de criptomoedas, mas apenas sete principais moedas fiduciárias são negociadas ativamente. Essa gama torna a parte da *escolha* mais fácil para os traders de forex, enquanto você precisa analisar centenas de criptomoedas até encontrar a ideal. Vá até a seção anterior "Examinando o Euro e Outras Moedas Principais" para saber mais sobre as sete opções de moedas fiduciárias mais populares.
- **Propósito:** O forex é mais adequado para day traders. Embora o trading de curto prazo não seja muito minha praia, a maioria dos traders forex entra e sai de posições muito mais rapidamente do que qualquer outro tipo de investidor. Por outro lado, a maioria dos investidores de criptomoedas seguram seus ativos por períodos maiores.
- **Oferta monetária:** A oferta monetária talvez seja a principal diferença entre o forex e a criptomoeda. O banco central de um país desempenha um importante papel na determinação do futuro de sua principal moeda. Enquanto isso, Bitcoin e outras criptomoedas são produtos da indústria blockchain e, como tal, não são regulamentadas por um banco central. Dessa forma, a análise fundamental que expliquei no Capítulo 9 é completamente diferente para o forex e para criptomoedas.

Recursos para o trading forex

O forex foi o meu primeiro amor. Fiz minha primeira negociação no forex, escrevi meu primeiro livro sobre forex e batizei minha primeira empresa de Forex Diva. Com isso, gosto de pensar que tenho um bom conhecimento quando se trata desse assunto. Aqui estão algumas dicas rápidas para você começar o trading no mercado forex, caso esteja planejando misturar as coisas no mundo das criptomoedas [todos os links com conteúdos em inglês].

- **Corretoras forex:** Encontrar uma corretora forex adequada para suas necessidades não é uma tarefa simples. Você precisa se certificar de que a corretora é segura para conduzir os seus investimentos, além de agir em conformidade com as diretrizes financeiras locais, ter oferta e liquidez monetária suficientes para executar seus pedidos rapidamente e cobrar taxas razoáveis pelos serviços ofertados, entre outras coisas. Explico tudo sobre as corretoras forex e os passos que você precisa seguir na hora de escolher uma em meus cursos, mas aqui é possível encontrar a corretora certa para você: `https://forestparkfx.com/?id=UU1UckhZSVN3OW1WNnNuNHIxaHlqUT09`.

CUIDADO

- **Sua conta forex:** Embora muitas corretoras ofereçam a opção de começar com apenas US$50, tenha em mente que, para realmente lucrar no mercado, você precisa ter ao menos US$10 mil disponíveis na sua conta, além de um conhecimento superior de como o mercado funciona. Caso contrário, estará apenas apostando e poderá perder o seu investimento inicial em meses, quiçá dias.
- **Calendário econômico:** Para saber o que está acontecendo no mercado forex, é necessário acompanhar os calendários econômicos dos países cujas moedas deseja negociar. Muitos sites oferecem o calendário econômico forex gratuitamente, como estes:
  - `www.forexfactory.com/`
  - `www.investing.com/economic-calendar/`
  - `www.fxstreet.com/economic-calendar`
- **Notícias forex:** Além dos dados econômicos, outros fatores — como tensões geopolíticas, oferta e demanda de commodities como petróleo e ouro, e discursos de importantes figuras políticas de determinados países — influenciam as flutuações cambiais. Você pode ficar sempre por dentro dessas novidades em sites como os seguintes:
  - `www.dailyfx.com/`
  - `www.fxstreet.com/`
  - `www.reuters.com/finance/currencies`

CUIDADO

Agências de notícias sobre forex frequentemente criam uma falsa expectativa acerca do mercado, o que leva até decisões emocionais. Certifique-se de não cair na armadilha de manchetes sensacionalistas como "A Principal Moeda que Você Deveria Estar Negociando Neste Momento".

- **Educação:** Certo, agora preciso vender o meu peixe. O meu curso *Forex Coffee Break* venceu uma série de prêmios e é conhecido como uma das formas mais fáceis e divertidas de aprender tudo sobre o forex. Você pode conferir o curso aqui: `https://education.investdiva.com/forex-coffee-break-with-invest-diva-education-course`.
- **Estratégias:** Como parte do meu portfólio, invisto no mercado forex com uma frequência de médio prazo e faço uso da técnica IDDA, que apresentei no Capítulo 9. Se você não for um day trader, então o meu Premium Investing Group pode ajudar. (`https://learn.investdiva.com/join-group`). Nele, ofereço não apenas estratégias para o mercado forex, mas também sinais de investimento em criptomoedas e ações.

4 Estratégias e Táticas Essenciais para Criptomoedas

NESTA PARTE...

Descubra se a análise técnica é uma boa técnica para desenvolver uma estratégia de investimento ou se não passa de vodu.

Explore as diferenças entre o trading em curto prazo e o investimento em longo prazo e decida qual é o caminho certo para você.

Mergulhe em diferentes métodos de desenvolvimento de estratégias e incorpore sua tolerância de risco ao seu plano para minimização de perdas e maximização de ganhos.

Conheça as técnicas Ichimoku e Fibonacci e descubra como usá-las para melhorar sua estratégia de investimento.

Tenha a certeza de que você não está sendo prejudicado por impostos e descubra formas diferentes de reduzir sua taxação relacionada às criptomoedas.

NESTE CAPÍTULO

» **Entendendo a ideia por trás da análise técnica e por que ela é utilizada pelos investidores**

» **Identificando os principais níveis de suporte e resistência em um gráfico**

» **Conhecendo padrões gráficos populares em mercados ascendentes e descendentes**

» **Entendendo médias móveis básicas e sofisticadas**

Capítulo **16**

Utilizando a Análise Técnica

Algumas pessoas acreditam que os mercados financeiros, sejam de criptomoedas ou não, são apenas uma forma de aposta legalizada. Elas acreditam que os mercados se movem aleatoriamente e não têm nenhuma conexão com a psicologia do mercado ou seus fundamentos, como o estado da economia ou as pessoas por trás de uma tecnologia blockchain.

Não sou uma dessas pessoas. Ao longo de anos de observação e investimento em muitos mercados diferentes, eu (juntamente com muitos outros colegas investidores) vi a história se repetir várias e várias vezes. Os mercados se movem como resultado de uma série dos três pontos principais da Invest Diva Diamond Analysis (IDDA), que apresentei no Capítulo 9.

- Análise fundamental
- Análise de sentimento do mercado
- Análise técnica

Vá até o Capítulo 9 para ler sobre as bases das análises fundamental e de sentimento do mercado para o mercado de criptomoedas. Neste capítulo, mostrarei como a análise técnica pode ajudar a identificar o melhor nível de preço para compra e venda, seja você um investidor em longo prazo ou trader ativo.

Muitas exchanges e corretoras de criptomoedas oferecem serviços de gráficos para facilitar sua negociação diretamente pela plataforma deles. Alguns desses gráficos são sofisticados, enquanto outros não. Particularmente, gosto de usar o TradingView (`www.tradingview.com/`) para todas as minhas análises técnicas, de forex a ações e criptomoedas. Você pode usar o serviço gratuito para quase todos os ativos ou migrar para os serviços pagos para acessar gráficos sem anúncios e conseguir outras vantagens.

Começando com o Básico sobre a Análise Técnica

Em resumo, *análise técnica* é a arte de estudar o histórico da ação de preço de um ativo para prever o seu futuro. A razão pela qual isso funciona é resultado de uma série de fatores, incluindo os seguintes:

- **Comportamento do investidor:** Pesquisas na área da finança comportamental mostram que investidores tomam decisões com base em uma série de vieses psicológicos que se repetem.
- **Psicologia das multidões:** Muitos participantes de mercado usam os mesmos métodos de análise técnica, assim fortalecendo os principais níveis de preço.

Quando os padrões de movimento de preço se repetem, investidores que os percebem primeiro podem tirar vantagem disso no desenvolvimento de suas estratégias e conseguir retornos acima da média. Ainda que o mercado de criptomoedas seja relativamente novo, os padrões já estão se formando em tempos gráficos curtos e médios. As seções seguintes descreverão o básico dos tipos de gráficos, dos tempos gráficos e dos fatores psicológicos.

Um desempenho anterior não garante resultados futuros. A análise técnica ajuda apenas a melhorar as probabilidades a seu favor e não garante o lucro. Portanto, você deve conduzir um gerenciamento de risco adequado, conforme expliquei no Capítulo 3.

Falo bastante sobre a análise técnica no meu curso *Make Your Money Work for You PowerCourse*. Confira em: `https://learn.investdiva.com/free-webinar-3-secrets-to-making-your-money-work-for-you` [conteúdo em inglês].

A arte dos gráficos

Então você quer colocar a mão na massa com os movimentos de preço históricos da sua criptomoeda favorita. Por mais técnico que esse tipo de análise possa soar, você se pegará com frequência utilizando o lado criativo do seu cérebro; o gráfico é a sua tela. Você pode utilizar diferentes tipos de gráficos para mapear o comportamento do preço de qualquer criptomoeda em relação a outras moedas, sejam elas *fiduciárias* (endossadas por um governo) ou não. Analistas técnicos amam gráficos porque conseguem monitorar visualmente uma atividade que, de outra forma, seria orientada apenas por números. Os gráficos evoluíram nas décadas passadas, conforme cada vez mais investidores os utilizavam para desenvolver suas estratégias nos mais variados mercados, inclusive nos mercados de ações, forex e de criptomoedas.

Alguns gráficos são simples e monitoram apenas o preço ao final de uma sessão. Outros são mais complexos e monitoram todos os movimentos do preço durante a sessão. Alguns dos gráficos mais populares são:

» **Gráfico de linha:** Os gráficos de linha exibem apenas os preços de fechamento do mercado. Isso significa que, a respeito de determinado período, você só conseguirá saber o preço da criptomoeda ao *final* dele, e não as aventuras e movimentos pelos quais a criptomoeda passou *durante* aquele período. Uma linha é desenhada entre um preço de fechamento e o seguinte, e você consegue ver o movimento geral de um par de moedas ao longo de determinado período. A Figura 16-1 mostra um exemplo, com o Bitcoin em relação ao dólar americano (BTC/USD) no tempo gráfico de um dia.

FIGURA 16-1: Gráfico de linha do par BTC/USD ao longo de um dia.

Fonte: tradingview.com

» **Gráfico de barras:** Não, esta opção não é uma lista dos equipamentos da academia mais próxima. Em qualquer tempo gráfico designado, um *gráfico de barras* mostra *o* preço de abertura do mercado, a ação do preço durante esse tempo gráfico e o preço de fechamento, como é possível ver na Figura 16-2. Essa pequena linha horizontal à *esquerda* mostra o preço em que o mercado abriu. A pequena linha horizontal à *direita* mostra o ponto de fechamento do período destacado. Assista a este divertido vídeo no qual explico os gráficos de barras: `https://www.youtube.com/watch?v=RghwgzNgZ64` [conteúdo em inglês].

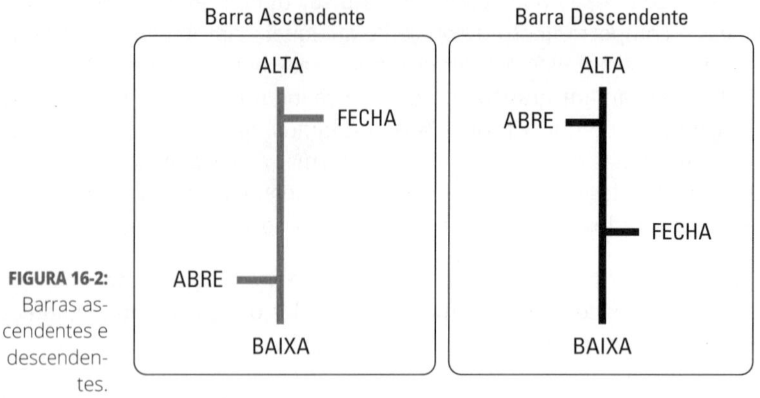

FIGURA 16-2: Barras ascendentes e descendentes.

» **Gráfico de velas:** *Gráficos de velas* se parecem com os gráficos de barra, mas a área entre os preços de abertura e fechamento é colorida para mostrar o movimento geral do mercado durante esse período. Se o mercado em geral se moveu para cima durante esse período (um sentimento positivo do mercado), a área normalmente fica verde. Se o mercado sofreu uma queda (um sentimento negativo do mercado), a área normalmente fica vermelha. É claro, você pode escolher as cores de sua preferência. Eu costumo usar verde para um mercado positivo e roxo para um mercado negativo. Um gráfico de vela também mostra o ponto baixo e alto do preço do ativo durante aquele período; veja a Figura 16-3.

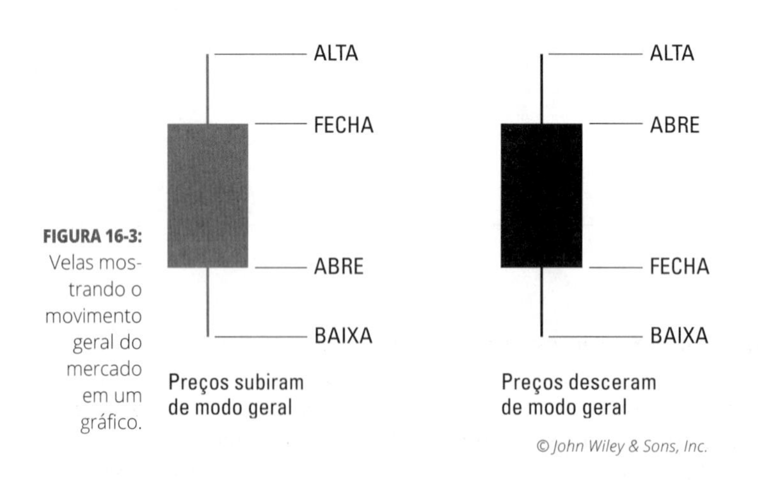

FIGURA 16-3: Velas mostrando o movimento geral do mercado em um gráfico.

» Esse tipo de gráfico é o meu favorito, pois, além de ser o mais atraente visualmente, ele foi desenvolvido por um vendedor de arroz do Japão. Morei no Japão durante sete anos, então amo qualquer coisa que tenha raízes japonesas ou que soe japonês, como o(s) anônimo(s) fundador(es) do Bitcoin! Ainda que ninguém realmente saiba quem deu início ao Bitcoin, o(s) fundador(es) anônimo(s) ao menos fingia(m) ser um japonês chamado Satoshi Nakamoto. Independentemente de haver ou não provas quanto a isso, a menor unidade do Bitcoin se chama Satoshi, e eu sempre me divirto ao escutar isso.

O fator tempo

Dependendo do tipo de investidor que você é, pode ser possível escolher diferentes tempos gráficos para conduzir uma análise técnica. Por exemplo, se for um day trader e desejar tirar vantagem das flutuações do mercado de criptomoedas, você pode estudar os preços do mercado nos últimos trinta minutos, na última hora ou nas últimas quatro horas. Por outro lado, se for um investidor em longo prazo e deseja aguardar que os mercados encontrem o caminho até o limite dos seus pedidos de compra e venda, então poderá analisar as ações de preço dos últimos dias ou meses para encontrar padrões repetitivos e importantes níveis psicológicos de preço. (Dica: é assim que desenvolvo minhas próprias estratégias.)

Todos os tipos de gráficos podem ser utilizados em diferentes tempos gráficos. Um gráfico de linha de uma hora mostrará o preço de fechamento ao final de cada hora. Um gráfico de vela diário mostrará os preços de abertura, fechamento e os pontos altos e baixos durante o dia, além do movimento geral do mercado ao longo de um tempo gráfico maior, como é possível ver na Figura 16-4. Essa figura mostra a ação do preço da Ethereum em relação ao dólar americano (ETH/USD) mapeado em um gráfico de vela ao longo de um período de um dia.

FIGURA 16-4: Gráfico de vela no período de um dia do par ETH/USD.

Fonte: tradingview.com

O fator psicológico: Tendências

Conforme estuda os movimentos do mercado, você pode acabar encontrando padrões e preços que aparecem repetidamente. Grande parte dessa repetição tem a ver com a psicologia do mercado e o sentimento geral das multidões sobre a criptomoeda.

Uma das formações que mais chamam a atenção em um gráfico é uma tendência. Uma tendência em um gráfico não tem relação alguma com tendências no Twitter ou no mundo da moda, mas a ideia por trás é semelhante. Quando você percebe que o preço de uma criptomoeda continua a subir em um gráfico, esse movimento significa que os participantes do mercado estão se sentindo confortáveis em relação àquela criptomoeda. Eles continuam comprando a moeda e, com isso, aumentando o seu valor. É possível até dizer que a criptomoeda em questão virou tendência.

LEMBRE-SE

Com certeza você já deve ter ouvido falar na famosa frase de investimento "a tendência é sua amiga". Se perceber uma tendência rápido o suficiente, poderá se aproveitar dos preços ascendentes e conseguir algum dinheiro. O mesmo vale para quando o preço da criptomoeda está caindo, ou está em uma *tendência de baixa*. Se perceber uma tendência de baixa cedo o suficiente, você pode conseguir vender sua criptomoeda ou colocar uma ordem limite (veja os Capítulos 17 e 18) para comprar mais por um preço menor.

Identificando os Níveis-chave

O objetivo principal da análise técnica é identificar os melhores preços pelos quais comprar e vender. Idealmente, você quer comprar pelo menor preço possível que a criptomoeda pode alcançar no futuro próximo. E quer segurar essa criptomoeda e vendê-la pelo preço mais alto dentro do tempo gráfico escolhido. Em mercados bem estabelecidos e com grandes quantidades de dados históricos, é possível reconhecer esses preços ao identificar níveis-chave de preços que criaram algum tipo de restrição para o movimento do mercado no passado. Nas seções seguintes, detalharei alguns desses níveis importantes.

Níveis de suporte

LEMBRE-SE

Um *nível de suporte* é a barreira que impede o preço de cair ainda mais. Ele sempre está abaixo do preço de mercado atual no seu gráfico. Os participantes do mercado que o identificam geralmente aguardam o preço alcançá-lo antes de comprar a criptomoeda. Uma das formas populares de identificar um nível de suporte é estudar o desempenho passado da criptomoeda no gráfico. Se um nível de preço continua "sustentando" o valor da criptomoeda e o impedindo de cair ainda mais, você pode marcá-lo como o nível de suporte.

Como é possível ver na Figura 16-5, um dos níveis de suporte do Bitcoin é em aproximadamente US$6 mil. O Bitcoin esteve em torno desse nível psicológico múltiplas vezes em 2017 e 2018, mas, em todas elas, o nível de suporte impediu que o Bitcoin caísse ainda mais.

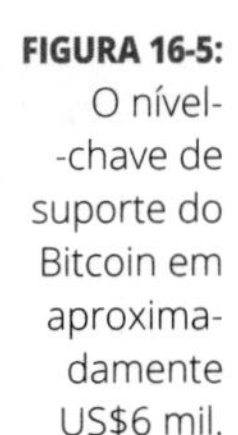

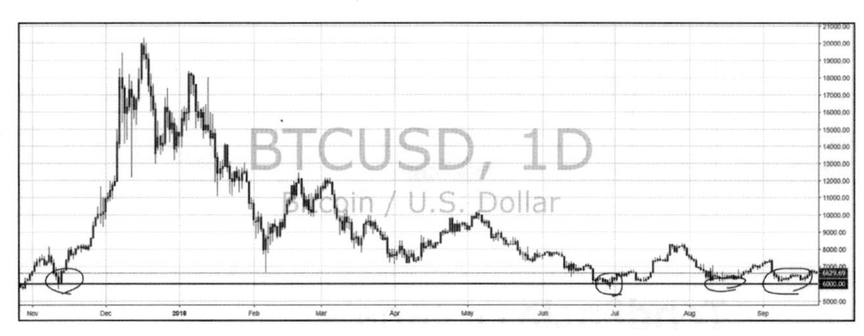

FIGURA 16-5: O nível-chave de suporte do Bitcoin em aproximadamente US$6 mil.

Fonte: tradingview.com

LEMBRE-SE

Perceba que eu disse "em torno". Os níveis de suporte nem sempre são um número concreto. Ainda que a maioria dos meios comunicações diga coisas como "o Bitcoin caiu abaixo do nível psicológico de US$6 mil", o nível de suporte com frequência se refere mais a uma zona do que a um número específico.

DICA

Quanto mais o nível de suporte for posto à prova, mais forte ele se torna. No entanto, depois que um forte nível de suporte é enfraquecido, o sentimento do mercado tem uma boa chance de ficar pessimista e começar a cair ainda mais até alcançar um novo nível de suporte.

Níveis de resistência

LEMBRE-SE

Resistência é uma barreira que impede os preços de subirem ainda mais. Ela deve estar acima do preço atual no seu gráfico, e você pode usá-la para vender seus criptoativos. É possível identificar um nível de resistência a olho nu ao procurar por *picos* no gráfico. Cada pico pode ser considerado um nível de resistência, desde que esteja acima do valor de mercado atual.

Confira a Figura 16-6 para ver alguns níveis-chave de resistência quando o Bitcoin estava sendo negociado por US$6.620 em setembro de 2018.

DICA

Pessoalmente, prefiro usar a retração de Fibonacci (ou *Fibonacci retracement*) para identificar os níveis de suporte e resistência. Ao aplicar o Fibonacci a uma tendência anterior, você consegue identificar imediatamente uma série de níveis de suporte e resistência sem precisar aplicá-los um a um. É claro, os níveis de Fibonacci nem sempre são completamente precisos e pode ser necessário brincar um pouco com o aplicativo para acertar as coisas. Confira o Capítulo 20 para saber como.

FIGURA 16-6: Níveis-chave de resistência do Bitcoin em setembro de 2018.

Fonte: tradingview.com

Tendências e canais

Anteriormente neste capítulo, expliquei como as tendências podem ser formadas com base na psicologia do mercado. Algumas tendências são bem fáceis de perceber. Por exemplo, o período entre julho e dezembro de 2017 foi um período de uma extrema *tendência de alta* do Bitcoin e de muitas outras criptomoedas quando os preços continuaram a subir. É claro, essa forte tendência de alta chamou a atenção de muitas pessoas, investidores ou não, o que, por sua vez, levou até a bolha da criptomoeda que derrubou tudo em 2018. No entanto, perceber tendências nem sempre é tão fácil assim.

Traçar linhas de tendências é uma arte. E assim como qualquer outro tipo de arte, todo mundo tem uma opinião única sobre ela. Aqui estão dois métodos básicos para traçar uma tendência de alta e uma tendência de baixa.

- Para traçar uma linha de tendência de alta, quando você tiver identificado um movimento otimista no gráfico, simplesmente clique no instrumento de linha de tendência da sua plataforma de trading e conecte dois ou mais vales (fundos), como exibido na Figura 16-7.
- Para traçar uma tendência de baixa, conecte dois ou mais picos (topos).

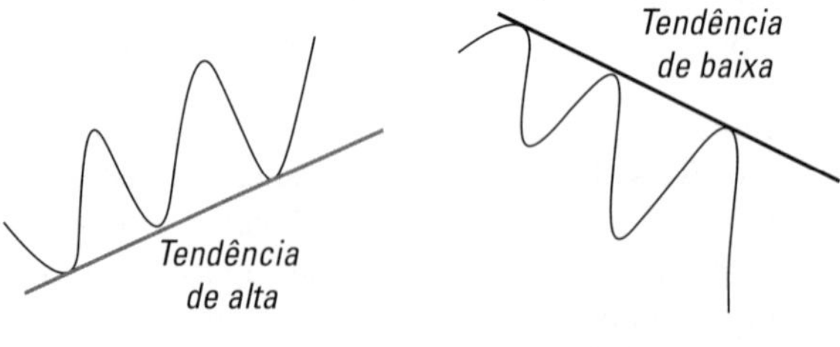

FIGURA 16-7: Como traçar tendências de alta e baixa.

© John Wiley & Sons, Inc.

Se as linhas da tendência estiverem acima do preço atual, você também pode considerá-las níveis de resistência *angulares*. Se a linha estiver abaixo do preço atual, pode usá-la como um nível de suporte.

DICA

Confira este vídeo curto e divertido no qual explico a arte de traçar linhas de tendências: `https://www.youtube.com/watch?v=aHOnBcnDumQ&t=1s` [conteúdo em inglês].

Agora, e se o mercado estiver se movendo entre dois níveis paralelos de suporte e resistência? Os analistas técnicos que montam os gráficos chamam essa formação de *canal*. Você pode usar longos canais para estratégias de trading em curto prazo, que comentarei no Capítulo 17. Por exemplo, uma estratégia comum é comprar na banda mais baixa do canal e vender na mais alta. A Figura 16-8 mostra canais básicos que você pode identificar no seu gráfico.

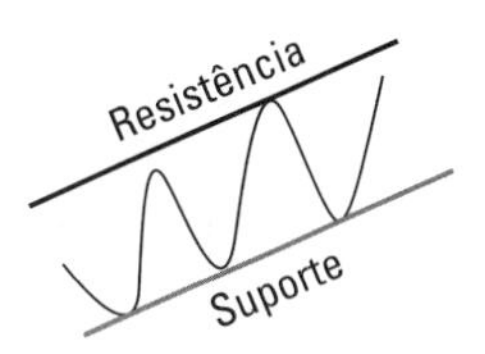

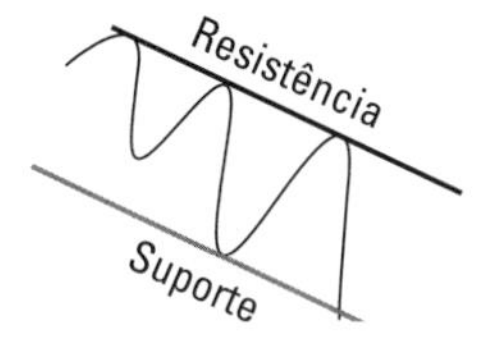

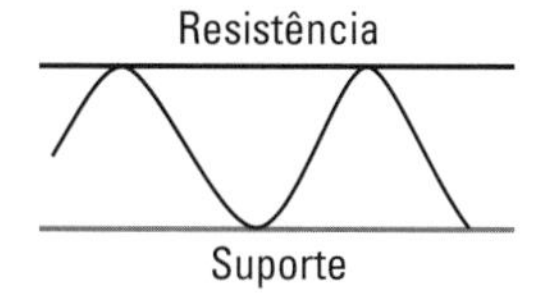

FIGURA 16-8: Formas básicas dos canais.

© John Wiley & Sons, Inc.

Quando a tendência deixa de ser sua amiga

Infelizmente, as tendências nunca continuam para sempre. Tudo o que é bom acaba. O que sobe uma hora precisa descer. Entre outros clichês. Identificar o momento exato do final de uma tendência é uma das tarefas mais difíceis dos analistas técnicos. Com frequência, o mercado apenas ameaça a multidão com uma repentina, porém curta, mudança de direção. Muitos investidores entram em pânico, mas em seguida o preço volta aos trilhos da tendência de longo prazo.

DICA

Embora os níveis-chave de resistência e suporte possam ajudá-lo a prever quando uma tendência chegará ao fim, você deve endossar suas descobertas com as análises fundamental e de sentimento do mercado, como comentei no Capítulo 9.

Selecionando Padrões em um Gráfico

Analistas técnicos estão constantemente buscando formas de identificar níveis-chave de suporte e resistência. Essa tarefa não é nada fácil, mas as formações dos gráficos podem ajudar nas suas observações. Tornar-se um analista técnico especialista pode levar tempo, e muitos analistas passam anos estudando para receber diplomas como o Chartered Market Technician (CMT), ou técnico de gráfico de mercado[1]. Mas, por enquanto, aqui está o básico dos padrões importantes dos gráficos.

DICA

No meu premiado curso, *Forex Coffee Break*, meu objetivo é tornar a análise técnica o mais simples e divertida possível para os iniciantes. Você pode conferir o curso aqui: `https://education.investdiva.com/forex-coffee-break-with-invest-diva-education-course` [conteúdo em inglês].

Padrões de reversão de alta

Quando uma formação de *reversão de alta* é confirmada, isso normalmente indica que a tendência do preço de mercado sofrerá uma reversão de uma tendência de baixa para uma tendência de alta. Esse é um padrão que reverte o mercado até uma posição otimista. Alguns padrões conhecidos de reversão de alta nos gráficos (exibidos na Figura 16-9) incluem o *double bottom* (quando o preço testa um nível-chave de suporte duas vezes, criando dois vales no nível de suporte), *o head and shoulders inverso* (quando o preço testa aproximadamente o mesmo nível de suporte três vezes) e o *saucer bottom* (quando o preço alcança gradualmente um nível-chave de suporte e move-se gradualmente para cima, criando um formato de tigela).

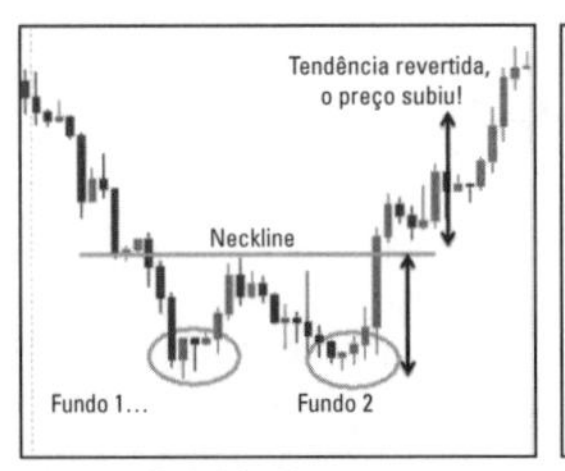

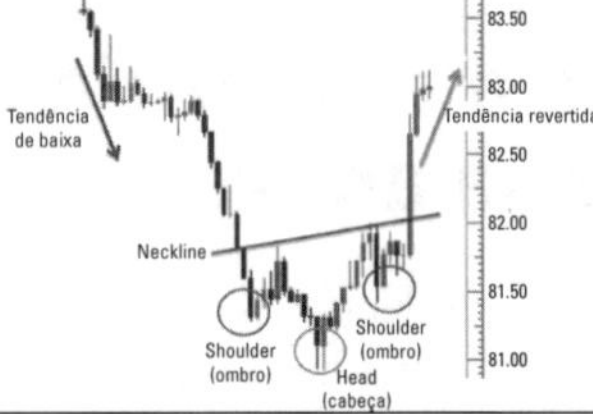

FIGURA 16-9: Exemplos de padrões de reversão de alta em gráficos.

DICA

Uma estratégia popular de trading que usa os padrões de reversão de alta é comprar ao identificar o padrão na posição chamada de *neckline* (que é um nível-chave de resistência) e vender nos próximos níveis-chave de resistência.

Padrões de reversão de baixa

Como o nome sugere, uma formação de *reversão de baixa* é o exato oposto da reversão de alta (veja a seção anterior). Com uma reversão de baixa, os preços normalmente atingem uma resistência ao longo de uma tendência de alta e não conseguem subir mais. Portanto, o preço se vê obrigado a reverter em uma baixa. Alguns famosos padrões de reversão de baixa (exibidos na Figura 16-10)

1 N. da T.: No Brasil, o exame que qualifica o analista técnico é o CNPI-T.

incluem o *double top* (a formação de duas formas semelhantes à montanhas conforme o gráfico testa um nível-chave de resistência), o *head and shoulders* (quando o preço testa aproximadamente o mesmo nível de resistência três vezes, mas na segunda vez ele avança um pouco mais, fazendo parecer uma cabeça) e o *saucer top* (quando o preço gradualmente alcança um nível-chave de resistência e então recua gradualmente).

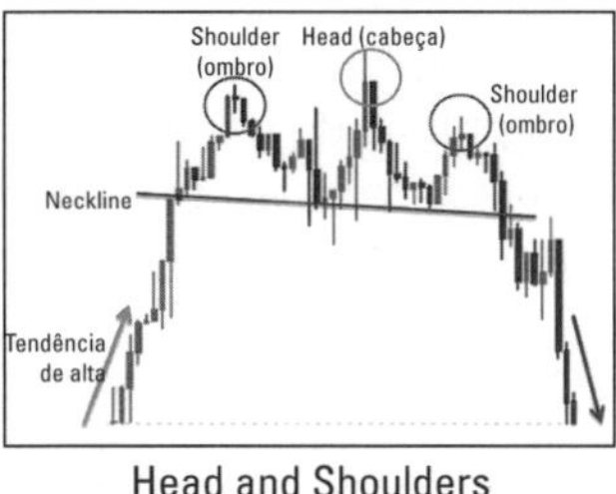

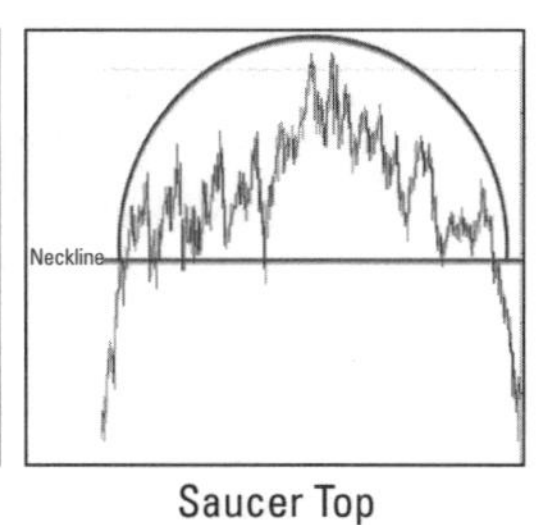

FIGURA 16-10: Exemplos de padrões de reversão de baixa em gráficos.

© John Wiley & Sons, Inc.

DICA

Algumas estratégias típicas com o uso das reversões de baixa são:

- Lucrar com os ativos que você segurou após identificar o padrão.
- Vender a descoberto no neckline e lucrar nos próximos níveis de suporte.

Suavizando os Gráficos com Médias Móveis

Se acha os gráficos de preços e todas as informações contidas neles complicados demais, você não está sozinho! Investidores e criadores de gráficos com um pensamento semelhante muitas vezes apelam para ferramentas categorizadas como médias móveis para identificar mais facilmente essas tendências.

Por definição, uma *média móvel* é um procedimento matemático que registra o valor médio de uma série de preços ao longo do tempo. Existem muitas formas de calcular as médias móveis e usá-las com base em suas necessidades de negociação. Algumas delas são básicas, enquanto outras são sofisticadas. Particularmente, gosto de misturar diversas médias móveis com padrões técnicos de gráficos e, é claro, a retração de Fibonacci. As seções seguintes falam mais sobre as médias móveis. Vá até o Capítulo 20 para ler mais sobre os níveis da retração de Fibonacci.

CUIDADO

Você deve ter se acostumado com a ideia de que os sinais e indicadores de negociação muitas vezes são besteira. O mercado de criptomoedas com frequência atua de maneira arbitrária, ignorando todas as supostas regras. É por isso que você nunca deve depender apenas de um método de análise e *sempre* deve confirmar suas decisões com outras ferramentas e pontos da Invest Diva Diamond Analysis (IDDA), que apresentei no Capítulo 9. Além disso, você nunca deve investir dinheiro que não possa se dar ao luxo de perder.

Médias móveis básicas

No seu gráfico de trading, você pode encontrar médias móveis básicas que suavizam os preços em uma gama de cem a duzentos períodos. Por exemplo, caso olhe em um gráfico de um dia inteiro, você pode selecionar uma média móvel em curto prazo que calcula uma série de quinze pontos de dados. Esse número é chamado de *média móvel de quinze dias*, ou *média móvel rápida*. Caso queira ver um movimento médio em longo prazo, você pode usar um período maior, como duzentos dias, e chamar isso de *média móvel lenta*.

LEMBRE-SE

Médias móveis mais longas fazem um trabalho melhor em reconhecer as principais tendências. Por outro lado, as médias móveis em curto prazo são mais sensíveis às ações recentes de preço. Analistas técnicos em geral usam uma combinação de médias móveis para estudar seu posicionamento em relação umas às outras.

Médias móveis sofisticadas

Analistas técnicos mais geeks com frequência levam sua prática de médias móveis para outro patamar, usando combinações de médias móveis mais complexas para compreender melhor o sentimento do mercado. Aqui estão algumas das médias móveis sofisticadas mais utilizadas [todos os links com conteúdos em inglês]:

- **Moving average convergence divergence (MACD):** MACD é um indicador que exibe a diferença entre uma média móvel em curto prazo e uma média móvel em longo prazo. Para mais informações, acesse: www.investdiva.com/investing-guide/macd/.
- **Bandas de Bollinger:** Criado pelo Sr. Bollinger nos anos 1980, este indicador inclui duas bandas acima e abaixo do preço do mercado. Para mais informações, acesse: www.investdiva.com/investing-guide/bollinger-bands-bol/.
- **Índice de força relativa (IFR):** O IFR (ou RSI, em inglês) é um indicador de impulso, ou oscilador, que mede a força interna relativa do preço da criptomoeda contra ela mesma. Para mais informações, acesse: www.investdiva.com/investing-guide/relative-strength-index-rsi/.
- **Ichimoku Kinko Hyo:** Esta opção é minha favorita. Consiste em cinco diferentes médias móveis, uma por cima da outra. Ela lhe dá tudo o que precisa saber de uma vez (é daí que vem o nome, que significa "um vislumbre do gráfico em equilíbrio"). Vá até o Capítulo 20 para mais detalhes.

NESTE CAPÍTULO

» **Usando diferentes tempos gráficos no trading de curto prazo**

» **Explorando estratégias de curto prazo para criptomoedas**

» **Gerenciando os riscos envolvidos no trading de curto prazo**

Capítulo **17**

Estratégias do Trading de Curto Prazo

Deixe-me ir direto ao ponto: não sou uma grande fã do trading de curto prazo. É uma questão de personalidade. Alguns traders ficam empolgados com a emoção das aventuras do trading de curto prazo, ou *trading especulativo*. Eu começo a suar durante especulações. Prefiro investir em longo prazo. Sentar, relaxar, ter noites tranquilas de sono e deixar o mercado agir (você conhecerá algumas estratégias de investimento em longo prazo no Capítulo 18).

Dito isso, tenho muitos alunos que perguntam sobre estratégias de curto prazo e, sendo essa coach incrível que sou, trago a resposta. Neste capítulo, falarei sobre alguns métodos que uso para desenvolver estratégias de curto prazo que funcionaram para meus alunos no passado. Embora o básico do trading de curto prazo seja similar para diferentes ativos, o trading de criptomoedas requer que você considere alguns passos adicionais para colocar as probabilidades a seu favor.

Distinguindo Três Tempos Gráficos de Curto Prazo

O trading de curto prazo também pode ser chamado de trading agressivo. Por quê? Porque você está assumindo mais riscos na esperança de obter mais lucros. Como discuti no Capítulo 3, investimentos de qualquer tipo exigem um constante equilíbrio e trade-off entre risco e retorno. Para ter mais retorno, é preciso assumir mais riscos. Ao visar ganhar dinheiro em curto prazo, você deve estar preparado para perder o seu investimento (ou até mais!) no mesmo período, especialmente em um mercado volátil como o de criptomoedas.

O trading de curto prazo pode ser dividido em diferentes categorias com base na rapidez com que você quer alcançar os lucros — horas, dias ou semanas. Falando de maneira geral, quanto menor o tempo gráfico, maior o risco envolvido. As seções seguintes descreverão os três tempos gráficos de curto prazo mais comuns para as criptomoedas.

Lucrando em algumas horas

Caso já tenha se perguntado o que um day trader faz, aqui vai a resposta! *Day trading* é uma forma de trading de curto prazo agressivo. O objetivo dele é comprar e vender criptomoedas no período de um dia e obter lucros antes de ir dormir. Em mercados tradicionais como o mercado de ações, um dia de trading geralmente acaba às 16h30m no horário local. No entanto, o mercado de criptomoedas funciona 24/7, então você pode definir suas horas de day trading para caber no seu cronograma. Bem legal, não é? Porém, com esse grande poder vem também uma grande responsabilidade. Você não quer perder até as roupas de baixo e deixar seu cônjuge bravo com você.

Aqui estão algumas perguntas que você deve se fazer para determinar se o day trading é de fato o melhor criptocaminho para você:

- Você dispõe do tempo necessário para se dedicar ao day trading? Caso tenha um emprego em período integral e não possa ficar grudado na tela o dia inteiro, o day trading provavelmente não é para você. Certifique-se de não usar o tempo do seu emprego para isso! Não só você pode ser demitido, como também não conseguirá dedicar o tempo e a energia necessários para o trading. É um problema duplo.
- Você tem uma tolerância ao risco suficiente para o day trading? Confira o Capítulo 3 para saber mais sobre gerenciamento de risco e participe deste webinar para calcular sua tolerância ao risco: `https://learn.investdiva.com/free-webinar-3-secrets-to-making-your-money-work-for-you` [conteúdo em inglês].

» Mesmo se puder perder algum dinheiro no day trading, você está disposto a fazê-lo? Você tem estômago para ver o seu portfólio subir e descer diariamente? Caso não tenha, então talvez o day trading não seja para você.

Se já tiver batido o martelo quanto a usar o day trading com as criptomoedas, as seções seguintes compartilham algumas dicas antes de você começar:

Definir sessões de trading de criptomoedas

Uma vez que as criptomoedas são negociadas internacionalmente e sem fronteiras, uma forma de definir um dia de trading é seguir as sessões de trading em capitais financeiras mundiais, como Nova York, Tóquio, a *zona do euro* (composta de países europeus cuja moeda oficial é o euro) e Austrália. A Figura 17-1 mostra essas sessões. Este método acompanha sessões de trading semelhantes, como no mercado forex.

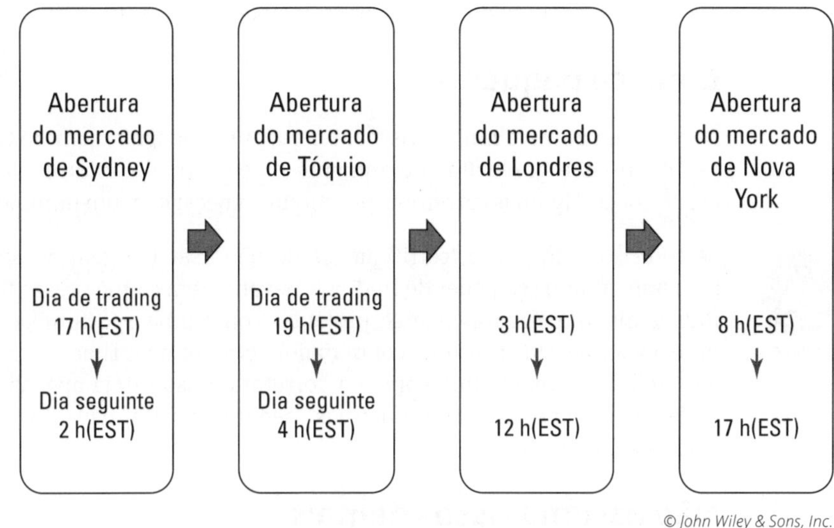

FIGURA 17-1: Sessões de trading de criptomoedas com base em fusos horários internacionais.

Algumas sessões podem oferecer melhores oportunidades de trading se a criptomoeda que você planeja negociar tiver um maior volume ou volatilidade naquele tempo gráfico. Por exemplo, uma criptomoeda da China, como a NEO, pode encontrar um maior volume durante a sessão asiática.

Saber que o day trading de criptomoedas é diferente do day trading de outros ativos

Enquanto com os ativos financeiros tradicionais do day trading, como ações ou forex, é possível acompanhar movimentadores de mercados fundamentais e bem estabelecidos, como o relatório futuro das receitas de uma empresa ou a decisão da taxa de juros de determinado país, o mercado de criptomoedas, na grande maioria das vezes, não tem um calendário desenvolvido de eventos e riscos. É por isso que conduzir a análise fundamental (Capítulo 9) para desenvolver uma estratégia de day trading é muito mais difícil para as criptomoedas.

Reserve um tempo

Dependendo do seu cronograma pessoal, talvez você queira levar em consideração o estabelecimento de um horário específico do dia para suas negociações. A ideia de poder negociar dia e noite parece uma coisa incrível na teoria. Você pode simplesmente abrir seu app durante uma noite de insônia e começar a fazer negócios. No entanto, essa flexibilidade pode produzir efeitos negativos quando você começar a perder o sono por conta dela. Manter-se alerta durante o day trading, ou night trading nesse caso, é muito importante, porque é necessário desenvolver estratégias, identificar oportunidades de negócios e gerenciar o risco múltiplas vezes ao longo da sessão. Para muitas pessoas, ter uma disciplina concreta pode compensar.

Comece pequeno

Day trading envolve muitos riscos. Então, até se adaptar, comece com pequenas quantias e gradualmente aumente o seu capital conforme você adquire experiência. Algumas corretoras permitem começar com um mínimo de US$50.

Se começar com pouco, certifique-se de não usar margem ou alavancagem para aumentar o seu poder de trading. Alavancagem é uma dessas ferramentas incrivelmente perigosas que se projetam como uma oportunidade. Ela permite a você administrar uma conta maior com um investimento inicial menor ao tomar um empréstimo com sua corretora. Caso esteja apenas testando o ambiente e começando com quantias menores, usar a alavancagem acabaria com esse propósito.

Não assuma riscos demais

De acordo com a Investopedia, a maioria dos day traders bem-sucedidos não comprometem grande parte do seu saldo — 2% dele, no máximo — em cada negociação. Se você tiver um saldo de US$10 mil na sua conta de trading e está disposto a arriscar 1% do seu capital em cada negociação, sua perda máxima por negociação será de US$100 (0,01 × US$10 mil). Portanto, certifique-se de ter esse dinheiro reservado para perdas em potencial e de não assumir mais riscos do que você pode bancar.

Proteja sua carteira de criptomoedas

Um dos maiores problemas com o day trading de criptomoedas é proteger sua carteira de criptomoedas. Como expliquei no Capítulo 7, as carteiras de criptomoedas menos seguras são as online. Uma vez que é necessário ter capital disponível ao longo do dia de negociação, pode ser que você não tenha escolha senão deixar os seus ativos na carteira online da exchange, o que o deixa exposto ao risco de invasão hacker.

DICA

Uma forma de aprimorar sua segurança aqui é não comprar e vender criptomoedas, mas apenas especular a ação de preço e os movimentos do mercado de criptomoedas usando corretoras que facilitam esse tipo de serviço, conforme discorri no Capítulo 6.

Fique longe do scalping

CUIDADO

Scalping é a estratégia de curtíssimo prazo que alguns traders individuais escolhem. Ela basicamente significa entrar e sair de negociações com frequência, por vezes, em questão de segundos. Se está pagando taxas de comissão em cada um dos negócios, você não só ficará exposto a uma grande quantidade de risco do mercado, mas também poderá ser prejudicado pelas taxas antes de conseguir qualquer lucro. Traders individuais raramente conseguem algum lucro por meio do scalping. Mas, se você for parte de uma empresa com desconto em taxas de comissões e grandes contas de trading, essa história pode ser diferente.

Lucrando em alguns dias

Se deseja negociar em curto prazo, mas não quer ficar no seu computador o dia inteiro, esse tempo gráfico pode ser o ideal para você. No trading tradicional, traders que mantêm sua posição de um dia para o outro são categorizados como *swing traders.* A estratégia mais comum para os swing traders é o *range trading,* segundo a qual em vez de embarcar em uma tendência, você busca uma criptomoeda cujo preço está variando entre dois valores. A ideia é comprar no vale e vender no pico, como você pode ver na Figura 17-2. Caso esteja usando uma corretora que facilite os serviços de venda a descoberto, você também pode seguir na direção contrária.

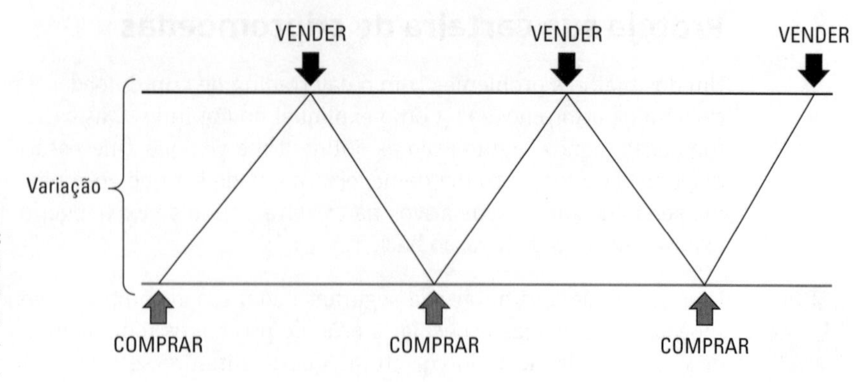

FIGURA 17-2: Uma estratégia simplificada de range--trading.

© John Wiley & Sons, Inc.

É claro, na vida real as variações não são tão bonitinhas como as que você vê no exemplo trazido por mim na Figura 17-2. Para identificar uma variação, você deve ser proficiente em análise técnica. Uma série de padrões técnicos de gráficos (veja o Capítulo 16) e indicadores podem ajudá-lo a identificar uma variação. Para saber mais sobre a análise técnica, dê uma olhada nos meus cursos de trading premiados em `https://learn.investdiva.com/services` [conteúdo em inglês].

LEMBRE-SE

Se escolher o swing trading em detrimento do day trading, uma das desvantagens é que você não conseguirá uma taxa tributária otimizada que foi criada para os day traders em alguns países. Na verdade, o swing trading é uma área cinza da tributação, porque se mantiver suas posições por mais de um ano (investimento em longo prazo; veja o Capítulo 18), você também consegue uma melhor taxa tributária. Para saber mais sobre a otimização de tributos, vá para o Capítulo 21.

DICA

Se estiver negociando os movimentos do mercado de criptomoedas sem comprá-las, certifique-se de não estar pagando taxas de comissões altas por manter a sua posição de um dia para o outro. Consulte sua corretora antes de desenvolver sua estratégia de swing trading ou confira `https://forestparkfx.com/?id=UU1UckhZSVN3OW1WNnNuNHIxaHlqUT09` [conteúdo em inglês] para escolher uma corretora adequada à sua estratégia.

Lucrando em algumas semanas

Esse tempo gráfico cai na categoria do *position trading* nos mercados tradicionais. Ainda mais curta que uma estratégia de investimento em longo prazo, mas mais longa que o day trading, esse tipo de trading de curto prazo pode ser considerado sua forma menos arriscada. No entanto, ainda é arriscado. (Vá até o Capítulo 3 para ler mais sobre os riscos envolvidos no trading de criptomoedas.)

Para este tipo de negociação, você pode identificar uma tendência do mercado e se aproveitar dela até o preço alcançar uma resistência ou um suporte. Como expliquei no Capítulo 16, um nível de *resistência* é uma barreira psicológica que evita que o preço aumente, enquanto o nível de *suporte* é o oposto: um preço que o mercado tem dificuldade para reduzir.

CUIDADO

Para segurar suas posições durante semanas, é preciso manter seus criptoativos na carteira online da sua exchange, o que pode deixá-lo exposto a um risco adicional de segurança (como comentei no Capítulo 7). Pode ser uma ideia melhor usar uma corretora que ofereça serviços de especulação de preço para esse tipo de estratégia de trading, para que você não precise ter a posse das criptomoedas.

Uma estratégia popular do position trading envolve os seguintes passos, como também é possível ver na Figura 17-3:

- Identifique uma tendência (usando a análise técnica).
- Aguarde por um recuo.
- Compre durante o recuo na tendência de alta.
- Lucre (venda) na resistência.

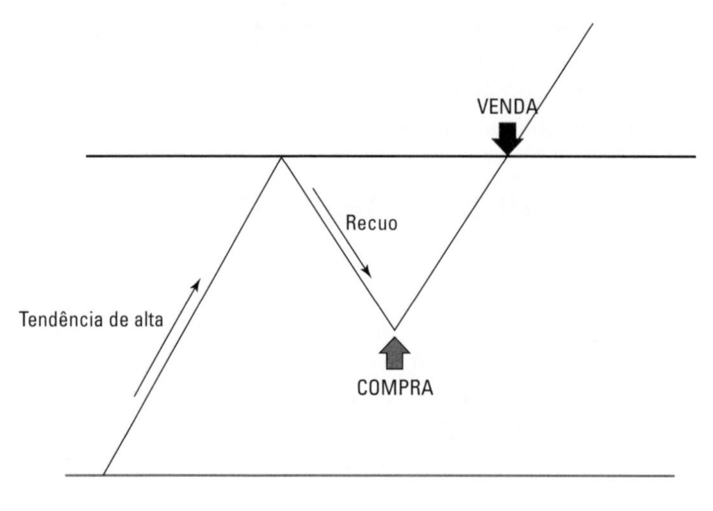

FIGURA 17-3: Comprando no recuo em uma tendência de alta do mercado e lucrando no ponto de resistência.

DICA

No meu Premium Investing Group, frequentemente ofereço estratégias de position trading para meus alunos usando o conjunto de técnicas Ichimoku Kinko Hyo + retração de Fibonacci. Veja o Capítulo 20 para saber mais sobre essa técnica e visite a página a seguir para fazer parte do grupo: `https://learn.investdiva.com/join-group` [conteúdo em inglês].

Testando Métodos de Análise de Curto Prazo

Não é possível se tornar um trader de curto prazo bem-sucedido apenas lendo notícias. O trading de curto prazo é uma arte que combina o gerenciamento de risco ativo com uma grande compreensão da psicologia das multidões e ações de preços que vão muito além do escopo deste livro. Além disso, o mercado de criptomoedas não é tão bem estabelecido quanto os outros, então o trading de criptomoedas menos conhecidas em curto prazo pode ser ainda mais arriscado. Essa atividade é comparável ao trading de penny stocks ou à aposta, que são formas praticamente garantidas de perder dinheiro. Independentemente disso, as seções seguintes apresentarão alguns métodos de análises que traders profissionais com grandes contas e alta tolerância ao risco conseguem utilizar.

CUIDADO

De acordo com o Medium.com, day trading no mercado de criptomoedas trouxe a alguns investidores lucros entre 1% e 2%, enquanto em outros valores eles *perdem* dinheiro. Na maioria das vezes, o day trading no mercado de criptomoedas tem sido um jogo de soma zero.

Decifrando padrões de gráficos

Você pode usar a maioria dos padrões de gráficos que mencionei no Capítulo 16 para o trading de curto prazo, assim como para estratégias em médio e longo prazo (comentadas no Capítulo 18). Tudo o que você precisa fazer é adaptar sua visão do gráfico para um tempo gráfico menor. Normalmente, verifico três tempos gráficos diferentes ao desenvolver uma estratégia de trading. Se estou analisando os mercados para uma obtenção de lucro mais rápida, observo três tempos gráficos curtos. Por exemplo, caso eu queria um lucro em questão de horas, posso analisar a ação de preço desses três tempos gráficos:

- Gráfico de trinta minutos (para ter uma noção do sentimento do mercado).
- Gráfico de uma hora.
- Gráfico de quatro horas (para conseguir uma compreensão do panorama geral).

Caso você veja diferentes formas de padrões de reversão de alta (veja o Capítulo 16) em todos os três tempos gráficos, talvez haja uma maior probabilidade do começo de uma nova tendência de alta, o que pode levar a uma estratégia de trading bem-sucedida. As seções seguintes mostrarão um exemplo do par cripto/fiduciária Bitcoin/dólar americano (BTC/USD) no dia 5 de setembro de 2018.

Utilizo `https://tradingview.go2cloud.org/aff_c?offer_id=2&aff_id=13497` [conteúdo em inglês] para desenhar gráficos, uma vez que o site oferece muitas ferramentas de análises técnicas e gráficos personalizáveis.

Um gráfico de trinta minutos

Você está analisando um gráfico de trinta minutos e, às 9h30m da manhã, repentinamente percebe uma queda significativa que leva o preço do Bitcoin de US$7.380 para US$7.111, como é possível observar na Figura 17-4. Essa formação é chamada de *padrão engolfo de baixa* entre os analistas técnicos. Seria esse o começo de uma nova tendência de baixa?

FIGURA 17-4: Gráfico de trinta minutos do par BTC/USD no dia 5 de setembro de 2018.

Fonte: tradingview.com

Gráfico de uma hora

Ao passar do gráfico de trinta minutos (veja a seção anterior) para o de uma hora, você percebe a mesma queda (exibida na Figura 17-5). Mas, uma vez que consegue enxergar o panorama geral, você descobre que essa queda ocorreu após uma tendência de alta no mercado, o que pode ser sinal de um recuo durante a tendência. Mas quão baixo esse par consegue chegar?

FIGURA 17-5: Gráfico de uma hora do par BTC/USD no dia 5 de setembro de 2018.

Fonte: tradingview.com

Um gráfico de quatro horas

Ao passar do gráfico de uma hora (veja a seção anterior) para o gráfico de quatro horas, você percebe que o padrão de engolfo de baixa se forma em uma tendência de alta muito maior que estava se movimentando desde meados de agosto. Observando o gráfico de quatro horas, você pode apontar os níveis--chave de suporte, exibidos em US$6.890 e US$6.720, em que o preço poderá recuar dentro desse novo sentimento pessimista do mercado. Na Figura 17-6, usei os níveis de retração de Fibonacci para identificar os níveis-chave de preço com maior precisão. Vá até o Capítulo 20 para ler mais sobre Fibonacci.

Seguindo as diretrizes de análise técnica, você pode esperar um pouco de correção após essa queda repentina, seguida por mais quedas até os níveis-chave de suporte no gráfico de quatro horas. Com isso, uma possível ideia de trading seria vender durante a correção ou pelo valor de mercado e depois lucrar em um ou dois níveis de suporte.

FIGURA 17-6: Gráfico de quatro horas do par BTC/USD no dia 5 de setembro de 2018.

Fonte: tradingview.com

Após quedas repentinas, às vezes os mercados corrigem a si mesmos antes de caírem ainda mais. Com frequência, eles corrigem até *níveis de pivô* (um nível que é considerado uma mudança de tendência caso o preço fique acima ou abaixo dele), que nesse caso é o nível de retração de Fibonacci em 23%, no valor de US$7.090. A recompensa por aguardar uma correção é que você pode ser capaz de conseguir mais lucros vendendo a descoberto por um preço maior. O risco com isso é que o mercado pode não se corrigir e você pode acabar perdendo. Particularmente, se acho que o mercado vai realmente mudar para um sentimento pessimista, vendo um pouco no valor do mercado e estabeleço uma *ordem limitada* no nível de pivô, apenas para caso de o mercado decidir se corrigir antes de maiores quedas. Dessa forma, é possível distribuir o seu risco. Uma ordem limitada de venda é um tipo de ordem de trading que você pode criar na plataforma da sua corretora, o que lhe permite vender seus ativos a um preço específico no futuro.

Para um lucro em curto prazo, sempre levo em consideração a criação de ordens limitadas de compra em níveis de suporte a 38% e 50% dos níveis de retração de Fibonacci. Neste exemplo, meu objetivo é ter um lucro parcial de aproximadamente US$6.890 e depois sair do trading completamente ao alcançar US$6.720. Mais uma vez, essa abordagem pode limitar meus ganhos se o mercado continuar a cair, mas também limita meu risco se o preço não cair até o segundo nível de suporte, logo, isso me dá uma taxa de risco e recompensa proporcional. A Figura 17-7 mostra o real desempenho do mercado.

O preço BTC/USD se corrigiu um pouco, mas não alcançou um valor tão alto quanto o nível de retração de Fibonacci em 23%. Portanto, se tivesse aguardado pela correção para vender, você teria perdido a oportunidade. O mercado caiu para os níveis de suporte a 38% e 50% dos níveis de retração de Fibonacci. Nesse caso, se tivesse vendido pelo valor de mercado, você teria lucrado em ambos os níveis de suporte. Por outro lado, o preço continuou a cair para além do nível de retração de Fibonacci em 50%, então isso também pode representar uma oportunidade perdida de maximização dos seus ganhos.

FIGURA 17-7: Desempenho de estratégia do gráfico de quatro horas do par BTC/USD.

Fonte: tradingview.com

LEMBRE-SE

No entanto, na minha opinião, é sempre melhor prevenir do que remediar. É por isso que sempre recomendo aos meus alunos evitar a ganância ao lidar com desenvolvimento de estratégias.

Usando indicadores

Outro método de análise técnica popular é usar indicadores como o índice de força relativa (RSI), Bandas de Bollinger (BB) e o Ichimoku Kinko Hyo (ICH). Chamo esses indicadores de elementos de kit de beleza. Ao adicioná-los ao gráfico, você o torna mais belo e realça as características importantes, assim como você faria ao passar maquiagem no rosto!

Indicadores são ferramentas matemáticas, desenvolvidas ao longo dos anos por analistas técnicos que podem ajudá-lo a prever futuras ações de preço no mercado. Você pode usar esses indicadores em conjunto com os padrões de gráficos para ter uma maior precisão de análise. Porém, no trading de curto prazo, alguns traders usam apenas um ou dois indicadores, sem prestar atenção aos padrões gráficos. Na verdade, é possível criar uma estratégia de trading completa usando apenas um indicador no trading de curto prazo. Vá até o Capítulo 16 para saber mais sobre indicadores. Para mais detalhes sobre minha estratégia pessoal do combo Ichimoku-Fibonacci, confira o Capítulo 20 e o meu livro, *Ichimoku Secrets* [sem publicação no Brasil] em `https://learn.investdiva.com/ichimoku-secrets-trading-strategy-ebook` [conteúdo em inglês].

Evitando pump-and-dump ilegais

Como trader de criptomoeda, você precisa estar ciente do que pode acontecer entre grupos de atividades ilegais que podem manipular os mercados, obter lucros e deixar os outros sem nada. Um esquema *pump-and-dump* acontece quando um grupo de pessoas ou um indivíduo influente manipula os preços do mercado em favor próprio. Por exemplo, em um ato improvável e ilegal, uma pessoa altamente influente chamada Joe aparece na televisão e diz: "Acho que o Bitcoin vai atingir US$60 mil amanhã", ao mesmo tempo em que estabelece uma estratégia de compra e venda para a negociação de muitos Bitcoins. No momento em que a especulação é veiculada pela mídia, todas as pessoas assistindo à TV ficam empolgadas e começam a comprar Bitcoins com base na sugestão de Joe. Essa expectativa ajuda a aumentar o preço do Bitcoin e a execução da estratégia de Joe. No entanto, antes que o mercado possa acompanhar, Joe vende (dump, ou descartar) seus Bitcoins, conseguindo uma grande quantidade de lucro, mas derrubando o preço da criptomoeda.

LEMBRE-SE

Esquemas de pump-and-dump podem ocorrer em qualquer mercado, mas, ao menos em mercados tradicionais, como o de ações, a Securities and Exchange Commission (SEC) tenta ativamente caçar os infratores. No mercado de criptomoedas, as regulações ainda não foram completamente estabelecidas. De acordo com um estudo publicado pelo *Wall Street Journal,* dezenas de grupos de trading manipularam os preços de criptomoedas em algumas das maiores exchanges online, gerando pelo menos US$825 milhões entre fevereiro e agosto de 2018.

Por outro lado, sites como `https://pumpdump.coincheckup.com/` [conteúdo em inglês] ajudam traders a identificar potenciais esquemas de pump-and--dump no mercado ao rastrear as moedas com picos repentinos acima de 5% no período de cinco minutos.

Gerenciando o Risco do Trading de Curto Prazo

Gerenciar seu risco durante o trading de curto prazo pode ser diferente do gerenciamento que ocorre nos investimentos em médio e longo prazo. Para evitar perder tudo na sua conta durante o trading de curto prazo, você precisa equilibrar o seu risco e o seu retorno de maneira mais ativa. Usar uma ordem de stop loss é um método a considerar.

Uma ordem de *stop loss* é um preço que você estabelece e comunica à sua corretora para que, quando ele for atingido, ela "pare suas perdas" e tire-o daquela posição. Por exemplo, digamos que você acha que o Bitcoin subirá de US$6 mil para US$6.100 na próxima hora, então você entra em uma posição de compra. Porém, em vez disso, o Bitcoin começa cair para menos de US$6 mil, colocando-o em uma posição de perda. Para evitar perder muito dinheiro, você pode preparar uma ordem de stop loss em US$5.950. Você pode estabelecer uma proporção de risco e recompensa em qualquer número que faça sentido para sua tolerância ao risco.

Notoriamente, não faço uso de stop losses ao investir em longo prazo. (Falo mais sobre isso na minha master class gratuita em `https://learn.invest-diva.com/free-webinar-3-secrets-to-making-your-money-work-for-you` [conteúdo em inglês]. Também discuto estratégias de longo prazo no Capítulo 18.) Alguns traders argumentam que, negociando em curto prazo, não usar um stop loss pode resultar no esvaziamento completo da sua conta.

CUIDADO

No trading de médio a longo prazo, usar um stop loss pode ser mais arriscado do que não usar, em especial se você não for um trader em tempo integral. Certifique-se de compreender totalmente os seus objetivos e a sua tolerância ao risco antes de usar um stop loss no trading de criptomoedas.

DICA

Uma forma simples de calcular sua proporção de risco e recompensa é dividir seu lucro líquido estimado (a recompensa) pelo preço do risco máximo que você está disposto a assumir. Por exemplo, se deseja ter uma proporção de risco e recompensa de 1:2, isso significa que está disposto a conseguir o dobro daquilo que está disposto a arriscar. Porém, antes de entender quanto risco pode assumir, você deve calcular sua tolerância ao risco, assunto abordado no Capítulo 3.

NESTE CAPÍTULO

» Revisando objetivos e circunstâncias antes do investimento em longo prazo

» Anotando métodos para desenvolver estratégias de investimento em longo prazo

» Usando diferentes tipos de ordens para suas transações

Capítulo 18

Estratégias do Investimento em Longo Prazo

Você sabe quanto tempo o primeiro investidor de Bitcoin aguardou até ver algum tipo de retorno? Aproximadamente sete anos. Alguns mineradores de Bitcoin e investidores na verdade esqueceram de seus criptoativos e precisaram realizar uma verdadeira caça ao tesouro para encontrar suas carteiras de criptomoedas durante a bolha de 2017.

A questão é que, assim como em muitos outros mercados, o tempo e a paciência podem ser seus maiores aliados, mas ainda é necessário ter um plano baseado em sua tolerância ao risco e em seus objetivos financeiros para ter lucro em longo prazo. Neste capítulo, tratarei do básico do investimento em longo prazo em criptomoedas.

O Tempo Está do Seu Lado: Iniciando o Investimento em Longo Prazo

Quando falo sobre estratégias de investimento em longo prazo, estou basicamente tratando as criptomoedas como ativos. E, assim como qualquer outro tipo de investimento financeiro, você precisa criar um portfólio que esteja de acordo com sua tolerância ao risco e seus objetivos financeiros. Para isso, você pode começar examinando critérios para construir seu portfólio de criptomoedas (como gerenciamento de risco, que é discutido no Capítulo 3) e depois utilizá-los com o objetivo de desenvolver um plano para alocar diferentes tipos de criptoativos nas várias categorias que explorei no Capítulo 8. Nas seções seguintes, me aprofundarei em algumas coisas importantes para se levar em consideração ao começar o seu gerenciamento de portfólio.

Seus objetivos pessoais e sua situação atual

LEMBRE-SE

Você deve considerar uma ampla variedade de questões ao administrar o seu portfólio em longo prazo. Fatores como risco e retorno são algumas das coisas mais óbvias as quais abordei no Capítulo 3. No entanto, quando se trata de investimento em longo prazo em ativos arriscados como criptomoedas, você precisa dar um passo adiante. Aqui estão algumas perguntas que você deve se fazer:

- » Qual o tamanho da sua renda agora e para onde ela poderá ir no futuro?
- » Qual a probabilidade de você trocar de emprego no futuro? O seu emprego atual é estável?
- » Qual o seu estado civil atualmente? Você tem filhos? Onde você se vê nessa questão daqui a cinco anos?
- » Qual sua experiência na área de investimentos?
- » Você tem qualquer outro investimento em ativos, como ações ou imóveis? Quão diversificado é o seu portfólio em geral?

Essas perguntas podem parecer clichês e você pode já ter as respostas na sua cabeça, mas o investimento em longo prazo é um processo lógico, e escrever os elementos mais básicos de seus objetivos pessoais e características sempre é uma atividade recompensadora. Quando tiver avaliado sua própria situação e seus objetivos financeiros, você conseguirá ter uma melhor compreensão de como seguir adiante com seu portfólio de criptomoedas. Suas necessidades podem até determinar o caminho escolhido por você.

Por exemplo, se está aposentado e sua renda depende de seu portfólio, o investimento em longo prazo em criptomoedas pode não ser adequado para você. Pense na possibilidade de uma abordagem menos arriscada e mais orientada a um rendimento corrente. Se é uma pessoa jovem e disposta a arriscar na esperança de receber retornos altos, você pode considerar até mesmo as estratégias de trading de curto prazo que abordei no Capítulo 17. Pessoalmente, como uma pessoa casada, com um emprego seguro e uma bebê pequena (Jasmine), aloquei 15% do meu portfólio em criptomoedas em 2017 e gradualmente aumentei esse valor conforme os mercados caíam. Para os meus pais, escolhi uma abordagem diferente. Eles estão aposentados e precisam de um rendimento corrente para sobreviver. É por isso que recomendei que alocassem apenas 5% de suas economias em criptomoedas em 2018, com o objetivo de ganhos de capital nos próximos anos.

LEMBRE-SE

Para resumir, construa seu portfólio em torno de suas necessidades e de acordo com as seguintes variáveis:

- Sua renda atual
- Sua idade
- O tamanho da sua família
- Suas preferências de risco

DICA

Para saber mais sobre gerenciamento de risco e calcular sua tolerância ao risco, confira o Capítulo 3 e essa master class gratuita: `https://learn.investdiva.com/free-webinar-3-secrets-to-making-your-money-work-for-you` [conteúdo em inglês].

Os objetivos do seu portfólio

LEMBRE-SE

Avaliar seus objetivos pessoais e a situação da sua vida o deixa um passo mais perto de criar o seu próprio portfólio (veja a seção anterior). Ao criar um portfólio de longo prazo, geralmente é preciso considerar os seguintes objetivos:

- **Gerar rendimento corrente:** Estes investimentos podem gerar um pagamento regular que, por sua vez, podem estar em desacordo com grandes apreciações de capital.
- **Preservação de capital:** Esta estratégia de investimento de baixo risco gera retornos moderados.
- **Capital crescente:** Focar o crescimento de capital requer que você aumente sua tolerância ao risco e reduza sua necessidade de uma estratégia de investimento com base em rendimentos correntes.

» **Redução tributária:** Se você se encontra em um grupo sob alta carga tributária, considere um portfólio que gere ganhos de capital. Caso esteja em um grupo de menor carga tributária, você tem menos incentivo para diferir impostos e conseguir retornos de investimento altos, então um portfólio com ativos com rendimentos correntes maiores pode ser adequado para você.

» **Gerenciamento de risco:** Sempre considere o equilíbrio entre risco e retorno em todas as decisões de investimento.

Esses objetivos se unem aos seus objetivos pessoais e outros investimentos. Por exemplo, rendimentos correntes e preservação de capital são bons objetivos para alguém com uma baixa tolerância ao risco e com uma personalidade conservadora. Se tiver uma tolerância ao risco média e não depender do seu investimento para o rendimento corrente, você pode escolher o crescimento de capital como seu objetivo de portfólio. Em muitos países, incluindo os Estados Unidos, os impostos também desempenham um importante papel nos seus objetivos de investimento. Por exemplo, se estiver em um grupo sob alta carga tributária, focar os ganhos de capital pode ser uma opção mais adequada, pois você pode diferir o imposto, como eu explicarei no Capítulo 21. Por último, mas não menos importante, você deve considerar esse equilíbrio entre risco e retorno em todas suas decisões de investimento, sejam elas em longo prazo ou não.

TEMPO E CRIPTOMOEDAS: AS FAMOSAS PIZZAS

Para compreender de verdade a importância do tempo em manter os seus ativos, considere esta história real. No dia 22 de maio de 2010, um minerador de Bitcoin chamado Laszlo Hanyecz gastou 10 mil Bitcoins (respire fundo) para comprar duas pizzas tamanho família no Papa John's. Na época, os 10 mil Bitcoins valiam aproximadamente US$30. Essa transação geralmente é considerada como a primeira vez que alguém usou Bitcoins para comprar algo tangível. Ele até publicou sobre sua compra em um popular fórum de Bitcoin na época, o Bitcoin Talk; confira aqui: `https://bitcointalk.org/index.php?topic=137.0` [conteúdo em inglês].

No dia 22 de maio de 2018, meros 8 anos depois, a quantia que ele pagou em Bitcoin por duas pizzas era equivalente a US$83,7 milhões. Isso é aproximadamente US$42 milhões por pizza. Hoje, o dia 22 de maio é conhecido como o Bitcoin Pizza Day.

Qual a moral da história? Sempre que ficar impaciente com seus investimentos em longo prazo em criptomoedas, lembre-se do pobre Laszlo arrependendo-se amargamente no Bitcoin Pizza Day, sabendo que poderia ter sido milionário caso permanecesse com seus Bitcoins durante mais alguns anos, em vez de desfrutar da gratificação instantânea trazida pelas duas pizzas.

Criando Estratégias em Longo Prazo

Qualquer tipo de investimento pode ser resumido em seis palavras: compre na baixa, venda na alta. Mas, é claro, ninguém consegue acertar o tempo todo todas as vezes. Falando especialmente das criptomoedas, o mercado ainda está testando novos níveis psicológicos, então prever os altos e baixos pode ser muito mais difícil. As seções seguintes apresentarão alguns métodos que tenho usado para expandir meu portfólio de criptomoedas em longo prazo.

Observando níveis psicológicos

Em 2018, o mercado de criptomoedas ainda não era maduro o suficiente para permitir uma análise técnica de longo prazo profunda. Além do Bitcoin, muitas criptomoedas eram tão novas que ainda não haviam formado um ciclo completo nos gráficos. Mas, com o passar do tempo, os níveis psicológicos de suporte e resistência começaram a se desenvolver. Tenho achado os níveis da retração de Fibonacci (veja o Capítulo 20) muito úteis para identificar os níveis-chave mesmo entre as criptomoedas mais novas.

A razão pela qual os níveis psicológicos já estão aparecendo no mercado criptomoedas pode ser porque muitos investidores estão aplicando métodos tradicionais de análise técnica (veja o Capítulo 16) em suas estratégias de investimento em criptomoedas. Com isso, espera-se que a psicologia de multidões no setor forme padrões semelhantes aos dos outros mercados, como ações e o mercado de câmbio estrangeiro (forex), em tempos gráficos maiores, como gráficos semanais ou mensais. A psicologia das multidões é a batalha constante entre os vendedores e os compradores no mercado que leva aos movimentos de preço de um determinado ativo. Níveis psicológicos são aqueles que os preços têm dificuldade em superar, graças à força ou à fraqueza dos vendedores ou compradores do mercado.

DICA

Você pode encontrar bastante coisa sobre a psicologia das multidões em investimentos em vídeos simples (e divertidos) do meu curso, *Forex Coffee Break*, no seguinte site: `https://learn.investdiva.com/forex-coffee-break-with-invest-diva-education-course` [conteúdo em inglês].

Após identificar os níveis psicológicos, você pode usá-los para desenvolver diferentes tipos de estratégias com base no seu portfólio atual, sua tolerância ao risco e seus objetivos financeiros. Aqui estão alguns exemplos:

- » Compre em um nível de suporte e venda em um nível de resistência.
- » Compre no preço de mercado atual e venda em um nível de resistência.

- Aguarde um recuo em que o preço alcançará um nível de resistência e compre, depois venda no próximo nível de resistência.
- Compre em um nível de suporte e segure o ativo por um longo prazo.

Você pode utilizar as técnicas nos Capítulos 16 e 20 para identificar os níveis de suporte e resistência para sua estratégia de investimento.

Vendendo ao alcançar o seu objetivo

O preço de uma criptomoeda pode continuar a aumentar após alcançar um nível-chave de resistência, mas quanto tempo esperar? Que nível de resistência você escolherá? Usar níveis de resistência sequer faz sentido para seus objetivos financeiros? Uma forma realista de abordar sua estratégia de investimento é vender ao alcançar o seu objetivo de investimento. (Você pode usar uma ordem limitada de venda, da qual falarei mais tarde neste capítulo, para isso.) O principal aqui é que você não deve olhar para trás e se arrepender da decisão após ter feito a venda, mesmo se o preço continuar a subir.

LEMBRE-SE

Os mercados podem continuar a subir após sua venda. Não deixe suas emoções dominarem sua decisão lógica de vender. Se precisar do dinheiro e já tiver alcançado seu objetivo de investimento, você não tem razão alguma para se arrepender da venda. Além disso, você sempre pode voltar para o mercado com uma estratégia de investimento nova em folha.

Levando as consequências tributárias em consideração

DICA

Leis tributárias mudam o tempo todo, e elas variam em diferentes países. No entanto, na maioria dos casos, as taxas afetam quase todas as ações de investimentos. A partir de 2018, nos Estados Unidos, um máximo de US$3 mil de perdas de capital que excedam os ganhos de capital podem ser baixadas contra outras receitas em qualquer ano. Se você tiver uma posição de perda em um investimento e tiver chegado à conclusão de que vendê-lo é a escolha sábia a ser feita, o melhor momento para isso é quando tiver um ganho de capital sobre o qual você pode aplicar a perda.

Antes de começar a investir, é preciso compreender o básico sobre os impostos do seu país. Vá até o Capítulo 21 para uma visão geral sobre como você deve pensar os impostos antes de tomar decisões de investimento.

Levando em Conta as Ordens Limitadas e de Stop Loss

As exchanges e corretoras de criptomoedas permitem que você use vários tipos de ordens para comprar e vender altcoins. A maioria dos traders ativos usam *ordens de mercado* para comprar ou vender no melhor preço disponível, mas investidores de longo prazo podem usar outros tipos de ordens, como ordens limitadas e ordens de stop loss.

DICA

Investidores de longo prazo também podem usar ordens de mercado em circunstâncias anormais caso precisem tomar uma rápida decisão de investimento. Ordens de mercado geralmente são preenchidas rapidamente em um preço próximo ao preço de mercado atual.

CUIDADO

Usar ordens do mercado às vezes envolve riscos, especialmente em mercados voláteis como o das criptomoedas. Às vezes, o preço das criptomoedas cai ou dispara em uma questão de segundos. Se usar uma ordem de mercado nessas ocasiões, você poderá ser pego de surpresa pelo preço verdadeiro pelo qual suas ordens são executadas. É por isso que usar uma ordem limitada é muito mais seguro que ordens de mercado.

Ordens limitadas

Uma *ordem de limite* ou *ordem limitada* é um tipo de ordem de transação que lhe permite comprar ou vender a seu preço de preferência. Por exemplo, se o preço de mercado atual do Bitcoin é US$6.434, você estabelecer uma *ordem limitada de compra* para comprar apenas quando o preço alcançar US$6 mil ou até menos que esse nível, se achar que o preço tem o potencial de cair.

Em seguida, você pode estabelecer uma *ordem limitada de venda* para lucrar ao alcançar o seu objetivo de investimento, digamos que de US$7 mil. Adoro usar ordens limitadas porque elas permitem que eu vá viver minha vida sem me preocupar demais enquanto os mercados fazem os seus movimentos.

LEMBRE-SE

Sempre revise suas ordens limitadas antes de enviá-las. Certifique-se de que sua ordem de compra não esteja acima do preço de mercado atual e que sua ordem de venda não esteja abaixo do preço de mercado atual. Corretoras tradicionais geralmente mandam um aviso quando você comete um equívoco na criação das ordens limitadas, mas, até o momento de escrita deste livro, a maioria das exchanges de criptomoedas não oferece tal cortesia. Pessoalmente, já fui vítima de descuido na criação de uma ordem limitada de compra que estava muito acima do preço de mercado atual e ela foi imediatamente concluída sem nenhum aviso da minha exchange.

Assim como em outros mercados, as ordens limitadas de criptomoedas apresentam diferentes opções quanto à sua duração. Os tipos mais comuns são good til canceled ou fill-or-kill:

» Uma ordem *good til canceled* (GTC) normalmente vigora por seis meses. Caso ela não seja executada dentro desse tempo gráfico, sua corretora/exchange pode cancelá-la. Se você ainda quiser manter a posição ativa, pode ser necessário renová-la a cada seis meses.

» Uma ordem *fill-or-kill* é cancelada se não for executada imediatamente. Portanto, é mais adequada para estratégias de trading de curto prazo (como aquelas presentes no Capítulo 17).

Outros tipos de ordens oferecidas por sua plataforma de trading podem incluir *good til time* (sua ordem fica ativa até um período específico escolhido por você) e *immediate or cancel* (sua ordem é cancelada se não for executada imediatamente por sua corretora). Você pode estabelecer mais de uma ordem limitada para suas criptomoedas; também pode escolher comprar frações de uma criptomoeda, em especial quando algumas moedas, como o Bitcoin, são tão caras. Por exemplo, em uma conta, criei uma ordem limitada de compra para o Bitcoin em relação ao dólar americano (BTC/USD) para comprar 0,4 Bitcoins quando o preço alcançasse US$6 mil. No formulário da ordem, também adicionei uma ordem limitada de compra com validade good til canceled para comprar 0,2 Bitcoins ao alcançar US$5.851. Ao ter múltiplas ordens limitadas, elimino o risco de perder uma oportunidade e apostar tudo em um único preço.

Ordens de stop loss

Você pode usar *ordens de stop loss* para limitar a exposição do seu investimento de criptomoedas à perda. Stop losses são basicamente uma forma de ordem limitada (veja a seção anterior) em que você pede à corretora para encerrar sua posição e assumir as perdas a partir de um preço específico. Não sou grande fã de stop losses, mas, para alguns investidores, cortar as perdas em caso de uma queda rápida no mercado faz sentido. Assim como as ordens limitadas, as ordens stop loss apresentam diferentes tipos, como a good til canceled.

CUIDADO

Mercados voláteis como o de criptomoedas normalmente se recuperam das quedas tão rápido quanto caem. É por isso que, ao usar uma ordem stop loss, você pode acabar saindo da sua posição cedo demais e perdendo ganhos em potencial. Caso queira usar uma ordem de stop loss, é preciso analisar o mercado cuidadosamente e escolher o nível apropriado para sua stop loss. Para obter as estratégias de investimento em criptomoedas mais atualizadas e ideias de ordens de compra e venda, você pode fazer parte do Premium Investing Group da Invest Diva no endereço `https://learn.investdiva.com/join-group` [conteúdo em inglês].

NESTE CAPÍTULO

» Limitando perdas no trading ativo e nos investimentos de longo prazo

» Tirando o maior proveito dos seus retornos ao observar picos e vales

Capítulo 19

Minimizando Perdas e Maximizando Ganhos

Dependendo de você ser um trader de curto prazo ou investidor em longo prazo, é possível gerenciar o seu portfólio de forma ativa ou passiva. Se for um investidor em longo prazo (veja o Capítulo 18), você gerenciará o seu portfólio de maneira passiva, comprando e mantendo um portfólio bem diversificado durante um período estabelecido. Se for um trader de curto prazo, você pode usar as ferramentas que introduzi no Capítulo 17 para gerenciar e obter os objetivos desejados de uma maneira mais ativa.

Sou uma grande fã do investimento em longo prazo, mas isso não significa que eu seja contra o gerenciamento ativo do portfólio. Na verdade, já vi diversas e diversas vezes que é possível conseguir retornos melhores, seja em curto ou longo prazo, com o gerenciamento ativo do portfólio. Por *ativo*, não quero dizer que você precisa passar o dia inteiro grudado na tela nem checar disfarçadamente os seus apps de investimento ao longo do dia, no meio de conversas e reuniões. Este capítulo explicará algumas estratégias de gerenciamento que podem ajudá-lo a encontrar um bom equilíbrio para fazer tudo isso e ainda manter uma vida social.

Reduzindo as Perdas

Um fenômeno chamado *aversão à perda* ocorre na finança comportamental quando os investidores continuam com os ativos que apresentam perdas em seus portfólios enquanto ativamente vendem os "vencedores". Essa tendência é a razão pela qual ir contra a multidão é uma forma de reduzir suas perdas. Nas seções seguintes, explicarei algumas técnicas que você pode utilizar para minimizar suas perdas de investimento em criptomoedas.

Medindo os retornos

Gerenciar seus investimentos em criptomoedas pode ser desafiador, porque os seus ativos podem estar espalhados em diferentes exchanges e carteiras de criptomoedas. Além disso, você pode ter comprado algumas altcoins usando Bitcoin, outras usando o dólar americano (USD) e outras usando criptomoedas como Ethereum ou Litecoin. É por isso que recomendo que você mantenha um registro de seus investimentos e anote quaisquer mudanças que faça em seu portfólio. Aqui estão os três passos para determinar os retornos do seu portfólio:

- » Medindo a quantia investida.
- » Medindo os ganhos de capital, que são o lucro ganho com a compra e venda de criptomoedas.
- » Medindo o rendimento, que é o pagamento obtido ao segurar certas criptomoedas (se aplicável).

Para calcular a quantia investida, você pode criar uma lista semelhante àquela presente na Figura 19-1. A tabela mostra o número de moedas, data de compra, custo (total e por moeda) e valor atual.

Meu Portfólio de Criptomoedas no Dia 1º de Setembro de 2018

Moeda	Nome completo	Número de moedas	Data de compra	Custo total (incluindo comissão) (USD)	Custo por moeda (USD)	Preço atual por moeda (USD)
BTC	Bitcoin	0,5	29/06/2018	2.965	5.900	7.155
ETH	Ethereum	8	14/08/2018	2.250	275	293
XLM	Stellar Lumens	200	07/08/2018	44	0,200	0,2257
EOS	EOS	50	16/08/2018	225	4,45	6,55

FIGURA 19-1: Um exemplo de registro de investimento em criptomoedas.

DICA

Já que você pode estar comprando diferentes moedas usando tanto moedas *fiduciárias* (endossadas pelo governo), como o dólar americano, ou outras criptomoedas, pode ser necessário converter o seu valor de investimento para um tipo de moeda para facilitar o registro. Na Figura 19-1, converti todo meu valor de compra para o dólar americano (USD). Outra forma de monitorar o seu investimento é criar registros separados para cada método de compra de suas altcoins. Por exemplo, você pode ter um registro separado para os seus investimentos com BTC e outro para as moedas compradas com USD.

Você pode criar tais registros com uma frequência mensal, trimestral ou anual, dependendo do seu tempo gráfico de investimento. Por exemplo, se for um trader de curto prazo, pode ser necessário criar um registro mensal. Se for um investidor em médio a longo prazo, pode utilizar registros trimestrais ou anuais. Normalmente, você encontra o retorno sobre o seu investimento calculado por sua corretora ou exchange (veja o Capítulo 6 para saber mais sobre corretoras e exchanges).

CUIDADO

Muitos entusiastas de criptomoedas desistiram por completo de medir os retornos em relação a moedas fiduciárias, como o USD. Se você acredita que o Bitcoin é o rei e a Ethereum é a rainha, acabará comprando a maioria das suas altcoins usando o rei e a rainha, de qualquer forma. Converter suas compras de criptomoedas para o valor em USD pode consumir algum tempo. Além disso, na maior parte do tempo, você não poderá sacar o valor na sua exchange em moedas fiduciárias. USD, Bitcoin e Ethereum têm flutuações próprias em relação às outras moedas, então uma conversão pode lhe dar uma falsa impressão de ganho ou perda. Ao converter para USD, pode parecer que você obteve lucros sobre seu investimento inicial, quando na realidade pode estar em uma posição de perda em relação ao Bitcoin.

DICA

Se você comprou suas moedas em uma exchange usando outra criptomoeda, como o Bitcoin, é possível encontrar o valor relevante em USD ao pesquisar a moeda e a data da compra em sites como `https://tradingview.go2cloud.org/aff_c?offer_id=2&aff_id=13497` [conteúdo em inglês].

Para medir seus ganhos de capital, bem como seus rendimentos, basta verificar as informações da sua conta na sua corretora e exchange. Nas exchanges de criptomoedas, suas informações de ganhos de capital normalmente se encontram em abas com nomes como "Carteira" ou "Fundos". A maioria das exchanges fornece o valor estimado de toda a conta em Bitcoin ou USD. Caso tenha mais de uma conta, você pode adicionar esses números ao seu registro de investimento e monitorá-los regularmente.

Monitorando taxas de câmbio

Para comprar e vender criptomoedas, você precisa de serviços como exchanges e corretoras de criptomoedas. Essas empresas ganham dinheiro principalmente por meio das taxas de transação, conforme demonstrei no Capítulo 6.

Embora eu não recomende escolher uma exchange apenas com base nas taxas baixas, às vezes elas podem se tornar um importante fator decisivo, em especial para os traders ativos. Essas taxas podem subir ainda mais se você tiver a intenção de converter uma moeda fiduciária para uma criptomoeda, como o Bitcoin, e depois enviá-la para uma exchange para comprar outra criptomoeda usando Bitcoin e assim por diante. As taxas podem ser uma das maiores desvantagens das estratégias de trading de curto prazo para criptomoedas.

DICA

Aqui estão algumas dicas para reduzir suas taxas de câmbio ao mínimo possível ao mesmo tempo em que a segurança do seu investimento é mantida:

» Compre o montante fixo das suas principais criptomoedas em exchanges mais seguras, que terão taxas de transações maiores. Por exemplo, quando preciso de Bitcoin e Ethereum para negociar outras criptomoedas, eu compro uma quantia alta de ambas em uma exchange com taxas altas que permite o uso do dólar americano.

» Para o trading ativo, escolha exchanges que ofereçam taxas menores para o seu par de criptomoedas, mas certifique-se de armazenar periodicamente o seu lucro em uma carteira de hardware (veja o Capítulo 7 para saber mais sobre carteiras).

» Considere a possibilidade de um trading ativo com a criptomoeda nativa da exchange. Ela pode ter uma taxa de transação menor que o trading de outras criptomoedas. Por exemplo, a exchange Binance oferece opções de trading mais baratas para sua criptomoeda, a Binance Coin (BNB).

» Sempre inclua a taxa de transação ao calcular o seu lucro. Por exemplo, se você comprou uma moeda Ethereum por US$200, mas pagou US$1,50 nessa transação, então gastou US$201,50 no seu investimento. Embora essa quantia não tenha um grande impacto nos investimentos em longo prazo, os traders ativos sentirão as taxas cumulativas com o tempo.

Compreendendo a arte de desistir

Normalmente, gosto de seguir duas das mais famosas regras de investimento de Warren Buffett:

1. **Nunca perca dinheiro.**
2. **Nunca se esqueça da regra número um.**

Mas, não importa com quanto cuidado conduza sua análise, às vezes você descobrirá que sair de um mau investimento é melhor do que mantê-lo. As seções seguintes oferecem algumas das minhas estratégias gerais quando se trata de sair de um investimento. Confira o Capítulo 9 para mais informações sobre o meu sistema Invest Diva Diamond Analysis (IDDA).

Não seja ganancioso

LEMBRE-SE

Caso esteja usando um dos padrões gráficos técnicos que apresento nos Capítulos 16 e 20, sempre coloque sua ordem limitada de recolhimento de lucros no nível de preço consistente com essa técnica. Você pode sentir que o mercado continuará a subir após alcançar seu lucro-alvo e talvez se sinta tentado a reajustá-lo. Às vezes, o mercado continuará subindo, mas outras vezes não. Particularmente, prefiro prevenir do que remediar, então não costumo reajustar o lucro-alvo com frequência (a menos que haja uma razão fundamental válida para fazer isso além de apenas instinto).

Recolha lucros parciais

Eu simplesmente adoro essa regra e sempre a sigo! Pode me chamar de acumuladora, mas nunca abro mão de todas as minhas moedas (ou de qualquer outro ativo) de uma só vez. Estabeleço preços estratégicos de recolhimento parcial de lucros dependendo dos meus objetivos de investimento (ou dos objetivos de meus alunos) e deixo que os mercados controlem o resto.

Por exemplo, se eu comprar dez moedas Ethereum (ETH) por US$200 e tiver a intenção de recolher lucros parciais em níveis-chave, posso vender duas das minhas moedas por US$470, outras duas por US$591 e segurar as outras para o longo prazo. Dessa forma, ganho algum lucro no meio do caminho sem abrir mão de todas as minhas moedas, então ainda ficarei feliz quando o preço da Ethereum continuar a subir após as vendas. É claro, calcular esses níveis-chave exige uma profunda análise.

DICA

Para mais informações sobre minhas estratégias de recolhimento parcial de lucros, você pode participar do meu Premium Investing Group no seguinte site: `https://learn.investdiva.com/join-group` [conteúdo em inglês].

Abandone maus investimentos

De vez em quando, você perceberá que está segurando uma moeda que simplesmente não vale a pena. Com investimentos em longo prazo que valem a pena, costumo comprar mais moedas conforme os preços caem, mas às vezes a criptomoeda, sua comunidade e sua administração simplesmente não têm futuro. É aí que reexaminar sua análise fundamental (veja o Capítulo 9) torna-se importante. Quando fica evidente que essa moeda simplesmente não vai se recuperar, pode ser uma boa ideia se sacrificar e abrir mão dela antes que suas perdas fiquem ainda maiores. Se tiver medo demais de fazer isso, uma alternativa é assumir as perdas em partes, usando o método de lucro parcial que mencionei na seção anterior.

LEMBRE-SE

Ao abandonar os maus investimentos e assumir as perdas, você pode receber créditos tributários que pode utilizar para equilibrar os impostos a serem pagos sobre os ganhos de capital. Vá até o Capítulo 21 para ler mais sobre impostos.

Aumentando os Lucros

Preciso lidar com duas emoções quando os mercados começam a subir. Uma delas é o arrependimento de não ter comprado mais quando os preços estavam baixos, enquanto a outra é a tentação de vender e lucrar antes de alcançar a ordem limitada para o meu lucro-alvo cuidadosamente analisado. O que eu preciso lembrar (e lembrar aos meus alunos e colegas investidores também) é que emoções raramente levam à maximização do lucro. No final das contas, a disciplina é o que conta. As seções seguintes detalharão alguns truques que uso para evitar o investimento emocional.

Comprando na baixa

Ser capaz de comprar quando o preço alcança o ponto mais baixo todas as vezes que você investir é muito improvável. Mas estudar a psicologia do mercado e os padrões de preço históricos pode ajudar. Uma das minhas ferramentas de referência de análise técnica para identificar os pontos mais baixos é o combo Ichimoku-Fibonacci.

Como explico no Capítulo 20 e no meu livro *Ichimoku Secrets* [sem publicação no Brasil], você pode usar a combinação Ichimoku-Fibonacci para medir a psicologia de mercado e identificar níveis de suporte e resistência. (*Suporte* é um nível de preço que o mercado tem dificuldade de derrubar, enquanto *resistência* é um nível de preço que o mercado tem dificuldade de superar.) Para o investimento em longo prazo, geralmente uso o gráfico diário com a análise Ichimoku. Como você pode ver na Figura 19-2, após o preço da XRP da Ripple cair abaixo de US$0,70 no dia 15 de maio de 2018, ele ficou abaixo da nuvem diária Ichimoku. Seguindo as diretrizes do Ichimoku Kinko Hyo, eu tinha uma indicação de que o preço do XRP poderia cair aos níveis-chave de suporte e de retração de Fibonacci em US$0,57 e US$0,47. Ao conduzir essa análise, consegui criar uma ordem limitada de compra nesses níveis com antecedência e focar a comprar nos preços mais baixos em vez de comprar imediatamente. Dessa forma, é possível maximizar os seus lucros e reduzir o seu preço de compra líquido.

DICA

Uma vez que o mercado de criptomoedas não têm dados históricos o suficiente com os quais contar, às vezes o preço continua a cair abaixo do nível mínimo histórico, criando novos pontos mínimos. Se tiver confiança o suficiente nos fundamentos da criptomoeda, os novos pontos mínimos podem ser uma oportunidade para comprar ainda mais por preços mais baixos. Você pode usar os níveis estendidos de Fibonacci para identificar novos pontos mínimos. Para usar esses níveis, primeiro você deve identificar uma tendência em que o preço subiu ou desceu por um período longo e recente. Em seguida, arraste a ferramenta de Fibonacci na sua plataforma de gráficos do topo até o fundo da tendência (se for uma tendência de baixa) e do fundo até o topo (se for uma tendência de alta). Ao fazer isso, os níveis Fibonacci aparecem magicamente no seu gráfico. Confira o Premium Investing Group da Invest Diva, onde costumo compartilhar minhas estratégias Ichimoku-Fibonacci: `https://learn.investdiva.com/join-group` [conteúdo em inglês].

FIGURA 19-2: Usando o combo Ichimoku-Fibonacci para identificar os fundos.

Fonte: tradingview.com

Sabendo que a paciência é uma virtude lucrativa

"Paciência é uma virtude lucrativa" é o meu principal mantra em todos os cursos da Invest Diva! Os meus alunos dizem que repetir esse mantra mudou a forma como eles investem e aumentou os lucros consideravelmente. Sempre que sinto a adrenalina percorrendo o meu corpo ao olhar para um gráfico, dou um passo para trás. Mudo o tempo gráfico e analiso o panorama geral. Faço mais pesquisas fundamentais. Se todos os cinco pontos da IDDA (veja o Capítulo 9) não estiverem alinhados, eu simplesmente saio da minha conta de trading e sigo com minha vida. Ficar nervoso é muito fácil quando o mercado sofre uma queda e você investiu muito dinheiro em um ativo. Ser paciente com frequência é o caminho definitivo para retornos tangíveis.

Identificando os picos

"Compre na alta e venda na baixa" é o ponto central! Repito, você precisaria ser Nostradamus ou Lucky Luke para conseguir lucrar no maior preço possível todas as vezes que investir. Mas se usar dados históricos e padrões técnicos de gráficos, é possível aumentar a probabilidade a seu favor. Para o trading ativo e o investimento de médio prazo no mercado de criptomoedas, ainda acho a combinação Ichimoku-Fibonacci bastante útil, como explicarei no Capítulo 20. Outras ferramentas incluem padrões técnicos em gráficos e níveis-chave psicológicos de resistência.

Usando a XRP da Ripple como um exemplo, em setembro de 2018, identifiquei um padrão gráfico de double bottom no processo de formação do gráfico diário, como é possível ver na Figura 19-3. *Double bottom* é uma formação popular nos gráficos, em que o preço tem dificuldade em ficar abaixo de um nível de suporte duas vezes, formando dois fundos com formato de vale. Quando confirmada, essa formação pode ser interpretada como um padrão de reversão de alta, o que significa que os preços podem começar a subir.

FIGURA 19-3: Um padrão gráfico de double bottom sendo formado no gráfico diário do par XRP/USD.

Fonte: tradingview.com

Seguindo as diretrizes do padrão gráfico de double bottom (veja o Capítulo 16), investidores em médio prazo podem esperar que o mercado consiga lucros quando o preço se mover acima da neckline (US$0,3666 na Figura 19-3) na mesma distância da região abaixo da neckline, ou do próximo nível de retração de Fibonacci (0,4273 e 0,5314) disponível. Para garantir, geralmente recomendo recolher lucros parciais em cada nível, visando uma distribuição do risco.

Como você pode ver na Figura 19-4, no dia 21 de setembro, a XRP alcançou ambos os níveis e mais um pouco antes de recuar. Um investidor em médio prazo teria lucrado nesses níveis, enquanto um investidor em longo prazo manteria sua posição.

Para investidores em longo prazo, o momento certo de recolher os lucros pode ser um pouco mais desafiador. O mercado de criptomoedas é uma oportunidade de investimento nova e empolgante que a maioria das pessoas está apenas começando a descobrir. Assim como ocorreu com a bolha da internet, a expectativa pode levar a uma extrema volatilidade. Vimos o resultado da expectativa em 2017, quando o preço do Bitcoin disparou acima de 1.000% e a XRP da Ripple teve um ganho de 36.018%. Pessoalmente, conheço investidores que venderam logo no pico e se tornaram milionários, mas também conheço outros que compraram durante o pico e tiveram que suportar as perdas até a próxima disparada. Nesse caso, a maioria dos investidores que conseguiu vender no pico foram aqueles que se moveram na direção contrária da expectativa e contra a maioria da multidão.

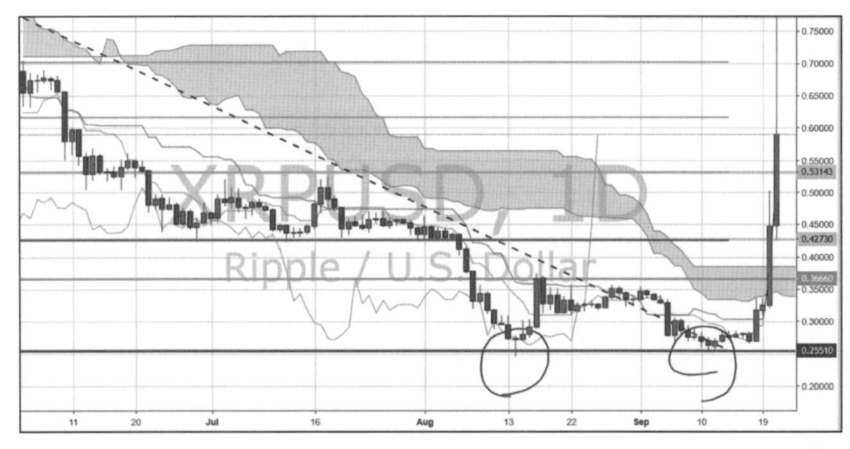

FIGURA 19-4: Um padrão gráfico de double bottom é confirmado e a XRP alcança o nível do lucro-alvo.

Fonte: tradingview.com

CUIDADO

Padrões técnicos de gráficos como double bottoms, indicadores como o Ichimoku e ir contra a multidão não garantem os melhores resultados. Esses itens são apenas ferramentas que aumentam a probabilidade de identificar o melhor preço de compra e venda. No fim das contas, você deve conduzir um minucioso gerenciamento de risco que se aplique aos seus objetivos financeiros pessoais e à sua tolerância ao risco, como expliquei no Capítulo 3.

Encontrando picos e vales com algumas ferramentas de trading

DICA

Aqui estão algumas colas das ferramentas que uso para identificar picos e vales [todos os links com conteúdos em inglês]:

» **Padrões gráficos de reversão de baixa:** Estes padrões se formam no gráfico durante um período de aumento dos preços e indicam que o sentimento do mercado e a ação de preço podem assumir uma postura mais pessimista e começar a cair. Saiba mais em `www.investdiva.com/investing-guide/bearish-reversal-patterns-list1/`.

- **Padrões gráficos de reversão de alta:** Estes padrões se formam durante uma tendência de baixa e indicam que os preços podem começar a subir. Confira mais informações em www.investdiva.com/investing-guide/bullish-reversal-patterns-list/.
- **Ichimoku Kinko Hyo:** Este indicador japonês consiste em cinco diferentes médias móveis que ajudam a ter uma visão melhor do sentimento do mercado atual e a prever a ação de preço futura. Veja mais em www.investdiva.com/investing-guide/ichimoku-kinko-hyo-explained/.

NESTE CAPÍTULO

» Familiarizando-se com o Ichimoku Kinko Hyo

» Aplicando níveis da retração de Fibonacci à análise técnica

» Unindo os métodos Ichimoku e Fibonacci

Capítulo 20

Usando as Técnicas Ichimoku e Fibonacci

No Capítulo 16, tratei de como você pode usar a análise técnica para desenvolver estratégias de trading de criptomoedas. Embora muitas dessas médias móveis e desses padrões gráficos possam ajudá-lo com a estratégia, uma das minhas técnicas favoritas é unir o Ichimoku Kinko Hyo e os níveis da retração de Fibonacci. Neste capítulo, farei um resumo geral dos fundamentos de ambos indicadores técnicos e mostrarei como você pode usá-los em suas negociações.

DICA

Métodos avançados de Ichimoku-Fibonacci estão além do escopo deste livro. Você pode descobrir mais sobre eles no meu livro *Ichimoku Secrets* [sem publicação no Brasil] no endereço: `https://learn.investdiva.com/ichimoku-secrets-trading-strategy-ebook`.

Controlando o Ichimoku Kinko Hyo

O nome pode ser intimidador, mas permita-me garantir que o Ichimoku Kinko Hyo está aqui para facilitar sua análise técnica, e não para dificultá-la! O nome é uma frase japonesa que pode ser traduzida como algo próximo de "mesa equilibrada de apenas uma peça". No investimento em criptomoedas, o Ichimoku Kinko Hyo permite que você descubra tudo o que há para saber sobre a ação de preço em "um único olhar": Ichimoku.

Os componentes do Ichimoku Kinko Hyo

LEMBRE-SE

Esse indicador consiste em diversas médias móveis diferentes. Cada uma delas serve a um propósito específico, e a posição de uma em relação às outras, bem como seu preço, podem ajudá-lo a entender o sentimento do mercado atual e prever sua direção futura. Aqui estão alguns componentes que você vê ao adicionar o Ichimoku Kinko Hyo (ICH) ao seu gráfico:

- A nuvem Ichimoku (nome em japonês: Kumo).
- A linha de base (nome em japonês: Kijun).
- A linha de conversão (nome em japonês: Tenkan).
- A linha de atraso (nome em japonês: Chiko).

A empresa que lhe fornece serviços de criação de gráficos pode usar cores diferentes para cada um dos componentes. Na Figura 20-1, uso uma linha grossa preta para a base, uma linha grossa cinza para a conversão e uma linha fina preta para o atraso. A nuvem Ichimoku é o espaço entre duas outras médias móveis, Senkou span A (1ª linha principal) e Senkou span B (2ª linha principal). Dependendo da direção da nuvem, esse espaço normalmente fica na cor verde para indicar um mercado otimista e vermelho para um mercado pessimista. (Um sentimento *otimista* significa que espera-se que o preço suba, enquanto um sentimento *pessimista* indica uma queda nos preços.)

Nome	Kumo	Kijun	Tenkan	Chiko
Significado	Nuvem	Base	Conversão	Atraso
Imagem				

FIGURA 20-1: Componentes do Ichimoku Kinko Hyo.

DICA

Caso esteja buscando um serviço fácil de criação de gráficos capaz de ajudá-lo com a análise técnica, incluindo Ichimoku e Fibonacci, recomendo o TradingView (`www.tradingview.com/` [conteúdo em inglês]), o qual eu uso. Você pode usar esse serviço para praticamente qualquer ativo, incluindo criptomoedas, câmbio estrangeiro (forex) e ações.

A Figura 20-2 mostra os componentes do Ichimoku Kinko Hyo em ação em um gráfico que mostra a ação de preço da Ripple (XRP) em relação ao Bitcoin (BTC) em intervalos de quatro horas (ou 240 minutos). Isso significa que cada uma das velas (veja o Capítulo 16) mostra os movimentos de preço da XRP em relação ao Bitcoin em quatro horas. Os componentes do Ichimoku dançam ao redor dos preços, cruzando acima e abaixo da ação de preço, dependendo dos cálculos. É possível enxergar esses movimentos como indicações da futura direção do preço.

FIGURA 20-2: Ichimoku Kinko Hyo aplicado a um gráfico de quatro horas do par XRP/BTC.

Fonte: tradingview.com

Interpretações do Ichimoku

Você pode usar o posicionamento dos componentes do Ichimoku uns em relação aos outros, e também em relação ao preço, para prever para onde o preço irá em seguida. As seções seguintes apresentarão algumas interpretações básicas do Ichimoku Kinko Hyo.

LEMBRE-SE

O desempenho passado nunca é uma indicação de resultados futuros. Portanto, todos esses indicadores são apenas uma adição às suas minuciosas pesquisas sobre investimentos; você não deve tratá-los como estratégias garantidas de sucesso. Para a análise técnica, é preciso estudar outros padrões gráficos (veja o Capítulo 16) para fortalecer ainda mais sua estratégia com o Ichimoku. Adicionalmente, sempre conduza todos os pontos da Invest Diva Diamond Analysis (IDDA; veja o Capítulo 9) antes de tomar a decisão de investimento final.

Sinais de compra

Caso identifique um ou mais dos seguintes sinais em um gráfico, há uma boa probabilidade de o preço continuar a subir e, portanto, é um bom momento para a compra:

- Se o preço está se movendo acima da nuvem de Ichimoku, esse movimento pode indicar um impulso otimista no mercado e, portanto, um sinal de compra.
- Quando a linha Chiko (de atraso) se mover acima da nuvem, isso pode ser considerado um sinal de compra.
- Quando a linha Tenkan (de conversão) cruza acima da linha Kijun (de base), esse cruzamento pode indicar uma mudança no sentimento do mercado de pessimista para otimista e, portanto, um sinal de compra.

Sinais de venda

Os seguintes sinais representam sinais de venda:

- Quando o preço se move abaixo da nuvem de Ichimoku.
- Quando a linha Chiko (de atraso) cruza abaixo da nuvem.
- Quando a linha Tenkan (de conversão) cruza abaixo da linha Kijun (de base).

Outras interpretações comuns

Além de indicações puras de compra e venda, o Ichimoku Kinko Hyo pode ajudar a identificar camadas de suporte e resistência, bem como oferecer uma compreensão geral das condições do mercado. Aqui estão algumas interpretações:

- Desde que as cinco linhas estejam paralelas, a tendência continuará naquela direção.
- Quando os preços estiverem dentro da nuvem Ichimoku, isso significa que o mercado se encontra no processo de consolidação, o que não é um bom momento de compra ou de venda.
- Você pode usar a banda inferior da nuvem predominante como uma camada de suporte, que é um nível abaixo do qual o preço tem dificuldade em se manter.
- Você pode usar a banda superior da nuvem predominante como uma camada de resistência, que é um preço que o mercado tem dificuldade em superar.

DICA

Você também pode usar o Ichimoku como um nível de entrada para posições de compra e venda. Também é possível combinar duas ou mais interpretações para ajustar sua estratégia de acordo com sua tolerância ao risco.

Introduzindo os Níveis da Retração de Fibonacci

Usar o Ichimoku Kinko Hyo sozinho oferece uma visão parcial dos mercados e não ajuda com uma estratégia de saída (vá até a seção anterior, "Controlando o Ichimoku Kinko Hyo", para saber mais sobre esse indicador). O próximo passo é identificar os níveis-chave de suporte e resistência abaixo dos quais o mercado pode ter dificuldade em se manter (no caso de um nível de suporte) ou os quais tem dificuldade para superar (no caso de um nível de resistência). Você pode pesquisar por níveis de suporte e resistência de muitas formas. A minha forma favorita é usar os níveis da retração de Fibonacci.

Um pouco do histórico de Fibonacci

Fibonacci é o apelido do matemático italiano Leonardo Pisano Bigollo, a quem alguns se referem como "o matemático ocidental mais talentoso da Idade Média". Algumas de suas contribuições mais famosas para a ciência são o sistema numeral decimal posicional, também conhecido como sistema numeral indo-arábico, para o mundo ocidental, bem como a popularização da sequência Fibonacci.

Matematicamente, a *sequência de Fibonacci* é a série de números na qual cada número da sequência é a soma dos dois números anteriores. Portanto, se você adicionar os números 0 e 1, o resultado é 1 e você adiciona esse dígito à sequência. Depois, somando 1 e 1 o resultado da sequência é 2. Agora, some 1 e 2 — você entendeu o raciocínio. É possível continuar dessa forma infinitamente: 0, 1, 1, 2, 3, 5, 8, 13, 21, 34, 55, 89, 144...

LEMBRE-SE

A sequência de Fibonacci tem aplicações na análise técnica, mas não é exatamente a sequência em si que é utilizada. Os *níveis da retração de Fibonacci* (também conhecidos como *Fibonacci Retracement Levels*) que são usados na análise técnica são um resultado do cálculo da proporção alternativa entre os números da sequência. Ao aplicar as proporções em uma tendência de alta ou baixa, é possível identificar facilmente os níveis de suporte e resistência.

PAPO DE ESPECIALISTA

As proporções são calculadas da seguinte forma: depois dos primeiros números, se você dividir qualquer um deles pelo número seguinte, o resultado é aproximadamente 0,618. Por exemplo, 34 dividido por 55 pode ser arredondado para 0,618. Se você calcular a proporção entre números alternados, obterá 0,382. A proporção entre cada terceiro número sucessivo é 0,235. A sequência usada na análise técnica consiste nessas proporções: 0,78, 0,618, 0,5, 0,382 e 0,236.

Como inserir os níveis da retração de Fibonacci no seu gráfico

A boa notícia é que você não precisará fazer nenhum cálculo matemático! Tudo o que precisa é encontrar a ferramenta de Fibonacci na sua plataforma de criação de gráficos e aplicá-la à ação de preço. Aqui estão os passos específicos que você precisa seguir:

1. **Encontre uma tendência nos preços.**

   Essa tendência pode ser de alta ou de baixa. Vá até o Capítulo 16 para saber mais sobre tendências.

2. **Encontre a ferramenta da retração de Fibonacci no seu gráfico e clique nela.**

3. **Clique para aplicar a ferramenta de Fibonacci no fundo da tendência (se for uma tendência de alta) ou no topo da tendência (se for uma tendência de baixa).**

4. **Arraste a ferramenta de Fibonacci até a outra ponta da tendência e clique mais uma vez para arrastar os níveis da retração de Fibonacci no gráfico.**

   Os níveis da retração de Fibonacci surgirão. A Figura 20-3 mostra um exemplo.

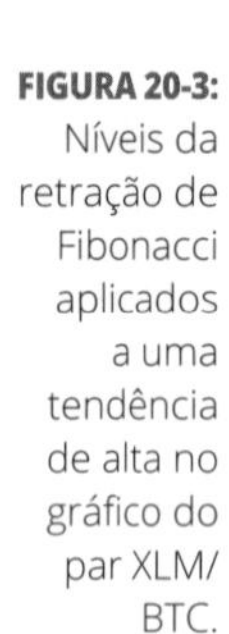

FIGURA 20-3: Níveis da retração de Fibonacci aplicados a uma tendência de alta no gráfico do par XLM/BTC.

Fonte: tradingview.com

A Figura 20-3 mostra a ação de preço da Stellar Lumens (XLM) com relação ao Bitcoin (BTC) em um gráfico de quatro horas. O fundo da tendência para o par XLM/BTC está em 0,00003309 e o topo da tendência está em 0,00003901. Ao arrastar a ferramenta de Fibonacci da parte inferior até a superior, é possível ver os níveis da retração de Fibonacci marcados em 0,78, 0,618, 0,5, 0,382 e 0,236.

Combinando as Técnicas Ichimoku e Fibonacci

Quando se acostumar com os indicadores de Ichimoku e Fibonacci separadamente nos seus gráficos (veja as seções anteriores), você pode aplicar ambos no gráfico e deixar a diversão começar. No começo, ver tantas linhas no gráfico pode lhe dar uma dor de cabeça, mas após algum tempo você pode achar que um gráfico sem Ichimoku e Fibonacci está completamente pelado.

Às vezes, existem muitas opções para escolher ao selecionar uma tendência (de alta ou baixa) para Fibonacci. Com frequência, a maioria das tendências revelará os mesmos níveis da retração de Fibonacci. Os níveis-chave de suporte e resistência do Fibonacci também costumam coincidir com as camadas de resistência e suporte do Ichimoku, pois Fibonacci está trabalhando para mostrar os níveis psicológicos que continuam verdadeiros em todo o quadro. Essa, especificamente, é a beleza e a mágica de Fibonacci.

Você pode usar o Ichimoku e o Fibonacci de diversas formas para auxiliá-lo em sua análise técnica. Recomendo que também use outros métodos de análise técnica e padrões gráficos (veja o Capítulo 16) para confirmar sua análise. Por exemplo, você pode usar o Ichimoku para perceber um sinal de compra ou venda e, em seguida, usar os níveis de Fibonacci para determinar o preço em que você poderá obter os lucros.

Aqui está um exemplo: você descobre um padrão de reversão de alta double bottom em um gráfico diário. (Um padrão *double bottom* é um padrão gráfico de reversão de alta que consiste em dois vales em um nível-chave de suporte; vá até o Capítulo 16 para ver exemplos.) Você aplica Ichimoku ao gráfico e percebe um sinal de compra (como descrevi anteriormente neste capítulo). Essa descoberta é uma oportunidade perfeita para identificar um ponto de entrada com base no padrão gráfico de double bottom e do sinal Ichimoku.

Mas e o que fazer depois disso e onde obter lucros? Esse é o momento de usar o Fibonacci. Dependendo da sua tolerância ao risco (veja o Capítulo 3), você pode escolher um nível da retração de Fibonacci como seu lucro-alvo e criar uma ordem limitada por meio da conta de sua corretora para vender no nível escolhido. (Uma *ordem limitada* é a ordem que você envia para sua corretora de comprar ou vender determinado ativo a um preço específico.)

A Figura 20-4 mostra um estudo de caso sobre o gráfico de quatro horas do par XLM/BTC no qual identifiquei um sinal pessimista com base no Ichimoku após o preço ficar abaixo da nuvem, em 0,00003579.

Com base na estratégia Ichimoku, você pode criar uma ordem limitada de *venda* tanto na banda inferior da nuvem de Ichimoku (0,00003579) ou um pouco acima, no nível da retração de Fibonacci de 0,5, cujo valor era 0,00003605.

Para obtenção de lucros, você pode considerar o nível Fibonacci de 0,786, no valor de 0,00003435. Para traders que gostam de usar ordens de stop loss, é possível usar o nível Fibonacci de 0,382 ou superior, a depender da tolerância ao risco (para simplificar, não estou mencionando outros sinais de baixa que podem ser identificados neste gráfico). Uma ordem de *stop loss* é uma ordem que você pode enviar para sua corretora para tirá-lo de uma negociação negativa antes que as perdas saiam do controle. Vá até o Capítulo 17 para mais detalhes.

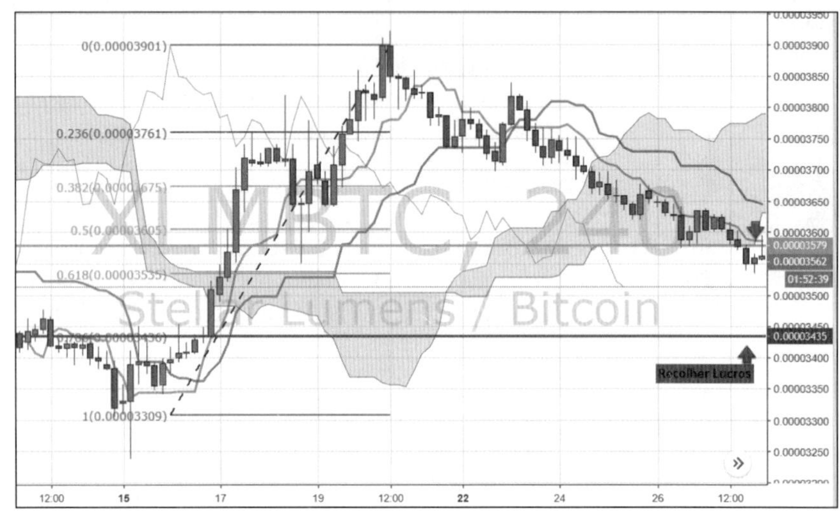

FIGURA 20-4: Usando Ichimoku e Fibonacci para criar uma estratégia de trading para um mercado pessimista.

Fonte: tradingview.com

CUIDADO

O caso de estudo anterior foi conduzido em um gráfico de quatro horas, que é considerado de médio prazo e, portanto, tem um nível de risco alto. Caso busque estratégias de investimento mais conservadoras, pense em usar tempos gráficos de dias ou meses. Abordei os vários tempos gráficos disponíveis no Capítulo 16.

DICA

Sinta-se sempre convidado a me visitar em nosso grupo Premium Investing Group (`https://learn.investdiva.com/join-group` [conteúdo em inglês]), no qual uso combinações de Ichimoku e Fibonacci o tempo todo para desenvolver estratégias de investimento.

NESTE CAPÍTULO

» Conhecendo os impostos que podem ser cobrados por suas atividades com criptomoedas

» Reduzindo seus impostos de renda de criptomoedas e impostos sobre ganhos de capital

» Avaliando e monitorando sua renda e seus ganhos de capital tributáveis

Capítulo **21**

Impostos e Criptomoedas

Antes do frenesi de 2017 em relação às criptomoedas, muitas pessoas que entraram na indústria (seja minerando ou investindo) provavelmente não pensaram muito nas implicações tributárias. Mas, conforme o investimento em criptomoedas se torna cada vez mais popular, suas diretrizes de tributação assumiram o palco principal. Neste capítulo, tratarei do básico da tributação de criptomoedas.

LEMBRE-SE

Tenha em mente que essas diretrizes se baseiam nas leis tributárias dos Estados Unidos até 2018. Dependendo do tempo gráfico do seu investimento, do seu tipo de lucro e da sua situação financeira pessoal, pode ser necessário procurar um contador para se preparar para o dia do pagamento de impostos.

Diferenciando Três Tipos de Tributos sobre Criptomoedas

A configuração tributária para criptomoedas nos Estados Unidos é muito complicada — complicada a ponto de os legisladores norte-americanos enviarem uma carta aberta ao Internal Revenue Service (IRS) em setembro de 2018 pedindo uma simplificação tributária. (Você pode conferir a carta em `https://waysandmeansforms.house.gov/uploadedfiles/letter_irs_virtual_currencies.pdf` [conteúdo em inglês].)

Na maioria dos casos, você trata suas criptomoedas como propriedade em vez de moeda. Isso significa que você paga impostos sobre ganhos de capital pelos seus investimentos em criptomoedas. Nesse caso, não há nenhuma obrigação tributária até você vender suas moedas para obter lucro. Mas e se você adquirir moedas por meio da mineração? E se o seu empregador lhe pagar em criptomoedas? Para simplificar, nas seções seguintes, dividi as obrigações tributárias relativas às criptomoedas em três cenários possíveis.

Impostos de renda

Caso tenha investido em todo o equipamento caro que mencionei no Capítulo 12 e esteja recebendo recompensas de mineração como resultado, você pode ser considerado um empresário do ramo. Tecnicamente, você está sendo pago em criptomoedas pela operação do seu negócio e, portanto, está sujeito a impostos pelo IRS. Obviamente, você também estará sujeito ao imposto de renda caso trabalhe em uma empresa que lhe paga em criptomoedas.[1]

Pessoalmente, me ofereceram um pagamento em Bitcoins quando comecei a escrever para o NewsBTC em 2016. Você imagina quanto me arrependi de não ter aceitado essa oferta em 2017, quando o valor do Bitcoin ficou acima de US$20 mil? Muito! Mas, é claro, se eu aceitasse a proposta, precisaria pagar o imposto de renda sobre os Bitcoins recebidos. Se eu escolhesse trocar meus Bitcoins por dólares americanos (USD) no pico de 2017, também estaria sujeita aos impostos sobre ganhos de capital pelo lucro obtido nessa transação. Tratarei de impostos sobre ganhos de capital na seção seguinte.

Se receber recompensas de mineração ou renda em criptomoedas no valor acima de US$400 em um único ano, você deve declarar esse ganho ao IRS. Se montou uma operação de mineração em casa, você pode declarar sua renda de mineração como renda de trabalho autônomo na Tabela C da sua declaração de imposto. No entanto, eu particularmente estabeleci minha atividade de mineração pelo negócio da Invest Diva, o que me ajuda a ter uma política tributária mais generosa quando minha renda líquida é alta. Falarei sobre minimizar o imposto de renda de suas criptomoedas mais tarde, neste mesmo capítulo.

---

1 N. da T.: No Brasil, as criptomoedas obtidas por meio da mineração e da prestação de serviços são consideradas renda tributável e devem ser declaradas na declaração anual de pessoa física. O valor a ser declarado é o de mercado no momento da obtenção, que passa a ser o preço de custo até serem vendidas. Caso prefira realizar a mineração usando um CNPJ, sugerimos procurar um contador para escolher o CNAE e o enquadramento tributário adequado para sua empresa, já que não existe, até o momento, uma orientação clara para esse tipo de atividade.

LEMBRE-SE

Certifique-se de sempre manter um registro de sua atividade de mineração e declarações financeiras para o caso de ser auditado pelo IRS. Além disso, se estiver preenchendo a declaração como pessoa jurídica, certifique-se de consultar um profissional da área de tributação para descobrir as melhores opções do seu cenário em particular. Não se preocupe — você pode até declarar as taxas do contador no seu negócio!

LEMBRE-SE

Como minerador de criptomoedas e empresário, você deve compreender o básico do investimento em criptomoedas. Se vender ou negociar suas criptomoedas por outras altcoins ou outros produtos, precisará pagar impostos sobre ganhos de capital, conforme explicarei nas duas seções seguintes (a depender do investimento ser em curto ou longo prazo). Os lucros de sua atividade de mineração geralmente dependem do valor de mercado da criptomoeda, bem como da quantidade de impostos que você deverá pagar. Para identificar as melhores criptomoedas para mineração, é imprescindível conduzir de maneira ativa a técnica Invest Diva Diamond Analysis (IDDA) que introduzi no Capítulo 9, além de mudar para criptomoedas melhores se sua estratégia de mineração não fizer mais sentido. Um dos pontos da IDDA é a análise de capital, o que inclui suas considerações sobre impostos.

Impostos sobre ganhos de capital em longo prazo

No Capítulo 2, indiquei os ganhos de capital como uma das principais razões pelas quais as pessoas investem em criptomoedas. O IRS categoriza as criptomoedas dessa mesma forma. Assim como quando há a posse de ações e imóveis, você deve pagar um imposto sobre ganhos de capital após vender seus criptoativos para obter lucros. Caso tenha uma perda, você pode reduzir o valor de seus impostos. Agora, se mantiver os seus criptoativos por mais de um ano, terá um cálculo tributário mais favorável. Essa taxa mais favorável é chamada de *imposto sobre ganhos de capital em longo prazo*.[2]

DICA

Você pode estimar os seus ganhos de capital ao fazer o cálculo simples da quantia ganha ou perdida após a compra das criptomoedas. Por exemplo, se você comprou um Bitcoin por US$5 mil e o vendeu por US$10 mil, obteve um ganho de capital de US$5 mil menos o valor pago em taxas de transações.

2 N. da T.: No Brasil, não há distinção entre ganho de capital de curto ou de longo prazo. O investidor que tiver obtido lucro em operações com criptomoedas que ultrapassem R$35 mil em um mês está obrigado a realizar a declaração do ganho e a apuração do imposto até o último dia útil do mês seguinte da operação. A alíquota aplicável é a tabela progressiva de ganho de capital. Na declaração anual, o investidor deve declarar os valores que já pagou mensalmente. Caso não tenha se lembrado de realizar a apuração mensal ou a tenha feito errado, terá ainda a oportunidade de realizar correções.

Impostos sobre ganhos de capital em curto prazo

O *imposto sobre ganhos de capital em curto prazo* é bastante semelhante ao imposto sobre mineração e renda com criptomoedas, que mencionei anteriormente neste capítulo. Se você vende ou negocia suas criptomoedas regularmente e fica com elas por um período menor que um ano, seus lucros ou perdas podem ser categorizados como renda, o que frequentemente tem implicações tributárias menos favoráveis. Mesmo se você não sacar oficialmente suas criptomoedas, ainda estará sujeito aos impostos em curto prazo caso use a criptomoeda para fazer compras, seja de produtos tangíveis ou outras criptomoedas.

LEMBRE-SE

Traders ativos que fazem algumas negociações aqui e ali estão sujeitos a diferentes leis tributárias em relação aos day traders, que negociam criptomoedas como forma de sustento. Abordarei essa diferença na seção posterior, "Reduzindo seu imposto sobre o trading".

APRESENTANDO ALGUNS ESPECIALISTAS EM TRIBUTAÇÃO DE CRIPTOMOEDAS

O mercado de investimentos em criptomoedas é uma indústria relativamente nova e, assim sendo, muitas pessoas da área tradicional de tributação podem não ter o conhecimento necessário para ajudá-lo com as melhores decisões relativas aos impostos. Fazendo uma pesquisa entre minhas conexões do LinkedIn, encontrei alguns especialistas em tributação de criptomoedas nos Estados Unidos que podem ajudá-lo:

- **Camuso CPA:** A Camuso CPA é uma empresa certificada por agências estatais norte-americanas que trabalha com investidores, empresas e indivíduos de todo o país e é um dos principais nomes na consultoria de tributação sobre criptomoedas. Na verdade, Camuso CPA é a primeira empresa norte-americana certificada em sua área que aceita pagamentos em criptomoedas em troca de seus serviços profissionais. A empresa atende clientes da rede de investidores, mineradores e pequenos negócios da Camuso CPA, bem como contribuintes que precisam de ajuda para lidar com Bitcoin e outras criptomoedas. O meu contato na empresa é o fundador, Patrick Camuso. Você pode entrar em contato com ele por meio do site: `www.CamusoCPA.com` [conteúdo em inglês].
- **Jag CPAs & Co.:** O meu contato aqui é Shehan Chandrasekera, um contador público certificado nos estados do Texas e Nova Jersey. Ele tem um amplo conhecimento tributário de diversas indústrias, incluindo a indústria imobiliária, startups, blockchain, construções, e-commerce, assistência médica, cannabis e fabricação e distribuição. Você pode contatá-lo pelo site da empresa: `www.jagcpastx.com` [conteúdo em inglês].

Minimizando Seus Impostos sobre Criptomoedas

Tenha você obtido suas criptomoedas como renda ou adquirido ganhos de capital sobre os seus ativos, as seções seguintes mostrarão algumas formas de reduzir a quantia que você deve ao IRS.

Reduzindo seu imposto de renda sobre mineração

Nos Estados Unidos, você pode conseguir um cálculo tributário melhor se criar uma empresa ou entidade comercial para suas atividades de mineração em vez de minerar de forma autônoma. Com isso, você consegue se beneficiar das isenções fiscais que as empresas recebem por pagar coisas relacionadas ao negócio e conseguir um melhor cálculo tributário do que os trabalhadores individuais. Conseguiu aquele computador de ponta para minerar Bitcoin? Declare-o no seu negócio e reduza sua renda tributável. Montou o seu computador com equipamentos de mineração como os ASICs e as GPUs caros que mencionei no Capítulo 12? Está pagando uma fortuna de eletricidade ao minerar? Parabéns, você pode conseguir uma isenção fiscal sobre as recompensas recebidas por meio da mineração.

DICA

Isso, é claro, se suas criptomoedas tiverem algum valor. Mesmo em um nível pessoal, sua operação de mineração pode ser muito lucrativa, mas também pode custar caro — muito mais caro que as recompensas obtidas por meio dela, especialmente se o mercado de criptomoedas não tiver um bom desempenho naquele período. No momento de escrita deste livro, se sua renda líquida geral for maior que US$60 mil, enquadrar sua empresa como uma S corporation ou uma LLC tributada como uma S corporation pode ajudá-lo. Consulte um profissional da área para mais orientações.

LEMBRE-SE

Você só pode declarar seus gastos como empresa se a LLC, C corporation ou S corporation tiver sido criada antes do rendimento advindo da mineração. Qualquer valor recebido antes da formação da empresa não poderá ser incluído para fins de tributação.

Reduzindo seu imposto sobre o trading

Você se considera um day trader? Então pode ser elegível para pagar muito menos impostos do que os traders ocasionais.[3] Mas, primeiro, você deve passar no teste de day trading do IRS, respondendo "sim" a estas três perguntas:

3 No Brasil, o day trader deve realizar o mesmo procedimento descrito anteriormente e apurar mensalmente as operações realizadas, informando cada compra e venda, sem compensar lucros com prejuízos. De qualquer forma, lembre-se de que é possível abater os custos de corretagem na declaração mensal.

» Seu objetivo é lucrar com as variações cambiais diárias no mercado de criptomoedas em vez de manter sua posição por um longo prazo ou de um dia para o outro?

» Você passa a maior parte do seu dia no day trading em vez de em um trabalho tradicional em tempo integral?

» Você tem um padrão de trading regular e faz muitas negociações diariamente?

Caso se qualifique como um day trader, você poderá declarar suas recompensas como um trabalhador autônomo. Essa designação significa que você pode deduzir todos os seus gatos relacionados ao trading na Tabela C, como qualquer outra empresa de proprietário único.

DICA

De acordo com o finance.zacks.com [conteúdo em inglês], sua empresa será tributada com base nos seus lucros e perdas, independentemente de ser uma empresa de proprietário único. Você também pode utilizar o dinheiro obtido com o day trading para pagar seu seguro, sua assistência médica e benefícios de funcionários, se tiver algum.

CUIDADO

Monitorar suas atividades de trading de curto prazo pode ser incrivelmente confuso. A indústria apresenta grande volatilidade e flutuação de mercado, além de ter uma enorme variedade de criptomoedas à sua disposição 24 horas por dia, 7 dias da semana. Essas situações tornam o monitoramento manual dos seus recursos quase impossível. Posteriormente neste capítulo, apresentarei alguns recursos de monitoramento que você pode usar para suas atividades de trading.

Reduzindo seus impostos sobre ganhos de capital

Se não se qualifica como um day trader (veja a seção anterior), sua melhor aposta para reduzir seu impostos sobre os ganhos de capital com criptomoedas é ser um investidor em longo prazo. Isso significa manter os seus ativos por mais de um ano. Não venda, negocie ou compre qualquer coisa com criptomoedas dentro de um ano a partir de sua compra.

Como mencionei anteriormente neste capítulo, os impostos sobre ganhos de capital em investimentos mantidos por mais de um ano (longo prazo) podem ser muito menores do que os impostos sobre ganhos de capital em investimentos mantidos por menos de um ano (curto prazo). Em 2018, os ganhos de capital em longo prazo são taxados em 0%, 15% ou 20%, dependendo da categoria em que você se enquadra. Por exemplo, se estiver em uma categoria de alta carga tributária, o imposto pode ser de 20%. Você pode ler mais sobre o enquadramento tributário nos Estados Unidos aqui: `www.irs.com/articles/2018-federal-tax-rates-personal-exemptions-and-standard-deductions` [conteúdo em inglês].

LEMBRE-SE

Negociar uma criptomoeda por outra pode deixá-lo sujeito a ainda mais impostos. Para comprar certas criptomoedas em exchanges específicas, você pode não ter outra escolha senão converter sua criptomoeda em outra em um tempo gráfico menor, mas, caso consiga muitos lucros com a criptomoeda inicial, você não será enquadrado na categoria de investidor em longo prazo. Converse com um especialista da área para garantir que você está pagando a taxa correta.

Conferindo a taxa tributária do estado

Nos Estados Unidos, estados diferentes trabalham com leis tributárias diferentes[4], e alguns estados têm taxas melhores que outros para grupos específicos de pessoas ou determinadas indústrias. Alguns estados, como a Flórida, são considerados um "paraíso da aposentadoria", porque você não precisa pagar imposto de renda individual ou imposto sobre herança imobiliária, além de ter uma série de proteções aos ativos e benefícios fiscais imobiliários. Quando se trata de investidores de criptomoedas, certos estados, como Wyoming, apresentam ótimos incentivos fiscais para empresas e investidores de criptomoedas, porque as criptomoedas são isentas de qualquer imposto sobre propriedade. Em 2018, Wyoming se tornou o primeiro estado a definir criptomoedas como uma classe de ativos completamente nova. Funcionários do estado de Wyoming rotularam-na como "lei de ficha de utilidade" e aprovaram a lei em março de 2018. A lei foi criada para isentar criptomoedas específicas das leis estaduais de transferência monetária.

DICA

Conforme as criptomoedas se tornam mais populares, espera-se que mais estados criem esse tipo de lei para incentivar negócios e indivíduos a levar seus talentos e dinheiro relativos às criptomoedas até eles. É por isso que é importante estar atualizado sobre as últimas notícias da indústria. Sites como `https://pro.benzinga.com?afmc=2f` [conteúdo em inglês] podem ajudá-lo a conseguir esse tipo de informação rapidamente.

Avaliando Rendimentos Tributáveis de Transações com Criptomoedas

LEMBRE-SE

No fim das contas, declarar sua renda e seus ganhos de capital depende de você. É preciso sempre monitorar todos os eventos que possam ser tributáveis, o que significa todas as vezes que vender ou negociar seus criptoativos por outras coisas. No momento de escrita deste livro, o IRS não requer um relatório terceirizado para criptomoedas (o que significa que as entidades com as quais você compra as criptomoedas não precisam declarar a venda), o que torna o monitoramento e a

4 N. da T.: Não existe diferenciação tributária entre estados para operações com criptomoedas no Brasil.

declaração ainda mais complicados.[5] Aqui estão algumas dicas e pontos para se levar em consideração ao avaliar suas atividades com criptomoedas:

Monitorando suas atividades com criptomoedas

DICA

O mercado de criptomoedas está se expandindo e mais recursos de monitoramento estão sendo disponibilizados para traders, investidores e mineradores. Aqui estão alguns recursos que podem ajudá-lo [todos os links com conteúdo em inglês]:

- **CoinTracker** (`https://www.cointracker.io/?i=eALc6OxcyXpD`): O CoinTracker sincroniza automaticamente suas transações com criptomoedas com uma crescente lista de exchanges, como Coinbase, Kraken, KuCoin e outras para gerar formulários fiscais. O serviço também tem uma equipe de assistência online.
- **CoinTracking** (`https://cointracking.info?ref=I248132`): O CoinTracking analisa sua atividade de investimento e gera um relatório fiscal com base em seus lucros e suas perdas.
- **CryptoTrader.tax** (`http://cryptotrader.tax?fp_ref=behp6`): Este site conecta você a uma crescente lista de exchanges, como Coinbase, Binance, Bittrex e muitas outras, além de ajudá-lo a calcular seus impostos sobre criptomoedas em poucos minutos. Ele tem uma ótima equipe de atendimento ao cliente que responde suas dúvidas imediatamente.

Lidando com forks de criptomoedas

No Capítulo 5, falei sobre como você pode obter moedas grátis quando uma criptomoeda passa pelo processo de *fork* (no qual uma porção da comunidade decide criar sua própria versão da moeda)[6]. Claro, nada é completamente de graça, e você provavelmente precisará pagar impostos sobre as criptomoedas adicionais recebidas por meio do fork. Por exemplo, se tiver a moeda Ethereum e ela sofrer um hard fork que pague a mesma quantia da nova criptomoeda além dos seus ativos Ethereum originais, você precisa pagar impostos comuns sobre as novas moedas grátis, e não um imposto sobre ganhos de capital em

---

5 N. da T.: No Brasil, a Receita Federal obriga todas as exchanges que operam em território nacional a compartilhar as operações realizadas em seu ambiente. Ou seja, a Receita consegue cruzar as informações declaradas pelo contribuinte com as operações informadas pela exchange. Recomendamos que o contribuinte declare todas as suas operações de forma correta para evitar problemas. Verifique se sua exchange de preferência possui uma ferramenta para consulta de operações, que facilitará a declaração.

6 N. da T.: No Brasil, considera-se que as moedas recebidas por meio de forks têm custo zero, e o imposto sobre ganho de capital recairá sobre todo o valor da venda.

longo prazo. Você paga esses impostos com base no valor em dólares americanos da nova criptomoeda no dia em que as recebeu.

O IRS ainda oferece pouca orientação sobre hard forks e tributação. Consulte um profissional da área e previna-se monitorando todos os seus registros de criptomoedas por meio de sites profissionais, como `http://cryptotrader.tax?fp_ref=behp6` [conteúdo em inglês].

Declarando investimentos internacionais em criptomoedas

O mercado de criptomoedas está evoluindo constantemente, assim como suas regras. Por isso, é necessário manter-se atualizado a respeito de todas suas transações com criptomoedas. Mas, mesmo se investir em criptomoedas fora dos Estados Unidos, é preciso declarar a atividade ao IRS.[7]

No momento de escrita deste livro, você não precisa declarar a criptomoeda no relatório relativo a contas estrangeiras, que nos Estados Unidos recebe o nome de Foreign Bank Account Report (FBAR). Essa diretriz baseia-se em uma declaração de 2014 do IRS que diz: "A Rede de Combate a Crimes Financeiros, que emite orientações regulatórias sobre os Reports of Foreign Bank and Financial Accounts (FBARs), não requer que nenhuma conta de moeda digital (ou virtual) seja declarada em um FBAR neste momento, mas pode fazer disso uma exigência no futuro." Certifique-se de estar sempre atualizado sobre as regulações do IRS referentes a criptomoedas, porque elas estão sujeitas a mudanças todos os anos. Consulte um profissional da área. Além disso, lembre-se de que não declarar suas criptomoedas no FBAR não significa que você pode esconder suas atividades com criptomoedas estrangeiras do IRS.

É sempre bom repetir: você é responsável por conhecer as ramificações tributárias de suas atividades com criptomoedas. O IRS tem ido atrás de investimentos em criptomoedas tanto dentro quanto fora dos Estados Unidos. A agência até mesmo forçou a Coinbase a entregar os seus registros de clientes em 2017. As pessoas que não conheciam as implicações tributárias das criptomoedas tiveram problemas, assim como aquelas que tentaram esconder seus investimentos.

---

7 N. da T.: Caso possua criptomoedas em exchanges internacionais, também deverá declarar as operações de compra e venda, bem como sua posição, na aba "Bens e Direitos" na declaração anual de imposto de renda.

A Parte dos Dez

NESTA PARTE...

Obtenha uma visão geral sobre o que considerar antes de começar nesse novo mundo das criptomoedas.

Descubra os melhores caminhos a percorrer quando estiver acumulando perdas.

Leia sobre formas de transformar obstáculos em oportunidades ao investir em criptomoedas.

NESTE CAPÍTULO

» **Adotando a mentalidade correta e preparando sua estratégia**

» **Descobrindo coisas das quais pode precisar ao longo do caminho**

Capítulo **22**

Dez Considerações Antes de Começar

Você está pronto para tentar investir em criptomoedas? Neste capítulo, destacarei algumas das coisas mais importantes para se pensar antes de iniciar a jornada do investimento em criptomoedas, muitas das quais expliquei em detalhes nos capítulos anteriores.

Não Fique Animado Demais

LEMBRE-SE

Começar a explorar um novo mundo é sempre empolgante. Começar logo também pode nos dar uma vantagem em relação ao resto da multidão. Entretanto, assim como qualquer tipo de investimento, criptomoedas exigem disciplina, gerenciamento de risco e muita paciência. Você não deve tratar essa área como um esquema de enriquecimento rápido. Ainda que suas esperanças possam ser altas, especialmente após o mercado presenciar aqueles retornos de cair o queixo em 2017, a probabilidade de ver ganhos como aqueles em um prazo tão curto novamente é muito baixa. A razão é simples: a bolha estourou. Os investidores estão se informando mais sobre todo o mercado, tomando decisões de investimento mais bem calculadas. Você deveria fazer o mesmo!

Medindo Sua Tolerância ao Risco

LEMBRE-SE

O investimento em criptomoedas é o caminho certo para você? Quanto do seu dinheiro deve investir no mercado? Você tem estômago para a alta volatilidade? Tem paciência para esperar possíveis tempestades passarem? Você consegue encontrar a resposta para todas essas perguntas ao medir sua tolerância ao risco. Esse primeiro passo é essencial para qualquer tipo de investimento e inclui tanto sua disposição para arriscar quanto sua habilidade de arriscar. Vá até o Capítulo 3 para uma explicação sobre os diferentes tipos de riscos e recursos para medir sua tolerância ao risco.

Proteja Sua Carteira de Criptomoedas

Uma *carteira de criptomoedas* é onde ficam armazenados seus ativos digitais, como Bitcoin; é necessário ter uma antes de comprar qualquer criptomoeda. Existem muitos tipos diferentes de carteiras disponíveis, algumas encontradas nas próprias exchanges que realizam a venda das moedas. Esse tipo de carteira, no entanto, não é dos mais seguros, e com frequência tem sido alvo de invasões hackers que resultaram na perda de moedas. O Capítulo 7 detalhou diferentes métodos que podem ser utilizados para proteger sua carteira de criptomoedas antes de começar a investir.

Encontre a Melhor Exchange/ Corretora de Criptomoedas para Você

Alguns dos lugares mais populares para pôr as mãos em criptomoedas são as exchanges e as corretoras. Alguns desses pontos de compra e venda oferecem poucas criptomoedas, enquanto outros trabalham com uma ampla gama. Alguns têm taxas de transações mais altas, enquanto outros têm um serviço de atendimento ao cliente melhor, e outros ainda têm uma reputação quanto à sua segurança melhor. Em algumas dessas instituições você poderá trocar sua moeda *fiduciária* (a moeda local do seu país, como o dólar americano) por criptomoedas. Em outras, você obrigatoriamente precisará possuir uma criptomoeda, como o Bitcoin, e trocá-la por outros ativos digitais, como Ripple ou Litecoin.

Para encontrar a melhor exchange ou corretora, você deve analisar todas essas opções e encontrar uma que mais se encaixe às suas necessidades. No Capítulo 6, apresentei uma visão mais aprofundada sobre os diferentes tipos de exchanges e corretoras de criptomoedas disponíveis.

LEMBRE-SE

Muitas vezes, o melhor a fazer é usar múltiplas exchanges para propósitos diferentes. Eu uso três!

Determine se Deve Investir em Curto ou Longo Prazo

O período pelo qual você investirá dependerá de sua tolerância ao risco, seus objetivos financeiros, sua situação financeira atual e do tempo disponível em suas mãos. Por exemplo, se tiver um emprego em trabalho integral que exige grande parte de sua atenção, não poderá ficar se preocupando com a administração em curto prazo de seu portfólio de criptomoedas ou de qualquer outro ativo. Vai preferir focar sua energia em seu emprego principal (para não ser demitido) e administrar seu portfólio de investimento aproximadamente a cada duas semanas para se manter atualizado. Investimento em longo prazo também requer uma quantidade menor de risco.

DICA

No Capítulo 3, eu o guiei pelo cálculo de sua tolerância ao risco. Nos Capítulos 17 e 18, falei mais sobre investimento em curto e longo prazo. Você também pode conferir o curso *Make Your Money Work for You PowerCourse* ao comparecer a este webinar: `https://learn.investdiva.com/free-webinar-3-secrets-to-making-your-money-work-for-you` [conteúdo em inglês].

Comece Pequeno

Se estiver apenas começando e não tiver um plano financeiro sólido, não jogue uma grande quantia do seu dinheiro no mercado. Comece com algumas centenas de dólares, ou o valor que você puder gastar, aumentando o seu portfólio lentamente. Além disso, não use o seu dinheiro para investir em um único tipo de criptomoeda. Se for novo em investimentos de qualquer natureza, também não use todo os seus fundos em criptomoedas. A diversificação é a chave até você encontrar o ponto ideal, em especial para novos investidores.

Além das criptomoedas, invisto em ações, exchange traded funds (ETFs) e no mercado cambial mundial (forex). A qualquer momento, você pode encontrar pelo menos dez criptomoedas diferentes no meu portfólio. Para saber mais sobre diversificação dentro de criptomoedas e outros ativos financeiros, confira os Capítulos 2 e 10.

Siga a Causa

DICA

Muitas criptomoedas se baseiam em aplicações blockchain que visam solucionar um problema específico no mundo ou na sociedade (veja o Capítulo 4 para ler sobre a tecnologia blockchain). Aplicações blockchain podem oferecer solução para quase qualquer problema importante para você, desde serviços bancários para aqueles que não podem acessá-los até prevenir fraudes eleitorais e ajudar agricultores. Ao investir na criptomoeda de uma aplicação blockchain cuja causa lhe seja importante, você estará ajudando-a a alcançar seus objetivos mais rapidamente. Essa sensação de realização pode tornar o investimento mais significativo e divertido para você. Focar causas também ajuda na hora de escolher criptomoedas entre as centenas de opções disponíveis. Abordei as diferentes categorias de criptomoedas no Capítulo 8.

Pondere sobre a Mineração

A mineração é a espinha dorsal de muitas criptomoedas, como o Bitcoin. A *mineração* de criptomoedas refere-se a solucionar equações matemáticas complexas usando computadores poderosos. A solução desses problemas o recompensa com uma certa quantia de criptomoedas. A mineração costuma ser vista como uma tarefa muito cara, porque é preciso investir em equipamentos de computador de alto custo e usar muita eletricidade para o funcionamento da máquina. Mas, às vezes, especialmente dependendo do valor da criptomoeda, ela pode fazer sentido. Por exemplo, se sua conta de eletricidade para a mineração for menor que o custo de comprar a criptomoeda, então a mineração pode ser uma boa opção.

DICA

Vá até o Capítulo 12 para saber mais sobre mineração, sua terminologia e as coisas que precisa comprar para começar. Você pode conferir a lucratividade da mineração ao usar calculadoras como as disponíveis no endereço `www.investdiva.com/mining-calculator/` [conteúdo em inglês].

Considere o Investimento em Outros Ativos Primeiro

Se nunca investiu em nada, a indústria das criptomoedas pode deixá-lo um pouco assustado. Aprender sobre o desenvolvimento de estratégias de investimento ao mesmo tempo em que aprende sobre um setor financeiro no qual você não tem nenhuma experiência pode ser difícil. Nesse caso, considere a possibilidade de começar investindo em coisas que conhece, como as ações de uma empresa familiar para você. Depois de ficar mais confortável por investir naquilo que conhece, expanda o seu portfólio para novos veículos, como as criptomoedas. Veja o Capítulo 2 para mais detalhes sobre diferentes tipos de ativos.

PAPO DE ESPECIALISTA

Para mim, meu primeiro amor do trading foi o forex, que envolve o trading de uma moeda de determinado país, como o dólar americano, pela moeda de outro, como o iene japonês. Eu era aluna de uma universidade japonesa quando participei do trading pela primeira vez. Eu estava constantemente conferindo o valor do iene japonês em relação ao dólar americano, então ter uma noção da direção na qual as moedas seguiriam era mais fácil para mim.

Entre em um Grupo de Apoio

A maioria das pessoas faz essas negociações sozinhas, na frente do computador ou do smartphone. Isso pode se tornar uma atividade extremamente solitária bem rápido, em especial se não tiver nenhum amigo que faça a mesma coisa. Quando os mercados estão se movendo contra você, é possível ficar frustrado. E, quando os mercados estiverem com um bom desempenho, você pode acabar se sentindo sobrecarregado, sem saber quando sair de uma posição.

DICA

Embora eu discuta métodos de desenvolvimento de estratégias para identificar pontos de entrada e saída neste livro, ter pessoas no mesmo barco sempre ajuda. Muitas criptomoedas têm canais no Telegram ou seus próprios bate-papos em sites como Reddit e Bitcoin Talk, nos quais você pode compartilhar informações e se lamentar com outros investidores. Outro recurso é o meu grupo Invest Diva Premium Investing Group (`https://learn.investdiva.com/join-group` [conteúdo em inglês]). Eu não apenas compartilho minhas estratégias de investimento pessoal em diferentes classes de ativos, como ações, forex e criptomoedas, mas nossos membros vindos de diversos países também participam ativamente da conversa, ajudando um ao outro a encontrar as melhores exchanges do seu país, fazendo perguntas nas quais você ainda não havia pensado e mais.

NESTE CAPÍTULO

» Reconsiderando sua abordagem ou quantidade de investimento

» Pesquisando o que está acontecendo por trás das cenas

Capítulo 23

Dez Movimentos para Quando Seu Portfólio de Criptomoedas Estiver Negativo

Seja você um trader de curto prazo ou investidor de longo prazo, às vezes o seu portfólio de criptomoedas ficará no vermelho, com um ou mais de seus ativos se movendo em direções nada favoráveis. Sem que se dê conta, você poderá estar em uma situação FUD (jargão do setor e sigla em inglês para *fear, uncertainty, and doubt* [medo, incerteza e dúvida]), o que pode ser incrivelmente frustrante e contribuir para uma decisão emocional em vez de executar uma estratégia bem planejada. Este capítulo mencionará dez possíveis passos a serem seguidos quando o mercado não estiver do seu lado.

Não Faça Nada

Na maioria dos casos, a paciência é uma virtude lucrativa. Se entrou em uma posição específica após uma profunda análise de todos os pontos da Invest Diva Diamond Analysis, ou IDDA (veja o Capítulo 9), existe a probabilidade da queda atual no mercado ser temporária. Dando tempo ao tempo, pode ser possível retornar ao território positivo. Mesmo o mercado mais difícil acabará se recuperando se você aguardar o suficiente.

É claro, o mercado de criptomoedas é muito novo e não mostrou muitas evidências para provar que segue o sentimento de outros mercados, como o de ações. No entanto, uma vez que a maioria dos investidores considera criptomoedas como ativo de capital, como as ações, o mercado pode seguir uma psicologia de mercado semelhante a esses outros ativos. *Ativos de capital* são aqueles que você investe esperando um ganho no valor para obter um retorno positivo. Obviamente, aguardar por um período muito longo pode não ser adequado para todos os traders e investidores.

LEMBRE-SE

Dependendo de onde você esteja na sua vida e de quais sejam seus objetivos financeiros, pode ser possível tirar vantagem de fazer do tempo o seu melhor amigo em investimentos. Caso tenha um plano de dez anos para alcançar um objetivo financeiro — comprar uma casa, por exemplo —, você não deve se preocupar com as pequenas subidas e descidas dos mercados.

Reavalie Sua Tolerância ao Risco

Como discuti no Capítulo 3, medir sua tolerância ao risco é o primeiro passo necessário ao começar a investir em qualquer coisa. No entanto, com o passar do tempo, as circunstâncias mudam de forma que podem impactar sua tolerância ao risco. Um momento negativo do seu portfólio pode ser uma boa ocasião para reavaliar sua tolerância ao risco e identificar o melhor passo a ser dado.

Por exemplo, se agora tem uma tolerância ao risco maior do que quando entrou em determinada posição, você pode considerar adicionar à sua posição negativa, como comentarei posteriormente neste capítulo. Mas, se a situação financeira impactou sua tolerância ao risco de um modo negativo e você não tem muito tempo ao seu dispor, pode ser necessário cortar as perdas (algo que também abordarei mais tarde neste capítulo).

LEMBRE-SE

A questão aqui, porém, é nunca tomar uma decisão impulsiva com base apenas em emoções e na *percepção* de sua tolerância ao risco ser alta ou baixa. Ao calcular cuidadosamente sua tolerância, você pode se surpreender no sentido contrário.

Veja o Panorama Geral

Você pode avaliar o panorama geral tanto do ponto de vista técnico quanto do fundamental:

- Na questão técnica (veja o Capítulo 16), você poderá obter uma ideia melhor da direção do mercado ao migrar para períodos de maior prazo. Por exemplo, o mercado pode estar em uma tendência de alta muito longa, na qual o preço vem subido há algum tempo. Nesse caso, a queda atual talvez seja uma correção saudável, o que pode ser até uma boa razão para a compra de mais criptoativos.
- Na questão fundamental, você precisa voltar às razões básicas pelas quais escolheu investir em uma criptomoeda específica — coisas como a causa, a administração e a comunidade, a tecnologia e qualquer outra coisa que possa contribuir para o crescimento em longo prazo no valor da criptomoeda. Vá até o Capítulo 9 para ler mais sobre análise fundamental.

Pesquise as Razões Fundamentais pelas quais a Criptomoeda Está Negativa

Ao avaliar o panorama geral, como mencionei na seção anterior, você poderá descobrir que há um problema fundamental motivando a desvalorização do criptoativo. Talvez a criptomoeda não esteja recebendo mais apoio de gigantes corporações financeiras, tenha se envolvido em algum golpe ou esteja ficando sem dinheiro e não pode mais investir na própria tecnologia. Você pode usar o seu mecanismo de busca favorito para analisar os detalhes fundamentais de qualquer criptomoeda. Basta pesquisar o nome da criptomoeda e conferir os resultados mais recentes da pesquisa na categoria "Notícias". Se os fundamentos mudaram para pior e são a razão da desvalorização, pode ser necessário reavaliar sua posição e talvez até cortar suas perdas.

DICA

Como uma entusiasta de criptomoedas, recomendo que você se mantenha atualizado sobre as últimas notícias sobre criptomoedas acompanhando páginas como `https://cryptobriefing.com/`, `www.coindesk.com/` e `www.newsbtc.com/` [conteúdos em inglês].

Leve o Hedging em Consideração

Hedging é uma prática de investimento comum para gerenciar o risco. Com o *hedging*, você basicamente vai contra sua opção ou indústria atual para equilibrar o risco que ela envolve. Falei a respeito de hedging em derivativos como opções e futuros no Capítulo 14, mas você também pode ter um hedging por meio de diversificação (descrito nas duas seções a seguir), assim como indo contra sua posição atual. Por exemplo, caso tenha comprado Bitcoin versus outra criptomoeda, como Ethereum, e o preço do Bitcoin está caindo, uma opção é vender Bitcoin em uma negociação diferente e beneficiar-se da tendência de baixa atual.

DICA

O hedging posicional é especialmente útil quando se faz o trading de criptomoedas em corretoras que aceitam vendas a descoberto. Para saber mais sobre estratégias de hedging, você pode participar do grupo premium da Invest Diva em `https://learn.investdiva.com/join-group` [conteúdo em inglês].

Diversifique com Criptoativos

Adicionar outros criptoativos que sejam expostos a um tipo de risco diferente em relação à criptomoeda em posição desfavorável é outra forma de hedging (veja a seção anterior) que pode ajudar a equilibrar o seu portfólio. Identificar tais criptomoedas, porém, pode ser muito difícil, porque, até o momento de escrita deste livro, a maioria dos criptoativos apresenta tipos de riscos semelhantes. Veja o Capítulo 3 para saber mais sobre riscos e o Capítulo 9 para identificar criptomoedas com os melhores desempenhos.

Diversifique com Outros Ativos Financeiros

Até o investimento em criptomoedas se tornar popular, essa estratégia poderá ser mais útil. Se sua análise mostra um período sombrio mais longo no mercado das criptomoedas enquanto outros instrumentos financeiros, como bonds, continuam lucrativos, você pode diversificar com ativos fora da indústria de criptomoedas para distribuir o risco. Essa abordagem é, mais uma vez, uma forma diferente de hedging, que mencionei anteriormente neste capítulo. Vá até os Capítulos 2 e 10 para saber mais sobre diversificação.

Troque por uma Criptomoeda Melhor

Após refazer a IDDA para seus criptoativos que estão no negativo (veja o Capítulo 9), você pode acabar percebendo que não vale a pena manter uma criptomoeda específica. Diferentemente do mercado de ações, no qual você não tem outra opção senão assumir as perdas, no mercado de criptomoedas existe a opção de trocar por uma criptomoeda diferente de melhor desempenho. Por exemplo, digamos que você comprou um punhado de uma moeda chamada CrappyCoin por um preço alto, mas desde então o valor dela tem afundado e não existe nenhum sinal de recuperação; ao mesmo tempo, você ouviu falar de uma criptomoeda nova e barata com um futuro promissor pela frente. Embora você talvez não consiga comprar muitas moedas com suas CrappyCoins desvalorizadas, ainda é possível cortar as perdas da CrappyCoin no começo e trocá-la por uma criptomoeda melhor.

Considere Adicionar à Sua Posição Atual

Warren Buffett é um investidor famoso que adiciona à sua posição desfavorável — compra mais ações negativas por um preço menor — quando o mercado sofre uma queda. É claro, ele só faz isso com ativos que têm fortes fundamentos e estão no meio de um recuo temporário e saudável. Ele também pode lidar com o risco.

Essa estratégia também tem o potencial de funcionar para criptomoedas. Antes que você se anime demais, tenha em mente que o mercado de criptomoedas pode funcionar de forma diferente do mercado de ações (que é onde Warren Buffet investe) e continuar a ser imprevisível e volátil nos anos seguintes. É por isso que você deve se certificar de que consegue lidar com uma perda potencial durante um período antes do mercado de criptomoeda voltar aos trilhos.

Evite o margin trading e tomar empréstimos da sua corretora ao adicionar à sua posição atual. Essas abordagens aumentam o risco do seu investimento.

Ao adicionar à sua posição de perda, você pode reduzir o preço médio de retenção e, assim, lucrar mais quando o valor finalmente subir.

Contemple o Corte de Perdas

Pessoalmente (e notoriamente), não sou grande fã de *stop losses*, que são ordens do mercado que você pode criar para cortar suas perdas se o preço de um ativo, como uma criptomoeda, estiver indo contra sua posição de investimento. Entretanto, às vezes, por uma série de razões, incluindo sua tolerância pessoal ao risco e as condições do mercado, há outra opção. Nesse caso, você pode apenas abandonar essa posição desfavorável, assumir o prejuízo e concentrar-se em uma diferente fonte de lucro.

LEMBRE-SE

Traders de curto prazo têm uma maior probabilidade de usar stop losses (veja o Capítulo 17). Investidores em longo prazo (veja o Capítulo 18) devem ter feito o cálculo de gerenciamento de risco com antecedência para garantir que tenham tempo o suficiente para esperar que as coisas melhorem.

DICA

Usar uma ordem de stop loss pode ser incrivelmente benéfico caso tenha investido em um golpe e descoberto o equívoco em sequência, porque isso permitirá que você limite suas perdas antes de o valor do ativo chegar a zero.

NESTE CAPÍTULO

» Transformando desafios com criptomoedas em oportunidades

» Usando uma análise cuidadosa antes de fazer uma jogada

Capítulo 24

Dez Desafios e Oportunidades para Investidores em Criptomoedas

Este capítulo apresenta dez oportunidades e obstáculos que você poderá enfrentar durante suas aventuras de investimento em criptomoedas. Juntei desafios e oportunidades porque é possível transformar um obstáculo em lucro caso trate esse obstáculo da maneira correta.

Novas Criptomoedas no Pedaço

O Bitcoin, a primeira criptomoeda de todas, completou dez anos em 2018. Mas, atualmente, ela não é a única criptomoeda que interessa os investidores. Para o bem ou para o mal, novas criptomoedas continuam surgindo por toda a parte e podemos esperar um aumento nesses números. Muito provavelmente, nem todas as 1.600 criptomoedas disponíveis em 2018 serão bem-sucedidas nos 5 anos seguintes. Por outro lado, uma criptomoeda que ainda não foi criada pode explodir e substituir o Bitcoin de vez no futuro.

LEMBRE-SE

Destaco esse conceito tanto como oportunidade quanto como desafio, pois você precisa manter a mente aberta e ter uma visão do futuro para analisar as moedas estreantes e identificar aquelas com um verdadeiro potencial. Para saber mais sobre escolher as melhores criptomoedas, vá até o Capítulo 9.

Encontrando Dados Econômicos

Encontrar dados econômicos é, em grande parte, um desafio atual na indústria. Embora existam muitos veículos de comunicação voltados para as criptomoedas, encontrar os verdadeiros dados econômicos que movem o mercado pode ser difícil. Uma vez que a indústria não apresenta um sistema econômico desenvolvido, às vezes a mídia consegue criar medo ou avidez no mercado sem nenhuma declaração financeira sólida para isso. Para evitar cair nessas armadilhas, uma boa ideia é acompanhar mais que um desses veículos e não acreditar em tudo o que ler.

DICA

Aqui estão alguns veículos de notícias financeiras e sobre criptomoedas (em ordem alfabética) que você pode acompanhar para uma melhor compreensão dos mercados [todos os conteúdos estão em inglês]:

- AMBCrypto: `https://ambcrypto.com/`
- Benzinga: `https://pro.benzinga.com/?afmc=2f`
- Bitcoin Exchange Guide: `https://bitcoinexchangeguide.com/`
- CCN: `www.ccn.com`
- CoinDesk: `www.coindesk.com/`
- CoinGape: `https://coingape.com/`
- CoinGeek: `https://coingeek.com/`
- Cointelegraph: `https://cointelegraph.com`
- Crypto Briefing: `https://cryptobriefing.com/`
- Crypto Daily: `https://cryptodaily.co.uk/`
- The Daily HODL: `https://dailyhodl.com/`
- Forbes: `www.forbes.com`

» Global Coin Report: `https://globalcoinreport.com/`

» MarketWatch: `www.marketwatch.com/`

» NewsBTC: `www.newsbtc.com/`

» Portal do Bitcoin: `https://portaldobitcoin.uol.com.br/` (em português)

Regulações

No momento de escrita deste livro, as regulações acerca das criptomoedas estão apenas engatinhando. Alguns países estão na frente em termos de regulações, criando uma oportunidade para que seus habitantes aproveitem-se da indústria o quanto antes. No entanto, não se desaponte caso as coisas levem algum tempo. A falta de regulação é uma grande preocupação na indústria, mas também dá aos investidores a vantagem de investir quando os preços estão baixos. Conforme mais países regulamentam o mercado de criptomoedas e o reconhecem como um instrumento financeiro real, os preços das criptomoedas devem subir.

Hackers

Talvez você se pergunte como um problema com hackers pode se tornar uma oportunidade. Bem, se você for uma vítima direta de um ataque hacker, é claramente um desafio. (Vá até o Capítulo 7 para métodos de se proteger e proteger suas criptomoedas contra hackers.) O problema com hackers é uma questão real na indústria e, infelizmente, é provável que não desapareça no futuro. Entretanto, incidentes com hackers normalmente só causam impacto negativo temporário no preço do mercado de criptomoedas. É aí que isso pode se transformar em uma oportunidade, quando o resto dos players do mercado pode comprar por preços mais baixos.

CUIDADO

Tirar vantagem de um incidente com hackers não significa que se deve investir na empresa que foi prejudicada. Você sempre deve pesquisar e analisar as circunstâncias. Se uma criptomoeda específica ou uma exchange de criptomoedas for comprometida de forma irreversível, mantenha distância. No entanto, as notícias podem acabar afetando outras criptomoedas do mercado por nenhuma razão fundamental além de fazer parte da mesma indústria. Quando um player do mercado cai, a onda negativa impacta todos os outros. Considere focar essas criptomoedas afetadas pela onda.

Bolhas

Talvez você ache que a bolha das criptomoedas já estourou e agora elas seguem seu caminho rumo à estabilização. No entanto, nada sugere que outra bolha não possa estourar em novas criptomoedas ou mesmo em criptomoedas já existentes. Com pesquisas e análises, é possível identificar bolhas pelo rápido crescimento de preço sem nenhuma razão fundamental por trás — isto é, um crescimento com base unicamente na expectativa do mercado. Esse é o melhor momento para vender todos os seus criptoativos por preços altos ou simplesmente se afastar de tudo até as coisas se acalmarem. A parte de "ficar longe" é o verdadeiro desafio, pois você precisará enfrentar o seu FOMO (*fear of missing out*, ou medo de ficar de fora).

Um Mercado em Queda

Quando seu portfólio de criptomoedas estiver negativo, ele pode acabar minando sua autoconfiança e atitude positiva. No entanto, você deve lembrar que uma posição de perda não é um insulto à sua inteligência, à sua linhagem familiar ou a nada pessoal. É apenas um movimento natural do mercado com base no sentimento do mercado e você não deve deixar que isso o abale. Na verdade, você até pode usar isso como uma oportunidade, expandindo os seus investimentos e usando hedging, como eu discuti no Capítulo 23.

LEMBRE-SE

Um portfólio em posição desfavorável não é uma indicação de que você é um mau investidor ou não tem o que é necessário para lucrar no mercado. Da mesma forma, um portfólio em posição favorável não prova que você é primo de Einstein (ou de Warren Buffett) nem sequer indica que você dominou a arte de investir.

Novas Moedas e Projetos

Uma inegável onda de novos sistemas econômicos está se formando e ela pode, ou não, acabar com criptomoedas sustentadas por blockchain (veja o Capítulo 4 para uma introdução ao blockchain). Alguns projetos em execução no momento de escrita deste livro incluem o Initiative Q, que começou como um experimento social em junho de 2018. Esse projeto baseia seu modelo econômico no fato de que toda moeda tem valor simplesmente porque as pessoas a possuem e lojas a aceitam como forma de pagamento. O projeto Initiative Q afirma ser a "rede de pagamentos do amanhã". Mais especificamente, está fazendo um experimento social financeiro com uma moeda "futura" chamada Q.

Early adopters, como são chamados os primeiros a embarcarem em algum projeto ou produto (aviso: eu sou um deles) recebem Qs grátis ao convidar outras pessoas e encorajá-las a convidar mais pessoas. A filosofia do projeto afirma que, se pessoas o suficiente possuírem a Q, ela se torna uma moeda legítima que pode substituir o dólar americano e ser utilizada globalmente.

LEMBRE-SE

A razão pela qual considero esses tipos de projetos tanto uma oportunidade quanto um desafio é que você pode se deparar com muitos modelos econômicos que desejam ser o modelo do futuro e que podem conter uma grande quantidade de risco, ou simplesmente não ter o que é necessário para seguir adiante. Por exemplo, muitas pessoas sentiram que o Initiative Q era um esquema de pirâmide e rejeitaram o convite de participação, e eu aplaudo aqueles que tomam cuidado na hora de entregar suas informações pessoais. Initiative Q, na minha opinião, apresenta um risco mínimo, pois só pede seu nome e endereço de e-mail, além de sua política afirmar que a empresa destruirá os dados caso o projeto não seja bem-sucedido.

DICA

Um convite do Initiative Q é mais ou menos assim: `https://initiativeq.com/invite/BBCN_O8hm`. Os links de convite são ativados e desativados periodicamente, então pode ser que ao clicar no link anterior, ele esteja no período de desativação. Mas, clicando nele, você terá acesso às páginas das redes sociais do Initiative Q, nas quais poderá encontrar links ativos. Além disso, se perguntar aos seus amigos e familiares, eles podem ter um link para compartilhar com você. Outro evento possível é que o projeto tenha sido cancelado quando você estiver lendo isso!

Diversificação

Falei detalhadamente sobre diversificação no Capítulo 10. Embora a diversificação seja tipicamente uma excelente estratégia de gerenciamento de risco, o excesso de diversificação pode ser prejudicial para o seu portfólio. Por quê? A razão é que diversificar demais o seu fundo de investimento em muitos ativos diferentes fará com que você não realize grandes investimentos nos ativos com maior desempenho. E se investir pouco nos grandes vencedores, os seus retornos também serão poucos.

DICA

Se tiver feito uma profunda análise usando o Invest Diva Diamond Analysis (IDDA; veja o Capítulo 9) sobre uma criptomoeda específica e acredita que ela tenha potencial de crescimento, você pode alocar uma quantia maior do seu portfólio nela em vez de comprar uma série de criptomoedas sobre as quais não tem tanta certeza. Às vezes, apenas um ou dois grandes investimentos são tudo o que você precisa para alcançar o seu objetivo financeiro.

Apaixonado por uma Criptomoeda

LEMBRE-SE

Investir requer disciplina e decisões difíceis. As criptomoedas podem ser encantadoras, mas deixar o lado emocional falar mais alto pode prejudicar sua conta de investimentos no longo prazo. Se é hora de dizer adeus a uma criptomoeda que você considerou ser uma vencedora no passado, simplesmente o faça. Apaixonar-se pelo que faz é ótimo, mas você está no negócio para conseguir lucros. Não deixe as emoções controlarem suas decisões de investimento (ao menos, não de forma excessiva; você pode usar um pouco de instinto após toda a análise lógica — veja o Capítulo 9). Tenha em mente que as criptomoedas não retribuirão de uma forma sentimental.

Usando a Invest Diva Diamond Analysis

Não importa que tipo de investidor ou trader você seja, a Invest Diva Diamond Analysis, ou IDDA, existe para guiá-lo ao longo de todo o caminho. No entanto, o uso da IDDA (como discuti no Capítulo 9) requer paciência e compreensão de como os mercados funcionam. Você não pode simplesmente fazer de qualquer jeito. Mesmo se uma celebridade que você ama promover uma criptomoeda específica, isso não conta como algum tipo de análise fundamental. Se achar que descobriu uma forte tendência em um único período, não pode chamar isso de análise técnica se não verificar outros indicadores. Tenha a certeza de que todos os elementos da IDDA apontam para a mesma direção antes de tomar uma decisão de investimento.

DICA

Se estiver em dúvida, pode sempre me visitar no site a seguir e pedir ajuda: `https://learn.investdiva.com/start` [conteúdo em inglês].

Apêndices

NESTA PARTE...

Descobra os melhores lugares para conferir se você for um trader de criptomoedas.

Descobra onde conseguir ajuda para um gerenciamento adequado de portfólio.

NESTE CAPÍTULO

» Investigando as 200 principais criptomoedas por market cap

» Resumindo serviços de informação para ajudá-lo com o investimento em criptomoedas

» Conferindo listas de exchanges, carteiras, corretoras e mais

Apêndice A

Recursos para Investidores em Criptomoedas

Neste livro, abordei uma grande parcela de como escolher uma criptomoeda e de como analisar os mercados antes de investir. Neste apêndice, trarei mais alguns detalhes sobre onde encontrar o que precisa. Tenha em mente que as informações levam em conta o momento de escrita deste livro e, por isso, as coisas podem estar diferentes quando você o tiver em mãos.

Explorando as Principais Criptomoedas

Até 2019, existiam mais de 2 mil criptomoedas, e esse número está aumentando. Uma forma de explorar as criptomoedas é compará-las com base em sua *capitalização de mercado*, que é calculada ao multiplicar o número de moedas disponíveis pelo seu preço. As pessoas prestam atenção nesse número porque a ideia é que, conforme os investidores ganham confiança em uma criptomoeda específica, seu preço pode subir, o que resulta em um maior market cap. Essa classificação de acordo com o market cap está sujeita a mudanças todos os dias. Mas, para ter uma referência, nesta seção classificarei as duzentas principais criptomoedas de acordo com o market cap no momento em que este livro foi escrito (veja os Capítulos 8 e 9 para saber mais sobre market cap, diferentes tipos de criptomoedas e identificar aquelas com o melhor desempenho para suas necessidades).

LEMBRE-SE

Não se devem analisar criptomoedas apenas com base no market cap. Esta seção é apenas para referência. Muitos outros fatores subjacentes podem impactar o sucesso futuro de ativos digitais. Para saber mais, confira a Parte 2.

As 100 principais criptomoedas de acordo com o market cap

As 100 principais criptomoedas de acordo com a capitalização de mercado estão frequentemente sujeitas à especulação dos investidores. O fato de que elas alcançaram um lugar entre as 100 maiores indica que o mercado tem confiança nelas. Entretanto, sempre leve em consideração que nenhuma criptomoeda é grande o suficiente para ser à prova de fracassos, e você pode muito bem encontrar um diamante entre as menos conhecidas. Aqui está uma lista das 100 principais criptomoedas no momento de escrita deste livro de acordo com o Crypto Briefing (`https://cryptobriefing.com/` [conteúdo em inglês]). Para mais detalhes sobre uma criptomoeda específica no Crypto Briefing, vá até a página inicial, escolha "Coins and Caps" na aba "Live Data" na parte superior da tela e, em seguida, clique no nome da criptomoeda na tabela.

DICA

Cada uma dessas moedas tem o próprio site, que você pode encontrar fazendo uma pesquisa em seu mecanismo de busca. Se o nome de uma moeda for muito genérico (como Ark), considere digitar seu símbolo ou a palavra-chave "crypto" após o nome para limitar os resultados. Sites como Crypto Briefing (`https://cryptobriefing.com/`), CoinMarketCap (`https://coinmarketcap.com/`) e CoinGecko (`www.coingecko.com/en`) [todos os conteúdos em inglês] fornecem mais informações em termos de classificações, preços e capitalizações de mercado mais recentes.

- Bitcoin (BTC)
- Ethereum (ETH)
- Ripple (XRP)
- Bitcoin Cash (BCH)
- EOS (EOS)
- Stellar (XLM)
- Litecoin (LTC)
- Cardano (ADA)
- Tether (USDT)
- Monero (XMR)
- TRON (TRX)
- Binance Coin (BNB)
- IOTA (MIOTA)
- Dash (DASH)
- Ontology (ONT)
- NEO (NEO)
- Tezos (XTZ)
- Ethereum Classic (ETC)
- NEM (XEM)
- Zcash (ZEC)
- VeChain (VET)
- DogeCoin (DOGE)
- Bitcoin Gold (BTG)
- 0X (ZRX)
- Maker (MKR)
- OmiseGo (OMG)
- ByteCoin (BCN)
- Decred (DCR)
- Lisk (LSK)
- Huobi Token (HT)
- QTUM (QTUM)
- Icon (ICX)
- Aeternity (AE)
- Zilliqa (ZIL)
- Basic Attention Token (BAT)
- Bitcoin Diamond (BCD)
- Nano (NANO)
- SiaCoin (SC)
- BitShares (BTS)
- DigiByte (DGB)
- Verge (XVG)
- Steem (STEEM)
- Pundi X (NPXS)
- Holo (HOT)
- Waves (WAVES)
- TrueUSD (TUSD)
- Metaverse (ETP)
- Golem (GNT)
- Iostoken (IOST)
- Augur (REP)
- Stratis (STRAT)
- Komodo (KMD)
- ChainLink (LINK)
- Electroneum (ETN)
- Status (SNT)
- Populous (PPT)
- Aurora (AOA)
- Wanchain (WAN)
- Ardor (ARDR)
- MaidSafeCoin (MAID)
- Ark (ARK)
- Ravencoin (RVN)
- GSENetwork (GSE)
- Mithril (MITH)
- Aion (AION)
- KuCoin Shares (KCS)
- aelf (ELF)
- Bankera (BNK):
- Digitex Futures Exchange (DGTX)
- NEXO (NEXO)
- Veritaseum (VERI)
- HyperCash (HC)
- Reddcoin (RDD)
- Odyssey (OCN)
- FunFair (FUN)

- Loopring (LRC)
- Revain (R)
- Polymath Network (POLY)
- Decentraland (MANA)
- Dropil (DROP)
- GXChain (GXC)
- PIVX (PIVX)
- QuarkChain (QKC)
- DigixDAO (DGD)
- Eternal Token (XET)
- MonaCoin (MONA)
- Crypto.com (MCO)
- Horizen (ZEN)
- QASH (QASH)
- Waltonchain (WTC)
- CyberMiles (CMT)
- Loom Network (LOOM)
- Nebulas (NAS)
- TenX (PAY)
- Dentacoin (DCN)
- Kyber Network (KNC)
- Bancor Network Token (BNT)
- Power Ledger (POWR)
- Zcoin (XZC)
- Ino Coin (INO)

LEMBRE-SE

É importante lembrar que encontrar uma fonte consistente para criptomoedas é bastante difícil, e as informações no Crypto Briefing sobre a capitalização de mercado das criptomoedas pode ser diferente das informações levantadas por outras fontes. Você não deve considerar o que encontrar em algum site uma interpretação definitiva dos mercados, ao menos não até todos os sites começarem a usar métricas similares para o mercado de criptomoedas. Até agora, eles não usam.

Criptomoedas de 101 a 200

Esta lista, classificando criptomoedas da posição 101 a 200 no momento da escrita deste livro e de acordo com Crypto Briefing (`https://cryptobriefing.com/` [conteúdo em inglês]), inclui muitas criptomoedas nas quais grandes investidores estão apostando alto, pois podem comprá-las a preços baixos, e esses ativos têm potencial para superar criptomoedas em posições superiores no futuro (veja a seção anterior para mais informações sobre como encontrar detalhes adicionais sobre as criptomoedas).

- NXT (NXT)
- Theta Network (THETA)
- SALT (SALT)
- Dragonchain (DRGN)
- Gas (GAS)
- Syscoin (SYS)
- Ambrosus (AMB)
- Enigma (ENG)
- Bytom (BTM)
- Dai (DAI)
- Genesis Vision (GVT)
- Ether Zero (ETZ)
- Civic (CVC)
- Kin (KIN)
- Elastos (ELA)
- Nexus (NXS)

- EmerCoin (EMC)
- Dent (DENT)
- Cindicator (CND)
- MobileGo (MGO)
- Cortex (CTXC)
- GoChain (GO)
- Nuls (NULS)
- Storj (STORJ)
- Eidoo (EDO)
- Bitcoin Private (BTCP)
- Sirin Labs Token (SRN)
- Factom (FCT)
- Enjin Coin (ENJ)
- Neblio (NEBL)
- Storm (STORM)
- Gifto (GTO)
- Substratum (SUB)
- WaykiChain (WICC)
- Nectar Token (NEC)
- Matrix AI Network (MAN)
- Groestlcoin (GRS)
- Request Network (REQ)
- RChain (RHOC)
- Centrality (CENNZ)
- SmartCash (SMART)
- Bibox Token (BIX)
- ODEM (ODEM)
- Iconomi (ICN)
- SingularityNET (AGI)
- Docademic (MTC)
- Hydro (HYDRO)
- Noah Coin (NOAH)
- Mainframe (MFT)
- Quant (QNT)
- Hycon (HYC)
- Endor Protocol (EDR)
- Skycoin (SKY)
- iExec RLC (RLC)
- Byteball Bytes (GBYTE)
- Red Pulse Phoenix (PHX)
- Ethos (ETHOS)
- Vertcoin (VTC)
- Cryptaur (CPT)
- Scry.info (DDD)
- Time New Bank (TNB)
- Ignis (IGNIS)
- SmartMesh (SMT)
- IoTe (IOTX)
- Clams (CLAM)
- PayDay Coin (PDX)
- Infinity Economics (XIN)
- Gold Bits Coin (GBC)
- Streamr DATAcoin (DATA)
- Crypterium (CRPT)
- THEKEY (TKY)
- Pillar (PLR)
- Telcoin (TEL)
- FUSION (FSN)
- High Performance Blockchain (HPB)
- Po.et (POE)
- SONM (SNM)
- Santiment Network Token (SAN)
- Linkey (LKY)
- Bluzelle (BLZ)
- Libra Credit (LBA)
- Peercoin (PPC)
- Wagerr (WGR)
- CyberVeinToken (CVT)
- Aragon (ANT)
- NIX (NIX)
- Content Neutrality Network (CNN)
- Zipper Network (ZIP)
- ARBITRAGE (ARB)

- NavCoin (NAV)
- PumaPay (PMA)
- TokenPay (TPAY)
- CRYPTO20 (C20)
- Penta Network Token (PNT)
- Gnosis GNO (GNO)
- Raiden Network Token (RDN)
- Ubiq (UBQ)
- TomoChain (TOMO)
- Quantstamp (QSP)
- ProCurrency (PROC)

Sites de Informação sobre Criptomoedas

Com as criptomoedas se tornando cada vez mais populares e com investidores alocando um percentual cada vez maior desses ativos digitais em seus portfólios, espera-se que a mídia financeira tradicional comece a cobrir assuntos relacionados a criptomoedas com mais frequência. No entanto, não faltam sites voltados para informações específicas sobre criptomoedas para você acompanhar. Sites diferentes focam suas energias em diferentes assuntos, como notícias de última hora, informações sobre mineração, informações sobre mercado, entre outros. Nesta seção, ofereço alguns recursos para informação sobre diferentes aspectos da indústria.

Notícias sobre criptomoedas

Nesta seção, listo sites específicos de criptomoedas e sites tradicionais que também cobrem assuntos voltados para criptomoedas.

Alguns dos sites de notícias exclusivos para criptomoedas são [todos os conteúdos em inglês]:

- AMB Crypto: `https://ambcrypto.com`
- Bitcoinist: `https://bitcoinist.com/`
- Bitcoin Magazine: `https://bitcoinmagazine.com/`
- Blockonomi: `https://blockonomi.com`
- CCN (Crypto Coins News): `www.ccn.com/`
- CoinDesk: `www.coindesk.com/`
- CoinGape: `https://coingape.com/`
- CoinGeek: `https://coingeek.com/`
- CoinJournal: `https://coinjournal.net`

- Cointelegraph: https://cointelegraph.com/
- Coin Insider: www.coininsider.com/
- Crypto Briefing: https://cryptobriefing.com/
- Crypto Crimson: https://cryptocrimson.com
- Crypto Daily: https://cryptodaily.co.uk/
- Crypto Recorder: www.cryptorecorder.com/
- Crypto Vibes: www.cryptovibes.com/
- Cryptolithy: https://cryptolithy.com/
- Ethereum World News: https://ethereumworldnews.com/
- ETHNews: www.ethnews.com
- Hacked: https://hacked.com/
- NewsBTC: www.newsbtc.com/
- Portal do Bitcoin: https://portaldobitcoin.uol.com.br/ (em português)
- Ripple News: https://ripplenews.tech/
- Smartereum: https://smartereum.com
- The Daily HODL: https://dailyhodl.com/

Sites tradicionais que também oferecem atualizações sobre criptomoedas são [todos os conteúdos em inglês]:

- Bloomberg: www.bloomberg.com
- CNBC: www.cnbc.com/
- Forbes: www.forbes.com/crypto-blockchain/#1c35cd8b2b6e
- Market Watch: www.marketwatch.com/
- Wall Street Journal: www.wsj.com
- Yahoo! Finance: https://finance.yahoo.com/

DICA

Caso esteja buscando notícias sobre uma criptomoeda específica, você pode simplesmente pesquisar o nome dela em seu mecanismo de busca favorito e clicar na aba "Notícias" para se manter atualizado.

Análise do investimento em criptomoedas

Muitos dos sites que mencionei na seção anterior também oferecem análise de investimento sobre ativos digitais. Aqui estão alguns dos sites mais focados em investimentos [todos os conteúdos em inglês]:

- » Cryptovest: `https://cryptovest.com/`
- » FXStreet: `www.fxstreet.com/cryptocurrencies/news`
- » Invest Diva: `www.investdiva.com/investing-guide/category/cryptocurrencies/`
- » Invest In Blockchain: `www.investinblockchain.com/`
- » Investing.com: `www.investing.com/crypto/`
- » Nasdaq: `www.nasdaq.com/topic/cryptocurrency`

LEMBRE-SE

Tenha certeza de que você compreende sua tolerância ao risco e seus objetivos de investimento antes de seguir estratégias de investimento apresentadas por esses sites. Confira o Capítulo 3 para saber mais sobre risco, o Capítulo 17 para saber mais sobre estratégias em curto prazo e o Capítulo 18 para saber mais sobre estratégias em longo prazo.

DICA

No Premium Investing Group da Invest Diva, ofereço estratégias de investimento para criptomoedas, ações e forex, além de estratégias para diversificar o seu portfólio com esses ativos. Você pode fazer parte acessando o seguinte link: `https://learn.investdiva.com/join-group` [conteúdo em inglês].

Notícias de ações relacionadas às criptomoedas

Como comentei no Capítulo 13, você pode diversificar o seu portfólio ao investir indiretamente no blockchain e no mercado de criptomoedas com ações que tenham uma exposição a essas indústrias. Muitas fontes tradicionais de notícias financeiras oferecem esse tipo de informação. Aqui está uma lista com algumas das mais conhecidas [todos os conteúdos em inglês]:

- » Benzinga: `https://pro.benzinga.com?afmc=2f`
- » Business Insider: `www.businessinsider.com`
- » CNBC: `www.cnbc.com/`
- » Financial Times: `www.ft.com/`
- » Fortune: `http://fortune.com`

- New York Times: www.nytimes.com/section/technology
- Reuters: www.reuters.com/
- Wall Street Journal: www.wsj.com/

Dados ao vivo do mercado de criptomoedas

Muitos sites de notícias de criptomoedas apresentam dados do mercado em uma página específica. Entretanto, alguns deles focam grande parte de sua energia em fornecer dados ao vivo. Aqui está uma lista desses sites [todos os conteúdos em inglês]:

- CoinCap: https://coincap.io/
- CoinCheckup: https://coincheckup.com/
- CoinCodex: https://coincodex.com/
- CoinGecko: www.coingecko.com/en
- Coinlib: https://coinlib.io/
- CoinLore: www.coinlore.com/
- CoinMarketCap: https://coinmarketcap.com/
- Coinratecap: www.coinratecap.com/
- Coin Trader Monitor: https://cointradermonitor.com/ (em português)
- CryptoCompare: www.cryptocompare.com/coins/list/USD/1
- Live Coin Watch: www.livecoinwatch.com/
- OnChainFX: https://onchainfx.com/

Ferramentas de comparação

Alguns sites se dedicam a apresentar comparações ou fontes alternativas para recursos com os quais você já deve ser familiarizado. Por exemplo, se está buscando uma alternativa para uma fonte de dados de criptomoedas como CoinMarketCap, você pode simplesmente pesquisar nestes sites e encontrar alternativas. Aqui está uma lista dos principais sites que prestam esse serviço [todos os conteúdos em inglês]:

- AlternativeTo: https://alternativeto.net
- Finder: www.finder.com/cryptocurrency

» Product Hunt: www.producthunt.com

Mercados e Carteiras de Criptomoedas

Todos os tipos de entusiastas de criptomoedas podem encontrar um mercado apropriado, desde traders ativos até investidores e aqueles que desejam apenas comprar um ativo digital e guardá-lo embaixo do colchão. As seções seguintes listam os lugares nos quais você pode realizar essas atividades.

Exchanges de criptomoedas

Como expliquei no Capítulo 6, exchanges são um dos principais lugares nos quais é possível comprar e vender criptomoedas. Aqui está uma lista das exchanges mais populares até o momento em que este livro foi escrito [todos os conteúdos em inglês]:

» Binance: www.binance.com/?ref=18381915 (este é um link de afiliado)

» Bisq: https://bisq.network/

» Bitfinex: www.bitfinex.com/

» Bittrex: https://bittrex.com/

» Coinbase: www.coinbase.com/join/59d39a7610351d00d40189f0 (este é um link de afiliado)

» Gemini: https://gemini.com/

» Huobi Global: www.huobi.com/

» Idex: https://idex.market/eth/aura

» Kraken: www.kraken.com

» KuCoin: www.kucoin.com/#/

» Mercado Bitcoin: https://www.mercadobitcoin.com.br/ (em português)

» NEXT.exchange: https://next.exchange/

» Poloniex: https://poloniex.com/

» Qurrex: https://qurrex.com/

» Stellar Dex: www.stellar.org/developers/guides/concepts/exchange.html

» Waves: https://wavesplatform.com/product/dex

LEMBRE-SE

A lista anterior inclui diferentes tipos de exchanges e você deve compará-las com base em sua segurança, taxas, número de criptomoedas aceitas, entre outros fatores. Abordei os métodos para a escolha das melhores exchanges de criptomoedas para suas necessidades no Capítulo 6.

Corretoras

As corretoras são uma alternativa às exchanges e operam de forma semelhante às corretoras tradicionais de ações e forex, assim como eu explico no Capítulo 6. Aqui estão algumas corretoras que fornecem o serviço de trading de criptomoedas [todos os conteúdos em inglês]:

- » AVATrade: `www.avatrade.com/?tag=87597&tag2=~profile_default` (este é um link de afiliado)
- » eToro: `http://partners.etoro.com/A75956_TClick.aspx` (este é um link de afiliado)
- » Plus500: `www.plus500.com/`
- » Robinhood: `http://share.robinhood.com/kianad1` (este é um link de afiliado)
- » Voyager: `www.investvoyager.com/?campaignId=HOguzEW4egR4AcSwguCgd1FnPGM&referralCode=hGCBM99&code=ZINGER` (este é um link de afiliado)

DICA

Mais corretoras podem começar a oferecer esse tipo de serviço. Você pode localizar as melhores corretoras perto de você com o meu link de afiliado: `https://forestparkfx.com/?id=UU1UckhZSVN3OW1WNnNuNHIxaHlqUT09` [conteúdo em inglês].

Outros serviços

Além do trading e do investimento, muitos outros serviços permitem que você compre Bitcoins ou outras criptomoedas famosas, como expliquei no Capítulo 6. Aqui está uma lista (todos estes links são links de afiliado [todos os conteúdos em inglês]):

- » CoinTracker: `https://www.cointracker.io/i/eALc6OxcyXpD`
- » Coinmama: `http://go.coinmama.com/visit/?bta=53881&nci=5360`
- » LocalBitcoins: `https://localbitcoins.com/?ch=w7ct`
- » XCoins: `https://xcoins.io/?r=62hcz9`

Carteiras de criptomoedas

Muitas das exchanges mencionadas anteriormente neste capítulo oferecem uma carteira online para os investidores. Entretanto, como expliquei no Capítulo 7, guardar suas criptomoedas em uma carteira de hardware mais segura é a melhor opção. Aqui está uma lista das carteiras mais populares no momento em que este livro foi escrito (esses links são links de afiliado [todos os conteúdos em inglês]):

» Ledger Nano S: www.ledger.com/products/ledger-nano-s?r=2acaa6bf4b8d&tracker=MY_TRACKER

» Trezor: https://shop.trezor.io?a=investdiva.com

Recursos para Criação de Gráficos e Tributos

Para analisar a ação de preço de criptomoedas, você precisa de uma ferramenta de criação de gráficos, na qual poderá conduzir a Invest Diva Diamond Analysis (veja o Capítulo 9) adequadamente. No entanto, seu trabalho como investidor não acaba quando você lucra ou perde dinheiro. Com as criptomoedas se tornando um ativo reconhecido, você precisa arcar com a responsabilidade do pagamento de impostos. Para isso, é preciso manter um registro de toda sua atividade de trading.

DICA

A maioria das exchanges e corretoras de criptomoedas oferece ferramentas de trading, como gráficos para análises técnicas. Entretanto, os serviços delas podem não permitir que você use as técnicas de análise avançadas que apresentei no Capítulo 16. Uma das minhas ferramentas favoritas para criação de gráficos é a TradingView (www.tradingview.com/ [conteúdo em inglês]).

Na maioria dos países, incluindo os Estados Unidos e o Brasil, você precisa pagar um imposto sobre ganhos de capital em suas atividades com criptomoedas. Aqui estão alguns recursos (por meio de links de afiliado) que podem ajudá-lo a administrar sua atividade para fins tributários (veja o Capítulo 21 para uma introdução a impostos e criptomoedas [todos os conteúdos em inglês]):

» CoinTracker (www.cointracker.io/i/eALc6OxcyXpD)

» CoinTracking (https://cointracking.info?ref=I248132)

» CryptoTrader.tax (http://cryptotrader.tax?fp_ref=behp6)

NESTE CAPÍTULO

» **Participando de uma aula online para fazer o seu dinheiro trabalhar por você**

» **Conferindo livros para ajudá-lo a gerenciar o seu portfólio**

Apêndice B

Recursos para o Gerenciamento Pessoal de Portfólio

O gerenciamento de portfólio é uma arte, e acredito firmemente que você é a melhor pessoa para administrar o seu próprio dinheiro. Mesmo se com o tempo você decidir contratar alguém para gerenciar o seu portfólio de investimento, ter uma compreensão básica de como os mercados funcionam ainda é algo importante para supervisionar a forma que a outra pessoa cuida do seu dinheiro. No fim das contas, ninguém se importa com o seu dinheiro tanto quanto você!

Neste apêndice, apresentarei recursos suplementares para ajudá-lo a se tornar o senhor de seu próprio dinheiro, esteja você investindo em criptomoedas, ações, câmbio estrangeiro (forex) ou em uma combinação de todas essas coisas.

Master Class Fazendo o Seu Dinheiro Trabalhar para Você

Você é o tipo de pessoa que trabalha muito para ganhar dinheiro? Ou é uma daquelas que faz o dinheiro trabalhar para si, criando ainda mais dinheiro? Que tipo de pessoa você acha que ganha mais dinheiro? Se respondeu que é o segundo tipo, você está correto.

Por que os ricos cada vez ficam mais ricos? A resposta é que eles descobriram o segredo de fazer o dinheiro trabalhar para eles, e não o contrário. Na minha master class chamada *3 Secrets to Making Your Money Work for You*, revelo as estratégias exatas que uso para o meu portfólio de investimento e para o portfólio de meus alunos para gerar riqueza ao fazer o nosso dinheiro trabalhar por nós. Você descobrirá como:

- Ganhar mais dinheiro em um ano fazendo o seu dinheiro trabalhar por você do que em quinze anos de um trabalho em tempo integral tradicional.
- Não precisar ficar grudado na tela e analisar mercados o tempo todo.
- Começar com um pequeno investimento inicial.

DICA

Se deseja descobrir os três segredos para fazer o seu dinheiro trabalhar para você, vá até `www.InvestDiva.com` e clique no botão "Get Started" para receber as instruções de como participar da master class gratuita. Outro caminho é simplesmente clicar em `https://learn.investdiva.com/free-webinar-3-secrets-to-making-your-money-work-for-you` para participar da próxima transmissão disponível [todos os conteúdos em inglês].

Colocando o seu dinheiro para trabalhar

O meu emprego regular é ser CEO da Invest Diva. Amo o que faço, mas não é lá que ganho a maior parte do meu dinheiro. Em 2017, consegui mais de seis dígitos ao colocar o dinheiro de meu emprego regular para trabalhar, sem gastar horas na frente da tela ou vender meu tempo nesse processo. Como isso é possível?

Digamos que tenha o objetivo de conseguir US$1 milhão em um ano. Você tem algumas opções. O primeiro método é se tornar vice-presidente de uma empresa de tecnologia com quinze anos de experiência e trabalhar bastante. Mesmo se fizer isso, a maior parte de sua renda em uma grande corporação geralmente vem dos bônus, que são um resultado de vender as ações que você consegue da empresa. Pelo lado negativo, restrições de tempo e taxas de penalidade estão envolvidas no acesso ao plano norte-americano de aposentadoria

401(k) ou nas recompensas de ações do empregador. O pior de tudo, você pode passar toda sua vida no escritório e deixar de fazer as coisas que ama, como passar tempo com sua família ou viajar pelo mundo.

O segundo método é deixar o seu dinheiro trabalhar no seu lugar e gerar uma renda composta sem precisar ficar grudado na tela do computador o tempo todo.

Ganhando dinheiro sem ficar grudado no computador

O tempo é o maior ativo da vida. A coisa que mais amo sobre a estratégia de investimento da Invest Diva é que não preciso ficar online e analisar os mercados o tempo todo. Pessoalmente, prefiro estar dormindo ou passar o tempo com a minha filha Jasmine. Além disso, esse tipo de monitoramento constante tem suas desvantagens:

- Não faz bem para sua saúde, para os seus olhos nem para sua felicidade de modo geral.
- O day trading nos mercados revela os piores medos e ganâncias das pessoas, e essas emoções podem levá-lo a tomar decisões de investimentos mau ponderadas e improvisadas que prejudicarão o seu portfólio.
- Você perde o tempo que poderia passar com sua família e amigos.

Na master class *3 Secrets to Making Your Money Work for You*, apresento-lhe os passos que poderá seguir para estabelecer um plano financeiro, criar uma estratégia de investimento com base em sua situação financeira e tolerância ao risco únicas e criar um plano orçamentário, para que possa se sentar, relaxar e deixar sua estratégia de investimento trabalhar por você.

LEMBRE-SE

Você precisa aprender sobre tudo isso apenas uma vez. Não é nenhum bicho de sete cabeças e qualquer tesoureiro ou contador que o faz se sentir intimidado ao usar um vocabulário que você não compreende está tentando impedi-lo de descobrir os segredos dele. Quanto ao gerenciamento de tempo, eu provavelmente perdi mais tempo com um administrador de dinheiro pouco confiável dez anos atrás, quando ele tentou me vender seus produtos, do que perco gerenciando o meu portfólio agora.

Criando uma estratégia unicamente sua

Muitos gurus do investimento criam sinais de trading gerais, que às vezes podem ser a maneira mais fácil de perder dinheiro ou de impedi-lo de aproveitar ao máximo o seu investimento. Na verdade, um estudo realizado pela

Online Trading Academy em 2016 mostrou que 86% dos fundos administrados por terceiros tinham um desempenho inferior à média do mercado. Perceba que cada indivíduo é diferente. Você é diferente do seu guru de investimentos, assim como é diferente de todo mundo no grupo do guru. Sua mentalidade a respeito de dinheiro, seu histórico financeiro, sua situação financeira atual, seu apetite de risco, sua tolerância ao risco, seus objetivos financeiros e seu prazo para alcançar esses objetivos são completamente diferentes. Ao compreender os fundamentos do planejamento financeiro e calcular sua própria tolerância ao risco, é possível criar uma estratégia de investimento adequada para você e que possa lhe dar um maior retorno do que largar o seu dinheiro em um fundo administrado por terceiros.

LEMBRE-SE

.Os administradores desses fundos podem ter anos de experiência. Eles provavelmente são incrivelmente bons em administrar o próprio dinheiro e criaram uma grande quantidade de riqueza para si próprios ao montar estratégias únicas para si. No entanto, o que funcionou para eles pode não funcionar para você e pode não ajudá-lo a gerar nenhuma verdadeira riqueza. Quantas pessoas você já conheceu que se tornaram milionárias ao colocar o próprio dinheiro em um desses fundos? Eu não conheço ninguém. Todos esses milionários que se fizeram, como Warren Buffett, administraram seu dinheiro sozinhos, e não eram sequer gênios.

Conferindo Recursos Textuais de Investimento

DICA

Nesta seção, listarei uma série de livros complementares que oferecem informações sobre mercados alternativos e, assim, ajudam você a diversificar o seu portfólio. Confira a livraria, física ou online, e a biblioteca mais próximas para obter estes livros úteis.

Invest Diva's Guide to Making Money in Forex

O mercado de câmbio estrangeiro, ou forex, foi meu primeiro amor no mundo dos investimentos. Com um único negócio, ganhei mais dinheiro do que já havia ganhado em um mês em toda a minha vida, e eu não sabia absolutamente nada sobre como os mercados funcionavam. Obviamente, tive sorte. Mas, ao me envolver cada vez mais com a indústria, aprendi métodos que qualquer investidor pode utilizar para aumentar as chances a seu favor.

DICA

Tenha em mente que o mercado forex é um dos mercados mais arriscados nos quais se envolver. É por isso que estudar antes de começar é muito importante. (Veja o Capítulo 15 para uma introdução ao mercado forex.) No meu livro *Invest*

Diva's Guide to Making Money in Forex [sem publicação no Brasil], apresento aos novatos os passos necessários para se tornarem traders bem-sucedidos. Você pode obter a segunda edição no link a seguir: `https://education.investdiva.com/guide-to-making-money-in-forex`.

Stock Investing For Dummies

O investimento em ações é um dos métodos mais populares de investimento, portanto, existem estratégias bem estabelecidas que você pode utilizar no seu próprio portfólio. Pessoalmente, aloco ao menos 50% do meu portfólio em ações (falei mais sobre ações com exposição às criptomoedas no Capítulo 13).

No livro *Stock Investing For Dummies*, Paul Mladjenovic descreve o processo de selecionar, investir e lucrar com esse mercado. Ele também aponta do que você deve se afastar, quando cortar as perdas e o básico do gerenciamento de risco necessário para ser um investidor em ações bem-sucedido. As estratégias do livro são adequadas tanto para novatos quanto para investidores de alto nível.

DICA

Você pode encontrar o livro no site de Paul, Raving Capitalist, no link a seguir: `www.ravingcapitalist.com/home/stock-investing-for-dummies-5e/` [conteúdo em inglês].

Investment Psychology Explained

Eu falo bastante sobre níveis psicológicos e sentimento do mercado ao longo do livro que você está lendo neste momento. Se estiver interessado em descobrir mais sobre o que move os mercados para ser capaz de superar barreiras psicológicas e emocionais que distorcem a tomada de decisões, eu recomendo o livro *Investment Psychology Explained*, de Martin J. Pring [sem publicação no Brasil]. O livro descreve os princípios clássicos do trading que podem ser aplicados ao mercado de criptomoedas quando ele se tornar mais saturado.

Ichimoku Secrets

O meu livro *Ichimoku Secrets* [sem publicação no Brasil] é um guia veloz e furioso sobre usar um indicador técnico que apresentei no Capítulo 20, Ichimoku Kinko Hyo. O meu objetivo era transformar esse assunto complicado em algo superfácil. É possível terminar o livro em algumas horas e estar pronto para criar estratégias de investimento únicas para sua tolerância ao risco usando uma combinação de Ichimoku e dos níveis de retração de Fibonacci.

DICA

Você pode comprar este livro no site da Invest Diva: `https://learn.investdiva.com/ichimoku-secrets-trading-strategy-ebook` [conteúdo em inglês].

Índice

A

ações, 18–19
 dividendos, 19, 29
 riscos, 20
alavancagem, 189
altcoins, 9, 35–38, 113, 180
análise fundamental, 131
análise sentimental, 135
análise técnica, 140, 210, 226–229
anonimidade, 11, 106
apreciação de capital, ii, 25–29
ativos de capital, 280
ativos digitais, 79
ativos financeiros tradicionais
 ações, 1, 34, 143–144, 177–181, 275
 bonds, 145
 exchange traded funds, 143, 177–178, 183–185, 275
  BLCN, 184
  BLOK, 184
  KOIN, 184
 forex, 34, 143–145, 195, 204–206, 275
 metais preciosos, 145
atomic swaps, 83–86
autenticação de dois fatores (2FA), 108–110
aversão à perda, 244

B

Bitcoin, 9, 49, 65–68, 111–114
 Bitcoin Cash, 76
 Bitcoin Pizza Day, 238
 características, 114
 e dólar americano, 199
 história, 113
 lower highs, 36
 vendas a descoberto, 181
blockchain, 1–4, 8, 30, 51–54
 blocks, 52–55
 cadeias de suprimentos, 61–62
 dados, 53–56
 definição, 52
 descentralização, 56
 eleições, 61
 energia, 64
 entretenimento, 63
 funcionamento, 53
 hash, 53–56
 histórico de transações, 52–55
 Internet das Coisas, 64
 mitos, 11
 pagamentos, 61
 peer-to-peer (P2P), 55–57
 posse legal, 62
 problemas, 58–60
 proof-of-work (PoW), 55–57
 registros médicos, 62–63
 segurança, 54–55
 tecnologia, 52
 usos, 12, 60–61
 verificação de identidade, 62
bolhas, 288
bolsa de valores, 81
bug bounty, 39–42

C

capitalização de mercado, 49. *Consulte* market cap
carteira de criptomoedas
 anonimato, 106–107
 backup, 107–108
 chaves, 99
 definição, 97
 diversificação, 108
 funcionamento, 98–99
 para desktop, 102
 segurança, 104–105
 tipos, 100
 transações, 106
circulating supply (CS), 137–140
colheita, 72
comunidades, 14
contrato de futuros, 188
contrato inteligente, 55–58, 73–76, 115–119
contratos inteligentes, 83
controle governamental, 31
corretoras, 79–83
 tradicionais, 90
corrupção, 10
criptoativos, 106, 215, 267–270
criptodividendos, 34–37
criptografia, 67–70
 assimétrica, 68
 simétrica, 67–69
criptomoedas
 aplicação específica, 49
 apreciação de capital, 25
 armazenamento, 94
 benefícios, 10
 caixas eletrônicos, 96
 cartão de crédito, 94
 carteiras, 13, 80, 274
 como escolher, 15
 comunidade, 135
 definição, 7
 de fintech, 126–128
 de pagamento, 123–126
 de plataforma, 49, 124–127
 de privacidade, 49, 124–127
 desempenho, 36
 diversificação, 147–148
 e dinheiro em espécie, 95
 específicas de exchanges, 125–128
 expectativas, 37
 falta de regulamentação, 12
 ganhos no mercado, 26
 história, 9
 legais e de propriedade, 127–128
 mercado, 204
 mineração, 9, 68–69
 mitos, 11

nós, 68
oferta controlada, 31
pagamentos, 180
PayPal, 94–95
planejamento, 14–15
potencial de crescimento, 27–28
regulamentação, 12
riscos, 12
segurança, 38, 107
transacionais, 49
transações, 70
tributação, 264–269
utilidade, 161
versus metais preciosos, 24
volatilidade, 12
volume, 136
crise financeira de 2008, 48
custo energético e ambiental, 59

D

David Solomon, 192
day trading, 152, 205–206, 265–268
alavancagem, 224–227
scalping, 225–227
derivativos, 187–194
futuros, 187–190
opções, 187–188
desbancarizados, 11, 32
desigualdade financeira, 8
dinheiro
definição, 8
mudanças, 9
diversificação, 17–18, 48, 108, 180, 275, 282
e risco, 142
dólar americano, 197–198
double dipping, 182

E

economia compartilhada, 30–31
escala adaptável, 71–74
escalabilidade, 58–61, 125–128
especulação, ii
Ethereum, 49, 115–119
características, 115
história, 114
euro, 201–202
exchanges, 13–14, 39–42, 80–91
atendimento ao cliente, 89
como escolher, 86–87
exchange centralizada (CEX), 80–82
Exchange descentralizada (DEX), 80, 83–85
exchange híbrida, 85
localização, 89
métodos de pagamento, 89
off-chain, 86
on-chain, 85–86
opções de trading, 90
prova de reservas, 87
segurança, 87
taxas, 88
transações, 90
uso, 88
exchange traded funds (ETFs), 132, 154, 177–186
ETFs de blockchains, 184–186
holdings dos ETFs, 185–186

F

Fibonacci, retração, 215, 219, 248
fiscalização, 43–44
flexibilização quantitativa, 10–14, 31
flutuações cambiais, 199
FOMO, fear of missing out, ou medo de ficar de fora, 38
forex (foreign exchange), 21–22, 86–89
corretoras, 205–206
mercado, 204
trading, 205
fork, 73–76, 112–115
formadores de mercado, 91
franco suíço, 202–203
fundamentos, 178
fundo de emergência, 45
fundo mútuo, 94–96
futuros, 188
características, 188
e opções, 190

G

ganho de capital, 34
gerenciamento de risco, 34–37, 273–276
golpes, 38, 60
gráficos, 211
de barras, 211
de linha, 211–220
de velas, 212
média móvel, 219
neckline, 218
nível de resistência, 215, 227, 257
nível de suporte, 214–215, 227, 257
padrões, 228
reversão de alta, 218–219, 252
reversão de baixa, 218, 251
tendências, 216

H

hackeamento, 38, 287–290
hedging, 188, 282
holding, 35

I

Ichimoku Kinko Hyo, 228, 253–254
componentes, 254
interpretações, 255
iene japonês, 202–203
impostos, 43–44
de renda, 262
sobre ganhos de capital em curto prazo, 264
sobre ganhos de capital em longo prazo, 263
indicadores, 232
bandas de Bollinger, 182, 232
Ichimoku Kinko Hyo, 182, 232, 248, 252, 253–260
índice de força relativa, 182, 232
MACD, 182
retrocesso de Fibonacci, 239
inflação, 10–11, 198

initial coin offerings (ICOs), 15, 39–42, 155–156
análise, 160
desafios, 164
funcionamento, 156
investir, 159
lançamento, 164
listagens, 159
nos Estados Unidos, 157–166
preços, 161
instabilidade política, 143
intermediários, 11, 66–69
Internet of Things (IoT), 64
investimento em longo prazo, 236–240
investimentos internacionais, 269

J
Jamie Dimon, 38
juros, 143

L
libra esterlina, 201–202
lightning network, 58
linhas de tendências, 216
liquidez, 41, 84. *Consulte também* Risco de liquidez
Litecoin, 9, 49, 118–122
características, 120
história, 119
livro-razão, 52, 168–171

M
margin trading, 188–189
market cap, 112–121, 137–140
maus investimentos, 247
medidas de precaução, 38
mercado de criptomoedas, 36
metais preciosos, 23
mídia, 139
mineração de criptomoedas, 34–37, 68–71, 167–170, 276
application-specific integrated circuit (ASIC), 172–175
configuração, 174
fazendas, 169–172
funcionamento, 168–169
hardware, 171–174
lucratividade, 170–171
o que é necessário, 170
poder de hashing, 171–174
pool de mineração, 170–173
moeda de base, 146
moeda de cotação, 146
moeda fiduciária, 9
intermediários, 11
moedas de commodity, 203
moedas principais, 201

N
nível de pivô, 231
nonfarm payroll, 198

O
oferta em circulação (circulating supply), 112
opções
riscos, 191
open source, 72
ordem de stop loss, 233, 242, 260, 284
ordem limitada, 231–232, 241–242, 248, 259
ordens de mercado, 241
over-the-counter (OTC), 91–94

P
paciência, 46–47, 249
padrão de valor, 24
padrão engolfo de baixa, 229–230
pagamentos, 180
perfil de risco, 45–50
pool de mineração, 173
portfólio, 237
privacidade, 12
problemas políticos, 60–64
produto interno bruto, 22, 198
proof-of-importance (PoI), 70–73
proof-of-stake (PoS), 29–32, 69–72
proof-of-work (PoW), 55, 69–72, 168–171
psicologia das multidões, 239
pump-and-dump, 87, 163–166, 233–234

R
range trading, 225–226
reflexividade, 28
registro público, 72
regulamentação, 42
reinvestimento, 143
renda, 28–29, 34–35
renda corrente, 34
retornos, 244
riscos
da taxa de câmbio, 143
definição, 33
desaparecimento, 42
expectativa, 37
fiscais, 43–44
liquidez, 41–42
não sistemáticos, 142
regulamentação, 42
segurança, 38
sistemáticos, 143
tipos, 37–44
volatilidade, 40–41
roubo, 38

S
Satoshi Nakamoto, 9, 60–63, 99–102, 113
segurança, 39
sentimento do mercado, 131
sharding, 58
short-selling. *Consulte* venda a descoberto
sinais
de compra, 255
de venda, 256
sistemas monetários atuais, 7
staking, 35
swing trading, 225

T
taxa de câmbio, 143
taxa de desemprego, 198
taxa de juros, 198
taxas de transação, 245–246
taxas de transações, 106
títulos de renda fixa, 20–21

tolerância ao risco, 44, 259, 274–277
como medir, 45–50
total supply, 138–139
trade-off risco/retorno, 35
trading, 90–93
com alavancagem, 92
de derivativos, 192–194
de opções, 191–194
de pares de moedas, 148–151
especulativo, 221–223
recursos, 193
vantagens, 193
tributos, 240

V

venda a descoberto, 92
Vitalik Buterin, 114
volatilidade, 40–41, 180

W

Warren Buffett, 283
whitepaper, 39, 133, 165

Z

zona do euro, 223–226